Mönchengladbach und Rheydt 1939–1945

Lesezeichen

Margrit Sollbach-Papeler

Mönchengladbach und Rheydt 1939–1945

Alltag unter Bomben

Lesezeichen Verlag · Hagen

Umschlagabbildungen: Der alte Markt Ecke Neu- bis Waldhausener Straße nach dem Bombenangriff vom 31. August 1943 (1. Umschlagseite, oben)
Das Stadtzentrum von Rheydt mit Marktplatz und Ruine der evangelischen Hauptkirche kurz nach Kriegsende (1. Umschlagseite, unten)

Mönchengladbacher Bürger im Luftschutzkeller (4. Umschlagseite)

Umschlaggestaltung: Lesezeichen Verlag

Die Deutsche Bibliothek – CIP-Einheitsaufnahme

Mönchengladbach und Rheydt 1939 – 1945: Alltag unter Bomben / Margrit Sollbach-Papeler. – Hagen : Lesezeichen Verl. Hobein, 1997
ISBN 3-930217-17-1
NE: Sollbach, Margrit

Satz: Repro Marx · 58095 Hagen
Herstellung: Rath-Druck GmbH · 58300 Wetter
Printed in Germany
ISBN 3-930217-17-1

Inhalt

Geleitwort

Am 8. Mai 1995 jährte sich zum 50. Mal der Tag der Beendigung des 2. Weltkrieges. Über diesen furchtbaren Krieg, der so viel Leid über viele Millionen Menschen brachte, ist vieles dokumentiert und geschrieben worden.
In der von Frau Margrit Sollbach-Papeler verfaßten Dokumentation >Mönchengladbach und Rheydt 1939–1945. Alltag unter Bomben< werden die Kriegsereignisse in unserer Stadt umfassend und detailgetreu in Wort und Bild beschrieben. Mit größter Genauigkeit wird hier ein Stück Geschichte aufgezeigt.
Als junger Mensch habe ich diesen schrecklichen Krieg, das große Elend und die Ausmaße der Zerstörung miterlebt, den furchtbaren Bombenangriff in den frühen Morgenstunden des 31. August 1943, bei dem viele Menschen den Tod fanden und der unsere Stadt in ein Trümmerfeld verwandelte. Jeder, der die Sirenen, die Fliegeralarm meldeten und die Menschen aufforderten, sich in die Bunker oder Luftschutzkeller zu begeben, gehört hat, weiß, was es bedeutet, ständig in drohender Todesangst gelebt zu haben und wie sehnsüchtig das Ende dieses schrecklichen Krieges erwartet wurde.
Mit dem Einmarsch der Alliierten am 28. Februar 1945 in Wickrath und Rheydt und am 1. März 1945 in Mönchengladbach war hier der 2. Weltkrieg beendet und mit ihm auch die Naziherrschaft. Damit ging in unserer Stadt eine Zeit des Schreckens und des Grauens zu Ende. Das normale Leben war hier völlig zusammengebrochen, und die Menschen standen vor den Trümmern und Scherben, die das Kriegsinferno hinterlassen hatte. Es herrschte großes Leid, Hunger und Wohnungsnot. Viele Tote waren zu beklagen, viele Familienväter waren noch vermißt. Beim Gang durch die zerstörte Stadt kamen manchem die Schillerworte aus dem Lied der Glocke in den Sinn, welche da lauten: »In den öden Fensterhöhlen wohnt das Grauen, und des Himmels Wolken schauen hoch hinein.«
Mit der Beseitigung der Trümmer begann ein neuer Anfang, und allmählich kehrte die Hoffnung auf eine bessere Zeit wieder in die Herzen der Menschen ein.
Wenn heute über die schreckliche Zeit des Krieges berichtet wird, ist das für die Menschen, die diese Zeit nicht erlebt haben, von besonderer Bedeutung und Wichtigkeit, denn diese Berichte sind gleichzeitig Mahnung, daß sich so etwas niemals wiederholen darf. Der Autorin gilt mein Dank, daß sie die Geschehnisse aus dieser Zeit mit so viel Fleiß und Engagement so ausgezeichnet recherchiert hat. Ihre Dokumentation schildert in hervorragender Weise das Leben und die Ereignisse in unserer Stadt von 1939 bis 1945. Sie ist ein wichtiges geschichtliches Dokument.

Mönchengladbach,
im April 1996

Heinz Feldhege
Oberbürgermeister

Alltag unter Bomben

Mönchengladbach und die Nachbarstadt Rheydt waren 1933 bis 1945 in keiner Weise besondere Städte. Wie in vielen anderen Gemeinden des Deutschen Reichs gab es hier Industriebetriebe, besonders der Spinnstoffproduktion, die im Zuge der nationalsozialistischen Wiederaufrüstung zunehmend für die Kriegswirtschaft arbeiteten. Die Eisenbahnlinien und -anlagen von Mönchengladbach und Rheydt, die schon vor Kriegsausbruch eine gewisse Bedeutung erlangt hatten, spielten dann während des Krieges auch als militärische Nachschubwege von und nach Westen eine Rolle. In den Rathäusern der beiden Städte regierten seit 1933 die Nationalsozialisten; es gab hier >Parteigenossen<, Mitläufer und solche, die sich einfach mit dem Regime arrangiert hatten. Das einheitliche und gleichgeschaltete Bild des nationalsozialistischen Herrschaftsalltags spiegelte sich auch in Mönchengladbach und Rheydt wider. Beide waren typisch-normale Städte jener Zeit. Doch >untypische< Städte existierten im Dritten Reich gar nicht. In Rheydt war zudem Dr. Joseph Goebbels zu Hause. Hier wurde der Propagandaminister des >Tausendjährigen Reichs< 1897 als Kind einer aus der Arbeiterschaft in das Kleinbürgertum aufgestiegenen, gut katholischen Familie geboren. Hier erlebte er seine Kindheit und Jugend. Für die örtlichen Nationalsozialisten war er der >größte Sohn< ihrer Stadt – indirekt, durch die von ihm vertretene Politik, aber auch ihr Untergang, wie sich zwischen 1940 und 1945 erweisen sollte.
Anders als im 1. Weltkrieg, in dem >Heimat< und >Front< zumindest in bezug auf das deutsche Reichsgebiet zwei relativ klar getrennte Bereiche gewesen waren, wurden im 2. Weltkrieg das Hinterland und die Zivilbevölkerung vor allem in Deutschland in einem bisher nicht gekannten Ausmaß in offensive Kriegshandlungen einbezogen,[1] vor allem durch die immer schwerer werdenden Bombenangriffe der Westalliierten auf deutsche Städte. Sie führten hier schließlich zum Zusammenbruch jeglichen normalen Lebens, zur Zerstörung der administrativen bürokratischen Ordnung und nicht zuletzt zur Auflösung der bürgerlichen Gesellschaft. In den betroffenen Städten bewirkte die weitgehende Ausschaltung des kommunalen Verwaltungsapparates aber auch, wie sich am Beispiel von Mönchengladbach-Rheydt aufzeigen läßt, im Verlauf des (Luft-)Krieges eine immer umfassendere Übernahme bisher staatlich-kommunaler Aufgaben durch den örtlichen und regionalen Parteiapparat der NSDAP und ihrer Organisationen. Dies geschah besonders durch die Durchführung der gesamten Betreuung und ersten Versorgung der Bombengeschädigten nach Luftangriffen, bei der sich zahlreiche Dienststellen und Gliederungen der NSDAP auf Orts- wie auf Kreis- und Gauebene engagierten.[2] Dieser Sachverhalt läßt sich sehr deutlich z. B. beim ersten Großangriff auf Mönchengladbach-Rheydt in der Nacht zum 31. August 1943 dokumentieren. Mit zunehmender Dauer des Krieges griff das Luftkriegsgeschehen aber auch immer stärker in das (all-)tägliche Leben der Zivilbevölkerung ein. Schließlich bestimmten gegen Ende des Krieges die Luftoffensiven weitgehend das Leben der Menschen, wobei es vielfach um das bloße Überleben ging. Die in der >Blütezeit< des Nationalsozialismus zwischen 1933 und 1939 von den Klein- und Großbürgern mühsam geschaffene Fassade der Normalität inmitten einer brutalen Diktatur endete 1943 bis 1945 in einer beispiellosen Katastrophe.[3] Diese von vielen als Heimsuchung böswilliger >Terrorflieger< empfundenen Bombenangriffe zerschlugen für die Deutschen alle Illusionen, die Rheydts Ehrenbürger Dr. Joseph Goebbels seinen Mitbürgern am Rhein wie im ganzen Deutschen Reich gleichermaßen geschickt und demagogisch vermittelt hatte. Aus dem vom NS-Regime geplanten >Blitzkrieg< war ein Weltkrieg geworden, und mit ihren Bomberflotten trugen die Alliierten den Krieg ins Reich der Verursacher zurück. Auch die Bevölkerung von Mönchengladbach und Rheydt bekam dieses fürchterliche Element des modernen Krieges unmittelbar und leidvoll zu spüren. Es kostete in beiden Städten Tausende von Menschenleben, vernichtete unzählige Existenzen und zerstörte das alte Stadtbild nachhaltig.[4] Für die Bevölkerung in Mönchengladbach und Rheydt, wie überhaupt für die große Masse der Deutschen in jenen Jahren, war der Bombenkrieg >ihr< Krieg, ein Krieg zwar in kleinem Maßstab, aber in seiner Bedeutung für die Betroffenen viel nachhaltiger als die Ereignisse an den einzelnen Frontabschnitten. Die hierbei immer wieder aufgekommene Frage nach dem >Warum<: Warum gerade ich und meine Familie, warum ausgerechnet mein Haus, meine Wohnung, meine Arbeitsstätte und meine Heimatstadt? läßt sich auch mit der These einer kollektiven Schuld und einer ausgleichenden Gerechtigkeit wohl kaum beantworten. Sie kann auch mit wissenschaftlich fundierten Argumen-

ten, mit Angaben über den ›Zielwert‹ für die alliierten Bombergeschwader nicht endgültig und vor allem für den einzelnen nicht befriedigend erklärt werden. Auch die Tatsache, daß es das nationalsozialistische Deutschland war, das den Krieg entfacht und erste Weichen für eine solche Entwicklung gestellt hatte, tröstet nicht darüber hinweg, daß es wie sooft in einem Krieg den ›kleinen Mann/die kleine Frau‹ auf der Straße ebenso wie den Mitläufer und den vom Abglanz des Größenwahns geblendeten ›Volksgenossen‹ oder den heimlichen NS-Gegner, nicht aber die eigentlich Verantwortlichen traf. Der Bombenkrieg als Perfektion einer technisierten Kriegsführung macht eben keine Unterschiede. Die Bombe als Massenvernichtungsmittel im 2. Weltkrieg differenzierte nicht zwischen scheinbarem Recht und Unrecht, zwischen Tätern und Opfern des NS-Regimes. So fielen auch alliierte Kriegsgefangene, ausländische Zwangsarbeiter und KZ-Häftlinge den Bomben zum Opfer, ein Umstand, der die banale Sinnlosigkeit des Sterbens in einem Krieg charakterisiert. Erst ab Herbst 1944 bewirkte das seit 1941/42 von den britischen Luftkriegsplanern verfolgte Konzept des ›moral bombing‹ zur Untergrabung des Kriegs- und Durchhaltewillens der deutschen Zivilbevölkerung einen Stimmungsumschwung der Menschen in Deutschland. Partei und Staat reagierten darauf, indem sie auch gegenüber den kleinsten Anzeichen von Kritik und Fehlverhalten in der Bevölkerung wie in den eigenen Reihen mit größter Brutalität vorgingen. Dieser innenpolitische Unterdrückungsterror steigerte sich noch in den letzten Kriegsmonaten.[5] Gleichzeitig verstärkte die NSDAP aber zudem ihre Bemühungen, der Bevölkerung suggestiv die Illusion von einem deutschen Endsieg in letzter Minute zu vermitteln, und zwar auch dann noch, als die Sinnlosigkeit einer solchen Aussage jedem einigermaßen klar Denkenden längst offenkundig geworden war.[6]

Alliierter Luftkrieg

Dabei hatte alles relativ harmlos begonnen.[7] Die ersten britischen Bombenabwürfe Anfang Mai 1940 wurden von der deutschen Bevölkerung noch bestaunt und respektvoll begutachtet. Den Briten war es jedoch ernst mit dem Krieg, daran konnten auch die ›Friedensangebote‹ des Reichskanzlers und Führers des Deutschen Reichs, Adolf Hitler, nichts ändern. Die britische Führung hatte erkannt, daß Hitler nur mit militärischer Gewalt zu stoppen war. Anhand von Zielplanungen, die schon in den Vorkriegsjahren entwickelt worden waren, nahm das 1936 gebildete britische Bomberkommando (Bomber Command) jetzt den Kampf gegen die erfolgreiche Militärmacht Deutschland auf. Schon im 1. Weltkrieg hatten die britischen Militärs massive Luftschläge gegen die deutsche Kriegsindustrie und das Verkehrswesen geplant. Allerdings war die Flugtechnik zu dieser Zeit für derartige Masseneinsätze kaum gerüstet. Aber 1939 konnten die zweimotorigen Maschinen des britischen Bomberkommandos ihre Abwurflast mühelos an den Rhein und an die Ruhr tragen; selbst die Bombardierung der entfernten Reichshauptstadt Berlin stellte kein größeres Problem mehr dar. Andererseits war die deutsche Luftwaffe ebenfalls in der Lage, London und die anderen Industriestädte in England zu bombardieren. Mit der Eroberung Frankreichs im Sommer 1940 und der Einrichtung von Luftwaffenstützpunkten im Norden des Landes wurde diese Aufgabe für die deutschen Bomber sogar noch einfacher. Doch im Sommer 1940 blieb die deutsche Luftwaffe ruhig, denn Hitler hoffte ernsthaft auf ein Einlenken des ›englischen Brudervolkes‹. Das aber wehrte sich verbissen. Nacht für Nacht flogen nun britische Bomber nach Deutschland, um dort mit – allerdings vorerst – mäßigem Erfolg Industrie- und Eisenbahnanlagen zu bombardieren. Als die deutsche Luftwaffe schließlich versehentlich London mit Bomben belegte, ließ der britische Premierminister Winston Churchill das Bomberkommando gegen Berlin fliegen. Die vom Reichsmarschall und Chef der deutschen Luftwaffe, Hermann Göring, im Herbst 1940 begonnene ›Luftschlacht um England‹ führte zur ersten militärischen Niederlage Deutschlands. Als Eingeständnis ihres Versagens und als vorgebliche Vergeltung für die britischen Nachtangriffe ließen Hitler und Göring im Herbst 1940 massive Flächenangriffe auf englische Städte fliegen. Die Zerstörung der mittelenglischen Industriestadt Coventry durch deutsche Luftangriffe am 14./15. November 1940 steht dabei als Symbol für eine Steigerung im Luftkrieg, dem bis Mai 1941 in England rund 20 000 Einwohner zum Opfer fallen sollten.

Anhand ihrer Luftbildaufklärung stellten die Briten im Sommer 1941 jedoch fest, daß ihre forciert betriebenen Luftangriffe keineswegs so erfolgreich waren, wie in den Einsatzberichten der Bomberbesatzungen geschildert. Im Verhältnis zum Aufwand und den Verlusten mußten die Bombardierungen generell sogar als Fehlschläge bewertet werden. Hatten sich die britischen Bomber 1940 und 1941 vor allem auf gezielte Angriffe (soweit diese aufgrund der unzureichenden Navigationsmittel überhaupt möglich waren) gegen Industrie- und Eisenbahnanlagen beschränkt, so entstanden im Frühjahr und Sommer 1941 die ersten Planungen für Flächenangriffe. Das bedeutete eine Ausweitung und gleichzeitig eine Konzentration des Luftkrieges, denn von nun an waren auch Wohngebiete mehr oder weniger gebilligte Angriffsziele. Der vermehrte Einsatz von Brandbomben, vor allem aber der Massenabwurf von Stab- und Flüssigkeitsbrandbomben führten nach den Erkenntnissen der britischen Luftkriegsplaner zu ungleich schwereren Sachschäden als einzelne Sprengbombentreffer. Als das Konzept des >area bombing<, des Flächenbombardements deutscher Städte schließlich am 14. Februar 1942 vom britischen Verteidigungsausschuß genehmigt wurde, begann das britische Bomberkommando unter der Führung seines neuen Chefs, Luftmarschall Arthur Harris, mit Flächenangriffen auf west- und norddeutsche Städte. Rostock, Lübeck und viele Städte an Rhein und Ruhr – darunter auch Mönchengladbach und Rheydt – lagen am Weg der Bomber. Der 1 000-Bomber-Angriff auf die Rheinmetropole Köln am 30./31. Mai 1942 setzte erstmals die geballte Schlagkraft der britischen Luftflotte frei. Von nun an wurden die deutschen Städte im Wortsinn Hitlers >ausradiert<, der eben dieses Schicksal in einer Rede am 4. September 1940 im überfüllten Berliner Sportpalast den englischen Städten angedroht hatte und für diese Ankündigung von den begeisterten Zuhörern mit minutenlangem hysterischen Beifall bedacht worden war.

Die Einführung neuartiger Navigations- und Zielfindungsgeräte wie Gee (Navigationsradar), OBOE (Zielfindungs-Leitsystem) und H2S (Bodensicht-Radar) ermöglichte es dem britischen Bomberkommando 1943, seine Luftschläge gegen das Deutsche Reich wesentlich konzentrierter und für die deutsche Bevölkerung mit tödlicher Präzision anzuwenden. Im Frühjahr und Sommer 1943 führten die britischen Bomberflotten gegen das Rhein-Ruhrgebiet eine Luftoffensive durch, in deren Verlauf die Großstädte hier mit nachhaltigen Auswirkungen flächendeckend bombardiert wurden. Die Zahl der Todesopfer unter der Zivilbevölkerung, darunter auch zahlreiche ausländische Kriegsgefangene und Zwangsarbeiter, stieg bis Ende 1943 auf über 25 000 an. Düsseldorf, Köln, Duisburg, Dortmund und immer wieder die >Krupp-Stadt< Essen waren die Hauptangriffsziele. In der folgenden Luftoffensive gegen Hamburg im Juli und August 1943 wandelte sich der alliierte Luftkrieg in eine Apokalypse: in einer einzigen Nacht starben in Hamburg rd. 35 000 Menschen in einem Feuersturm. Die damalige Reichshauptstadt Berlin folgte im Herbst 1943 und im Winter 1943/44. Erst im März 1944 reduzierte das britische Bomberkommando seine Flächenangriffe gegen deutsche Städte zugunsten von Bombardierungen im Zusammenhang mit den Vorbereitungen für die geplante Invasion der Alliierten in Nordfrankreich. Zu dieser Zeit hatten aber bereits die US-Amerikaner in das Luftkriegsgeschehen über Europa eingegriffen. Nachdem die USA durch ihre als Reaktion auf den japanischen Luftangriff auf die US-Pazifikflotte in Pearl Harbor erfolgte Kriegserklärung am 8. Dezember 1941 an das mit Deutschland verbündete Kaiserreich Japan sowie infolge der Kriegserklärung Deutschlands und Italiens an die USA am 11. Dezember 1941 nunmehr auch offiziell in den Krieg eingetreten waren, trafen im Sommer 1942 die ersten Einheiten der 8. US-Luftflotte (8th USAAF) in England ein. Mit ihr kam auch der bereits 1937 entwickelte gewaltige viermotorige Langstreckenbomber B 17, der >Flying Fortress< (Fliegende Festung) genannt wurde, dem der 1939 fertiggewordene B 24-Langstreckenbomber >Liberator< (Befreier) folgte. Die 8. US-Luftflotte unternahm ab Frühjahr 1943 ihre strategischen Bombenangriffe vor allem am Tag – im Gegensatz zum britischen Bomberkommando, das vor allem Nachtangriffe flog. Im Frühjahr 1944 verlor die deutsche Luftwaffe aufgrund der amerikanischen Überlegenheit dann die Lufthoheit über dem Reichsgebiet. Ab Mai 1944 bewirkten die amerikanischen Luftschläge schließlich den Zusammenbruch der Treibstoffversorgung für den Einsatz der deutschen Jagdgeschwader. Im Spätsommer 1944, nach der erfolgreichen Invasion der Alliierten in der Normandie, konnte es sich auch das britische Bomberkommando erlauben, mit seinen schweren viermotorigen Nachtbombern am Tag einzufliegen, um Industrie- und Verkehrsanlagen gezielt anzugreifen. Die Radartechnik stand zwar noch am Anfang ihrer Entwicklung, doch waren bereits 1944 relativ genaue Bombenabwürfe selbst bei dichter Bewölkung über dem Ziel möglich. Während die deutsche Flakabwehr noch 1943 ein Problem für die alliierten Bomber dargestellt hatte, führten die permanenten Luftangriffe sowie ein ständiger Personal- und Munitionsmangel bei den Flakbatterien schließlich im Verlauf des Jahres 1944 zum allmählichen Zusammenbruch auch einer effizienten deutschen Flugabwehr im Umfeld der Städte und Industrieanlagen. Gleichzeitig vermochten die von Dr. Goebbels als Wunderwaffen propagierten Flugbomben >V 1< und die Fernraketen >V 2<, die ab Juni bzw. September 1944 eingesetzten sog. >Vergeltungswaffen<, keine Kriegswende herbeizuführen.[8] Ebenso blieb der Einsatz von modernen Düsenjägern durch die Deutsche Luftwaffe aufgrund des Treibstoff- und Personalmangels ohne große Wirkung. Er war ohnehin nur ein letzter, verzweifelter Versuch, das Blatt zugunsten einer wirkungsvollen deutschen Abwehr zu wenden.

Mit der zweiten >Luftschlacht über dem Ruhrgebiet< ab Oktober 1944 und der verstärkt betriebenen Bombardierung von Verkehrsanlagen in den letzten Monaten desselben Jahres erreichte der Bombenkrieg einen bis dahin unvorstellbaren Höhepunkt. Die Städte an Rhein und Ruhr wurden von den massiven Luftangriffen der Alliierten fast vollständig zerstört. In diesem Zusammenhang stand das westdeutsche Eisenbahnnetz auf den Ziellisten an erster Stelle. Den Tod Zehntausender von Einwohnern betrachteten die Militärs dabei als einen ebenso unvermeidlichen wie erwünschten Nebeneffekt. Mit der Eroberung von Aachen im September 1944 erreichte der Bodenkrieg nunmehr auch die >Heimat<. Für das Rheinland als nächstem Ziel des alliierten Vormarsches waren die weiteren Luftangriffe von nun an taktischer Natur, d. h. sie dienten auch und vor allem zur direkten Unterstützung der Operationen von Bodentruppen. Unter diesem Gesichtspunkt sind die Bombardierungen im Winter 1944/45 zu betrachten, die im Fall von Mönchengladbach und Rheydt der Zerstörung von als militärische Basen und Nachschublinien genutzten Eisenbahnzentren und Schienenwegen dienten. Gleichzeitig unternahmen bis zur Eroberung der linksrheinischen Region besonders die taktischen Luftflotten der Alliierten, die 9. US-Luftflotte und die britische 2. Taktische Luftflotte, ihre Tiefangriffe mit Bomben und Bordwaffen gegen Verkehrsbewegungen sowie militärisch bedeutsame Ziele. Doch auch Angriffe auf Einzelpersonen und zivile Einrichtungen waren, obwohl von den Luftstreitkräften offiziell nicht erlaubt, keine Seltenheit und versetzten in der Endphase des Luftkrieges die Zivilbevölkerung in ständige Angst und Schrecken.

Mönchengladbach und Rheydt als Luftkriegsziele

Allerdings galten die Städte Mönchengladbach und Rheydt in den Einschätzungen der alliierten Planer des strategischen Luftkrieges nicht als Ziele von besonderer kriegswichtiger Bedeutung, da sich hier aus alliierter Sicht keine entscheidenden Rüstungsbetriebe oder sonstige für die deutsche Kriegsführung besonders wichtig erachtete Einrichtungen befanden. Im >Bomber's Baedeker<, einem vom britischen Ministerium für Wirtschaftskriegsführung Anfang Januar 1943 fertiggestellten Leitfaden mit einer Beschreibung und Bewertung der wirtschaftlichen Tätigkeit deutscher Orte und Städte, wird Mönchengladbach als eine Stadt vornehmlich der Textilindustrie beschrieben, deren Produktion jedoch wahrscheinlich zu Beginn des Krieges zu einem großen Teil nach Sachsen und in den Osten Deutschlands verlegt worden sei. Außerdem sind unter Mönchengladbach noch einige Betriebe des Maschinenbaus aufgeführt (genannt werden die Meer AG, eine Tochterfirma des Mannesmann-Röhren Konzerns; A. Monforts und W. Schlafhorst), und die Stadt sei, so heißt es dort, ein wichtiger Eisenbahnknotenpunkt für das Gebiet des Niederrheins. Doch sowohl die Eisenbahnanlagen als auch die drei angeführten Maschinenbetriebe haben von den Planern der britischen Wirtschaftskriegsführung nur die niedrigste Zielpriorität (3) zuerkannt bekommen.[9]

Ganz ähnlich wird in diesem Leitfaden Rheydt eingeschätzt. Diese Stadt galt in der Auffassung der Alliierten ebenfalls als ein Zentrum vornehmlich der Textilindustrie, und auch hier ging man davon aus, daß ein Großteil der Produktion schon früh im Krieg ausgelagert worden sei. Als weitere Industrien werden hier noch vier Maschinenbetriebe genannt, und zwar die Kabelwerke Rheydt AG, die Schorch-Werke AG, die Froriep GmbH und Scheidt & Bachmann. Doch mit Ausnahme der Kabelwerke Rheydt, die als der *»führende Hersteller von Kabeln in Deutschland«* bezeichnet werden und eine mittlere Zielpriorität (2) aufweisen, sind alle übrigen Betriebe nur mit der niedrigsten Zielpriorität (3) versehen worden. Rheydt wird in dieser Studie des Britischen Ministeriums für Wirtschaftskriegsführung ebenfalls als ein Eisenbahnknotenpunkt von Bedeutung für den Niederrhein bewertet. Hier träfen, so wird erläutert, zwei wichtige Bahnlinien, nämlich die von Südwesten

(Aachen) und von Südosten (Köln) zusammen, die von dort weiter in nördliche Richtung nach Mönchengladbach führten, wo sie mit der vom Ruhrgebiet herkommenden Hauptstrecke zusammenträfen, die dann weiter nach Venlo und in die Niederlande führten. Wie im Fall von Mönchengladbach haben jedoch auch die Eisenbahnanlagen in Rheydt von den britischen Planern nur die niedrigste Zielpriorität zugewiesen bekommen.[10]

Obwohl bedeutende Rüstungsindustrien oder sonstige für die deutsche Kriegsführung von den Westalliierten als wichtig angesehene Einrichtungen und Betriebe nicht vorhanden waren, sollte die Doppelstadt und ihre Bevölkerung während des Krieges dennoch zahlreiche kleinere und mindestens vier schwere Luftangriffe erleiden müssen. Im sog. >Fish Code<, einem vom Britischen Bomberkommando 1942 erstellten Verzeichnis von Decknamen für Flächenziele in Deutschland, erhielt Mönchengladbach (einschließlich der Stadt Rheydt, da beide Städte für die Westalliierten als eine Einheit behandelt wurden) die Bezeichnung >Jack< – (junger) Hecht.[11]

Die ersten Bombenabwürfe 1940

In Mönchengladbach fielen die ersten Bomben in der Nacht zum Pfingstsonntag (11./12. Mai) 1940 zwischen 0.25 und ca. 3.00 Uhr nachts. Es war dies der erste (britische) Luftangriff überhaupt, der im 2. Weltkrieg gegen eine deutsche Stadt geflogen wurde. Nach Angaben des Britischen Bomberkommandos galt der Angriff, der von einem aus insgesamt 37 Flugzeugen, und zwar 19 zweimotorigen Hampden- und 18 ebenfalls zweimotorigen Whitley-Bombern, bestehenden Verband durchgeführt wurde, dem Straßen- und Eisenbahnnetz in Mönchengladbach.[12] Die örtliche Luftschutzpolizei zählte fünf Bombenabwürfe, die im Bereich der West- und der Luisenstraße niedergegangen waren. Nachrichten über dabei angerichteten Sachschaden liegen nicht vor. Doch ist festgehalten worden, daß bei diesem ersten und im Verhältnis zu dem, was in dieser Hinsicht der Stadt und ihren Bewohnern noch bevorstand, sehr leichten Luftangriff insgesamt vier Menschen umkamen: Im Haus Ferdinandstraße 11 wurde ein Mann, in den Häusern Bismarckstraße 106 und Weststraße 36 jeweils eine (unverheiratete) junge Frau und im Haus Weststraße 25 ein Kind getötet.[13]

Diese ersten Bombenopfer sorgten noch für öffentliches Aufsehen. Der Witwe und den drei anderen betroffenen Familien sandte der Oberbürgermeister daher jeweils ein Beileidsschreiben, in dem er den Hinterbliebenen sein Mitgefühl für ihre *»auf so tragische Weise«* ums Leben gekommenen Angehörigen zum Ausdruck brachte. Außerdem spendete die Stadtverwaltung für die Beisetzung der drei umgekommenen erwachsenen Personen einen Kranz, im Fall des getöteten Kindes lieferte man einen Blumenstrauß, und als Vertreter der Stadt nahm an den Beisetzungen (außer an der des getöteten Ehemanns, der in aller Stille beerdigt wurde, und des umgekommenen Kindes) jeweils ein Stadtrat teil.[14]

Bei diesem Angriff fielen auch Bomben in der Zwillingsstadt Rheydt. Sie gingen in dem an den Verschiebebahnhof der Bahnstrecke Rheydt-Aachen grenzenden ländlichen Stadtteil Hockstein auf freiem Feld des Landwirts Alois Schnitzler nieder und richteten hier lediglich Flurschaden an.[15] Die Bombentrichter waren seinerzeit noch eine große Attraktion und wurden gebührend bestaunt. Am folgenden Tag – Pfingstsonntag – nutzten zahlreiche Menschen die Gelegenheit eines Pfingstspaziergangs und zogen auch von weiter her in Scharen nach Hockstein, um die Detonationslöcher auf dem Feld in Augenschein zu nehmen.[16]

Bereits in der übernächsten Nacht, 13./14. Mai 1940, erfolgten zwischen 2.42 und 3.46 Uhr die nächsten Bombenabwürfe in Mönchengladbach. Diesmal fielen die drei von der örtlichen Luftschutzpolizei gemeldeten Bomben in den Kaiserpark (heute Teil des Bunten Garten), offensichtlich ohne Personen- und größeren Sachschaden anzurichten.[17] In beiden Fällen war kein Fliegeralarm gegeben worden.[18] Diesen gab es jedoch zwei Nächte später, am 16. Mai 1940, frühmorgens um 0.38 Uhr. In diesem Fall zählte man insgesamt zwölf Bombenabwürfe in Mönchengladbach, die in Großheide erfolgten, ohne dort Schaden anzurichten. Entwarnung wurde erst gut zwei Stunden später, um 2.55 Uhr, gegeben. Auch in der nächsten (16./17. Mai) und übernächsten Nacht (17./18. Mai) wurden die Bewohner von Mönchengladbach in den frühen Morgenstunden durch Sirenengeheul aus dem Schlaf gerissen. In der darauffolgenden Nacht (18./19. Mai) gab es sogar zweimal Fliegeralarm: das erste Mal von 0.11 bis 1.30 Uhr und dann nochmals von 2.55 bis 3.40 Uhr. Auch in der nächsten Nacht wurde Fliegeralarm gegeben, der von 0.06 bis 2.34 Uhr andauerte. Doch auch dabei kam es zu keinem Luftangriff oder Bombenabwurf.[19] Der nächste Luftangriff erfolgte dann in der übernächsten Nacht (21./22. Mai 1940). Nachdem kurz nach Mitternacht (0.15 Uhr) Fliegeralarm ausgelöst worden war, gingen in Mönchengladbach-Rheydt insgesamt 52 Bomben nieder. Davon fielen auf Mönchengladbacher Gebiet 31 Bomben, und zwar zehn auf das Gelände des Flughafens Wolfsittard/Holt, 15 weitere in Gerkerath-Winkeln, vier Bomben fielen auf das Gebiet der Firma Peltzer in der Hofstraße, eine ging in Großheide nieder und eine weitere schlug in einen Garten an der Oststraße ein. In Rheydt wurden sieben Bomben im Bereich der Bunsenstraße abgeworfen. Weitere 14 Bomben fielen im Stadtteil Odenkirchen und Umgebung.[20]

Die beiden folgenden Nächte verliefen dann ohne Störungen. Doch in den darauffolgenden vier Nächten gab es jedesmal Fliegeralarm, der jeweils ein bis über zwei Stunden andauerte, und zwar in der Nacht vom 24./25. Mai 1940 von 1.05 bis 2.41 Uhr, in der nächsten Nacht (25./26. Mai 1940) von 0.47 bis 2.57, in der folgenden Nacht von 1.05 bis 2.14 Uhr und in der Nacht vom 27. auf den 28. Mai 1940 von 0.13 bis 2.16 Uhr.[21] Bombenabwürfe wurden dabei allerdings nicht registriert.[22] Bis zur Nacht vom 3. auf den 4. Juni herrschte dann Ruhe. Danach gab es allerdings fast wieder jede Nacht Alarm.[23] Dies war aber nur ein Vorgeschmack auf das, was die Bevölkerung der Doppelstadt in den folgenden fünf Kriegsjahren über sich ergehen lassen mußte. Die geographische Lage von Mönchengladbach-Rheydt am Westrand des Deutschen Reiches und in der Nähe des von den Westalliierten als kriegswichtiges Ziel ersten Ranges eingestuften rheinisch-westfälischen Industriegebietes hatte zur Folge, daß feindliche Bomber beim Anflug auf ihre eigentlichen Ziele oder beim Rückflug das Gebiet mehr oder weniger weiträumig berührten oder überflogen. So wurde in der Zeit vom 1./12. Mai 1940 bis zum 26./27. März 1942 insgesamt 296mal Fliegeralarm ausgelöst. In einigen Nächten ertönten die Sirenen zweimal, vereinzelt sogar dreimal. Das war z. B. am 26. Oktober 1940 der Fall. Das erste Mal wurde an diesem Tag frühmorgens von 2.05 bis 2.46 Uhr Fliegeralarm gegeben. Eine knappe dreiviertel Stunde später erfolgte der nächste von 3.30 bis 4.00 Uhr andauernde Fliegeralarm. Am späten Abend dieses Tages, um 22.23 Uhr, ertönten die Sirenen erneut. Entwarnung kam dann um 23.01 Uhr. Noch schlimmer ging es am 31. März 1942 zu. Der erste Fliegeralarm ertönte am frühen Nachmittag um 13.19 Uhr und dauerte bis 14.09 Uhr. Um 15.38 Uhr heulten die Sirenen erneut, Entwarnung war erst eine knappe Stunde später um 16.33 Uhr. Am Abend folgte dann von 18.22 bis 19.00 Uhr ein dritter und von 21.33 bis 22.05 Uhr noch ein vierter Fliegeralarm. Auch in der darauffolgenden Nacht war wiederum Alarm, der von 2.00 bis 2.23 Uhr dauerte.

Im Zeitraum vom 11./12. Mai 1940 bis 26./27. März 1942 erlebte Mönchengladbach insgesamt 51mal Bombenabwürfe, die sich witterungsbedingt mit der größeren feindlichen Lufttätigkeit von Frühsommer bis Herbst in diesen Monaten häuften.[24] Mit Intensivierung der britischen und später der US-amerikanischen Luftoffensive gegen Deutschland im allgemeinen und das Rhein-Ruhr-Gebiet im besonderen ab Frühsommer 1942 nahmen auch die feindlichen Überflüge des Mönchengladbacher und Rheydter Raumes zu. Nachts erfolgte jetzt fast regelmäßig Alarm. Hinzu kamen bald auch immer häufiger Tagalarme, so daß es innerhalb von 24 Stunden bis zu fünfmal Alarm geben konnte.[25] Am 20. Juni 1943 ertönten z. B. das erste Mal frühmorgens um 1.57 Uhr die Sirenen; die Entwarnung folgte um 2.29 Uhr. Der nächste Alarm war kurz nach Mittag dieses Tages von 12.41 bis 13.10 Uhr, der dritte dauerte von 14.49 bis 15.40 Uhr, und bereits eine knappe Viertelstunde später folgte von 15.52 bis 16.53 Uhr ein vierter und von 18.34 bis 19.18 Uhr sogar noch ein fünfter Alarm, so daß an diesem Tag fast sieben Stunden lang Alarm herrschte.[26]

Von Kriegsbeginn bis zum 30. September 1943 ist in Mönchengladbach insgesamt 604mal Fliegeralarm gegeben worden. Bis zum 30. Juni 1944 stieg diese Zahl auf 788 an. Bis dahin machte die Zeit der Alarme insgesamt fast 1 000 Stunden oder umgerechnet rd. 41 1/2 Tage aus.[27] Allerdings gab es nicht nur witterungsbedingt, sondern auch infolge der strategischen Planungen des britischen Bomberkommandos und später der US-Air Force für die Bevölkerung von Mönchengladbach-Rheydt insbesondere hinsichtlich der Luftangriffe bzw. Bombenabwürfe zeitweise Erholungspausen. So trat z. B. in den Monaten und Wochen vor dem ersten Großangriff auf die Doppelstadt in der Nacht vom 30. auf den 31. August 1943 für die Bewohner in dieser Hinsicht eine regelrechte Ruhephase – man ist versucht zu sagen, eine Ruhe vor dem Sturm – ein. In der Zeit vom 1. April bis zum 29. August 1943 fielen nämlich >lediglich< viermal Bomben auf dieses Gebiet, und zwar am 8. und 9. April, am 13. Mai und dann erst wieder am 23. August 1943.[28] Ab dem Frühsommer 1944 bekam die Doppelstadt aber die sich immer mehr steigernde Luftoffensive der Westalliierten gegen Deutschland und die immer totaler werdende Luftherrschaft dadurch unmittelbar zu spüren, daß sie im Verlauf der zweiten Jahreshälfte 1944 das Ziel weiterer schwerer Luftangriffe wurde.

Der erste Großangriff am 30./31. August 1943

660 Bomber

In den frühen Morgenstunden des 31. August 1943 war dann auch für die Doppelstadt Mönchengladbach-Rheydt und ihre Bewohner der schon lange befürchtete >Tag X< gekommen. Gegen Mitternacht waren insgesamt 660 Flugzeuge von ihren Flugplätzen in Mittel- und Südengland gestartet, die das Angriffsziel >Munchen-Gladbach< zugewiesen bekommen hatten. Der Verband setzte sich zusammen aus 297 der schweren viermotorigen Lancaster-Bomber, die gut sechs Tonnen Abwurfmunition transportieren konnten, 185 viermotorigen Halifax-Bombern, 107 viermotorigen Stirling-Großbombern und 57 zweimotorigen Wellington-Bombern sowie 14 Mosquito-Schnellbombern. 62 der Maschinen gehörten zur >Pathfinder Force<, von den Deutschen im Volksmund auch >Füchse< genannt,[29] deren Aufgabe darin bestand, über dem Angriffsziel die Zielmarkierungen für das nachfolgende Bombengeschwader zu setzen. Allerdings beteiligten sich 13 Lancaster- und zehn Halifax-Bomber dieser Einheit zusammen mit dem Hauptverband an der Bombardierung von Mönchengladbach bzw. Rheydt.[30]

Der Bomberverband sammelte sich über Südengland, um dann Kurs auf die niederländische Küste zu nehmen. Als er dort auftauchte, wurde er von der deutschen Luftabwehr geortet und von deutscher Flak teilweise sehr heftig beschossen. Im Luftschutzort Mönchengladbach-Rheydt erfolgte die Alarmauslösung um 2.00 Uhr am frühen Morgen des 31. August 1943. Jedoch zeigten die über die Konferenzschaltung[31] ankommenden Meldungen Streu- bzw. Störflüge der hereinkommenden Maschinen an. Ein klares Lagebild ließ sich daraus für das örtliche Luftschutzkommando in Mönchengladbach-Rheydt nicht gewinnen. Auch deutete zunächst nichts darauf hin, daß die Doppelstadt das eigentliche Ziel des Nachtangriffs sein würde. So wurde von der im Rathaus in Mönchengladbach untergebrachten Luftschutzwarnstelle Mönchengladbach-Rheydt z. B. um 2.15 Uhr die Meldung *»Flugtätigkeit im Raum Duisburg«* aufgezeichnet. Vierzehn Minuten später hieß es: *»Maschinen im Duisburger Raum drehen ab«, aber auch »Neue Einflüge halten an«.* Die Meldung um 2.38 Uhr besagte dann, daß die Flugtätigkeit bis in den Raum Siegen-Hagen reiche, und um 2.48 Uhr wurde die beruhigende Meldung aufgenommen, daß die Maschinen sich *»allgemein«* im Rückflug befänden und die Verbände von der Küste nicht näherkämen. Zwei Minuten später folgte die Nachricht von neuen Einflügen im Raum Wesel-Bocholt und Löwen. Um 2.54 Uhr erfuhr man in der Luftschutzwarnstelle von mehreren feindlichen Flugzeugen bei Düsseldorf, eine Minute später wurde bereits *»Flakfeuer bei M. Gladbach«* vermerkt. Um 2.57 Uhr wurden *»Flieger von Waldniel Flug auf M. Gladbach«* registriert, zwei Minuten danach lauteten die Meldungen: *»Leuchtsignale über M. Gladbach – Markierungsbomben über Neuwerk«*.[32] Um 3.03 Uhr fielen bereits die ersten Bomben – der erste Großangriff auf Mönchengladbach/Rheydt hatte begonnen.Der britische Bomberverband flog die Doppelstadt in 4 000 bis 6 000 m Höhe an und führte den Angriff in zweimal drei Wellen aus nordwestlicher und südwestlicher Richtung durch.[33] Allerdings haben nicht alle gestarteten Maschinen das Angriffsziel erreicht bzw. über diesem ihre Bombenlast abgeworfen. 35 Flugzeuge mußten wegen technischer oder Bedienungsmängel den Flug abbrechen. Zwei Wellington-Bomber stießen bereits kurz nach dem Start in England zusammen und stürzten ab, wobei sämtliche Besatzungsmitglieder ums Leben kamen. Ein Halifax-Bomber fing noch während des Starts Feuer und brannte aus. Eine weitere Maschine stürzte beim Hinflug ab, eine andere fiel wegen Erkrankung der Besatzung aus. Ein Flugzeug erreichte infolge eines Navigationsfehlers das Zielgebiet nicht. Zwei als Reserve-Markierer vorgesehene Maschinen wurden nicht benötigt, und vier Bomber griffen nach Angabe der Besatzungen Ausweichziele an.[34] Eine große Anzahl von Maschinen wurde außerdem durch den über dem Angriffsziel anstelle des vorausgesagten leichten Westwindes herrschenden starken Nordwestwind – in rd. 6 000 m Höhe registrierte man eine

Windstärke von 110 bis 130 km/h – von ihrem Kurs nach Süden abgetrieben. Deren Besatungen lösten dort entsprechend der vorausberechneten Flugzeit ihre Bomben aus, zumal sie wegen der bei Angriffsbeginn über der Doppelstadt liegenden starken Bewölkung die Zielmarkierungen aus größerer Entfernung nicht erkennen konnten.[35] Wie aus den Berichten einzelner Bomberbesatzungen hervorgeht und spätere Auswertungen ergaben, lagen die dabei erfolgten Abwürfe teilweise 25 bis 30 km südlich des eigentlichen Zielgebietes.[36] Hier spielte aber auch die begreifliche Nervosität vieler Bomberschützen eine Rolle, die aus Furcht vor dem starken Flakschutz im Bereich des rheinisch-westfälischen Industriegebietes dazu neigten, sich ihrer Bombenladung möglichst weitab von diesem gefährlichen Ziel zu entledigen.[37]

Zwei Zielpunkte

Nach dem Angriffsplan sollte zunächst Mönchengladbach angegriffen werden. Der Angriffsbeginn – die sog. *»zero hour«* – war auf 2.00 Uhr britischer bzw. 3.00 Uhr Ortszeit festgesetzt worden. Vier Minuten vorher, um exakt 2.56 Uhr Ortszeit, begannen die Zielmarkierer mit dem Abwurf der ersten Markierungsbomben. Trotz der über Mönchengladbach-Rheydt zu Beginn des Angriffs herrschenden starken und zum Teil geschlossenen Bewölkung gelang es acht Mosquito-Bombern der >Pathfinder<-Staffel, mit Hilfe des radargesteuerten Zielfindungsgeräts >Oboe< die roten Zielmarkierungsbomben ziemlich genau über dem Zielpunkt abzuwerfen. Diese im Volksmund sarkastisch >Christbäume< genannten Leuchtbomben schwebten aus rd. 4 000 bis 2 000 m Höhe an Fallschirmen auf das Zielgebiet nieder. Auf die roten Leuchtmarkierungen wurde anschließend von anderen, >Zielaufnehmer< genannten Maschinen der >Pathfinder<-Staffel grüne Markierungsbomben geworfen und diese Markierungen während des gesamten Angriffs aufrechterhalten bzw. immer wieder erneuert. Nach dem Einsatzbericht der beteiligten >Pathfinder<-Staffeln fielen die Markierungsbomben anfangs nicht in optimaler Konzentration, sondern wurden, teilweise sicher auch durch den starken Wind aus unerwarteter Richtung, über das Zielgebiet verstreut. Demzufolge kam es auch bei Angriffsbeginn zu gestreuten Bombenabwürfen.[38]
Um genau 3.00 Uhr erfolgte dann die erste Angriffswelle. Diese sollte gemäß Angriffsplan von 100 Lancaster-Bombern durchgeführt werden und bis 3.07 Uhr dauern; darauf folgte eine zweite von 98 Lancaster- und 32 Wellington-Bombern von 3.07 bis 3.15 Uhr sowie eine dritte von 113 Stirling-Bombern, die von 3.15 bis 3.22 Uhr dauern sollte. Danach wollte man den Zielpunkt weiter nach Süden – in Richtung Rheydt – verlegen, was neue Zielmarkierungen erforderlich machte und wofür eine kurze, zwei Minuten dauernde Pause in der Bombardierung vorgesehen war. Nach dem Angriffsplan sollte die erste der drei folgenden und gegen Rheydt gerichteten Angriffswellen um 3.24 Uhr beginnen und bis 3.30 Uhr dauern. Hierfür waren 93 Lancaster-Bomber vorgesehen. Eine zweite Angriffswelle sollte von 89 Halifax- und 27 Wellington-Bombern von 3.30 bis 3.38 Uhr, eine dritte und letzte von 88 Lancaster-Bombern von 3.38 bis 3.44 Uhr geflogen werden.
Der Zeitplan konnte lediglich hinsichtlich der zweiminütigen Bombardierungspause vor dem Beginn des Angriffs auf Rheydt nicht eingehalten werden. Der Grund war, daß die dritte (und letzte) Angriffswelle auf Mönchengladbach mit drei Minuten Verspätung begonnen hatte.[39] Dagegen konnten die Markierungsbomben über dem neuen Zielpunkt (Rheydt) nach dem Einsatzbericht in *»hervorragender Konzentration«* und noch genauer als beim ersten Ziel (Mönchengladbach) gesetzt werden.[40] Da sich auch die Bewölkung immer mehr verzog, wurden die Bombenabwürfe jetzt zunehmend zielgenauer, so daß sich dem Einsatzbericht der beteiligten >Pathfinder<-Staffel zufolge ein *»guter Angriff«* entwickelte.[41] Die Besatzungen konnten am Boden mehrere mächtige Explosionen ausmachen. Beim Rückflug war der Feuerschein der durch den Angriff in Mönchengladbach und Rheydt ausgelösten Feuerstürme noch in fast 200 km Entfernung zu erkennen.[42] Diese Brände haben tagelang in der Doppelstadt gewütet. Nach britischen Angaben hatte die Bomberflotte insgesamt über 1 000 t Minen-, mehr als 1 300 t Brand- sowie an schweren Bomben 277 4 000-Pfund (lb)- und zwölf 8 000-Pfund-Bomben an Bord gehabt.[43] Zur Zeit des Angriffs saßen die Menschen, vielfach voller Todesangst, in den Bunkern und Luftschutzräumen, während das Bersten der Bomben die Erde erzittern ließ und die Häuser hin und her schwankten. Deutlich konnten sie das Niedersausen der Bomben hören. In Odenkirchen hatte sich eine Anzahl von Leuten auf das freie Feld geflüchtet; einige suchten sogar unter einer Niersbrücke im Wasser stehend Schutz vor den Bomben.[44]

Deutsche Flugabwehr

Das Flakfeuer, auf das die Bomber bei ihrem Angriff auf Mönchengladbach-Rheydt stießen, wird in den Berichten der britischen Bomberbesatzungen als mäßig bis stark bezeichnet.[45] Schwere Flak soll danach überhaupt nur zu Anfang bzw. während der ersten Minuten des Angriffs aktiv gewesen sein und sowohl Sperr als auch Einzelfeuer geschossen haben. Schießen leichter Flak habe es nur *»sporadisch«* und bis zu einer Höhe von rd. 4 500 m gegeben. Die Flakabwehr wird in den britischen Unterlagen überhaupt als *»halbherzig«* charakterisiert.[46] Einen vom Sachverhalt her ähnlichen Eindruck hatte auch der Zeit- und Augenzeuge Pfarrer Franz Rixen von der katholischen Pfarrgemeinde St. Laurentius in Rheydt-Odenkirchen. Er berichtet in seinen Aufzeichnungen, daß die Flak zwar einige Flugzeuge abzuschießen vermochte, jedoch insgesamt zu schwach war und bald auch ausfiel.[47]

Als deutlich wurde, daß Mönchengladbach-Rheydt das Ziel dieses nächtlichen Großangriffs war, befahl der Flakkommandeur des Luftschutzortes Mönchengladbach-Rheydt, Major Dr. Walter Steinbauer, um 3.05 Uhr am Morgen des 31. August 1943 allen Flakbatterien, Sperrfeuer zu schießen.[48] Das Schießen von Sperrfeuer (an Stelle von gezieltem Einzelfeuer) war deshalb befohlen worden, weil vorauszusehen war, daß – wie es dann tatsächlich geschah – die Funkmeßgeräte durch den Abwurf von Stanniolstreifen gestört sein würden. Lediglich ein vorgeschobenes Funkmeßgerät blieb funktionsfähig und konnte die errechneten Werte sowie Meldungen über die ungefähre Stärke und Richtung der feindlichen Maschinen durchgeben.[49] Bis 4.06 Uhr, als Sperrfeuerende war, bzw. um 4.13 Uhr, als ein generelles Feuerverbot für die Flak angeordnet wurde, hatten die Batterien insgesamt 6 641 8,8-cm-Granaten und weitere 3 343 8,35-cm-Granaten verschossen. Acht (vermutete) Abschüsse über Mönchengladbach-Rheydt wurden gemeldet.[50] Drei der abgeschossenen Maschinen gingen auf dem Gebiet der Doppelstadt nieder, vier ihrer Besatzungsmitglieder überlebten und wurden festgenommen.[51] Erst gegen Ende des Angriffs erschienen deutsche Nachtjäger über Mönchengladbach-Rheydt. Nach Angaben von Major Steinbauer waren sie zu spät alarmiert worden, da man anfangs nur an Störflüge geglaubt hatte. So konnten die deutschen Nachtjäger lediglich die abfliegenden feindlichen Bomber angreifen bzw. verfolgen, wobei noch 14 Abschüsse erzielt worden sein sollen.[52] Die von den britischen Bomberbesatzungen berichtete starke, aber als am Himmel *»ziellos umherwandernd«* bezeichnete Flakscheinwerfertätigkeit im Raum Mönchengladbach-Rheydt diente vorwiegend der Unterstützung dieser deutschen Nachtjäger. Die Scheinwerfer strahlten von unten die Wolkendecke an, so daß die Nachtjäger, die sog. >Wilde Sau<, die feindlichen Maschinen recht gut gegen den hellen Hintergrund ausmachen konnten.[53]

Bei dem Luftangriff auf Mönchengladbach vom 30./31. August 1943 gingen 25 Maschinen des britischen Bomberverbandes verloren bzw. wurden als vermißt gemeldet. Nach den Beobachtungen der Bomberbesatzungen sollen vermutlich insgesamt sieben Flugzeuge von der Flak abgeschossen worden sein, davon drei über dem Zielgebiet. Mindestens zehn weitere seien von deutschen Nachtjägern abgeschossen worden, davon ebenfalls drei über dem Zielgebiet. Eine Maschine stürzte noch auf dem Rückflug ab und wurde vollständig zerstört. Außerdem trugen 14 Maschinen Schäden durch Flak- und 13 weitere durch Nachtjägerbeschuß davon. Zwei Bomber erlitten beim Angriff Beschädigungen durch abgeworfene Brandbomben, einer wurde durch versehentlichen Beschuß von einer anderen Maschine des Bomberverbandes und einer durch eine Kollision beschädigt. Sechs erlitten durch verschiedene andere Ursachen Schäden.[54]

Aber auch die deutsche Luftverteidigung erlitt bei diesem Angriff Verluste. Ein deutscher Nachtjäger wurde von der eigenen Flak über Mönchengladbach-Rheydt abgeschossen, ein anderer ging aus ungeklärten Gründen verloren.[55] Mindestens zwei Flakstellungen erhielten Bombentreffer. Dabei wurden neun Mann getötet, weitere neun erlitten schwere, zehn andere leichte Verletzungen.[56] Unter den Toten befanden sich auch zwei 15 Jahre alte Luftwaffenhelfer, die in einer Flakstellung mit 2-cm-Geschützen auf dem (früheren Stiftischen Humanistischen) Gymnasium in Mönchengladbach (Abteistraße 17) zusammen mit einem Unteroffizier Dienst taten, als diese einen Volltreffer durch eine Sprengbombe erhielt. Daß dabei nicht noch mehr jugendliche Flakhelfer ums Leben kamen, ist der Umsicht ihres Batteriechefs zu verdanken: Dieser hatte bei Angriffsbeginn nur die Mindestbesatzung bei den Flakgeschützen gelassen und die übrigen Jungen in den Keller des Gebäudes geschickt.[57]

Schwere Verwüstungen

Als die Menschen nach der Entwarnung aus den Bunkern und Luftschutzräumen hervorkamen, vielfach mit verschmutzten und verrußten Gesichtern, mit wirrem Haar, manche auch verschrammt und blutig, oft von Mörtelstaub bedeckt, bot sich ihnen zumeist ein schreckliches Bild. Der Augenzeuge Pfarrer Franz Rixen von der katholischen St. Laurentius-Pfarrei in Rheydt-Odenkirchen beschreibt es so: *»Ganz Odenkirchen war ein riesiges Flammenmeer; die Hitze der brennenden Häuser hatte einen starken Sturm entfacht. Jammernde Menschen suchten nach ihren Angehörigen oder beklagten die von Bomben Erschlagenen.«*[58]
In dem detaillierten (Geheim-)Bericht vom 15. Oktober 1943 über den Angriff vom 30./31. August 1943, den der Polizeipräsident von Mönchengladbach-Rheydt in seiner Eigenschaft als örtlicher Luftschutzleiter erstellen ließ, wird angegeben, daß bei dem Angriff insgesamt 62 Minen- und 905 Sprengbomben (davon 171 Blindgänger), 80 000 bis 90 000 Stab- und 15 000 Phosphorbrandbomben über der Doppelstadt abgeworfen wurden.[59] Der Vergleich mit den von britischer Seite angegebenen Zahlen über die bei diesem Angriff transportierte Bombenlast zeigt, wie schwierig und praktisch unmöglich es ist, exakte Angaben über die Menge der seinerzeit tatsächlich auf die Doppelstadt niedergegangenen Bomben zu erhalten. Am Boden ließ sich in den Trümmerfeldern einer verwüsteten Stadt eine genaue Zählung praktisch kaum durchführen, und man hat sich daher hier wie auch andernorts wohl mit groben (und zumeist zu niedrig liegenden) Schätzungen begnügt.[60] Dasselbe gilt für die Zahl der Maschinen, die bei diesem Luftangriff tatsächlich Mönchengladbach-Rheydt bombardiert haben. Nach den – unzuverlässigen – Angaben der Besatzungen wollen insgesamt 589 (590) Bomber das Ziel erreicht haben.[61] Der abschließende ausführliche Bericht des Polizeipräsidenten in Mönchengladbach-Rheydt vom 15. August 1943 gibt die Anzahl der Maschinen des Bomberverbands mit *»um 300–400«* an, wobei es sich ebenfalls ganz offensichtlich um eine bloße Schätzung handelt.[62]
Dagegen sind die verheerenden Folgen dieses ersten Großangriffs auf Mönchengladbach-Rheydt von den örtlichen Stellen sehr genau ermittelt und bürokratisch-penibel festgehalten worden. Wie ein Zeit- und Augenzeuge damals feststellte, war die Stadt Mönchengladbach vor allem im oberen Teil besonders stark getroffen worden. Dagegen hatten die Stadtteile Eicken, Als, Lürrip, Pesch und Neuwerk kaum etwas abbekommen. Der Alte Markt im Stadtzentrum war nach dem Angriff auf seiner westlichen Seite ein einziger *»wüster Trümmerhaufen«*, während die östliche Seite merkwürdigerweise relativ wenige Schäden aufwies.[63]
Sechs Tage nach dem Angriff beflog ein britisches Aufklärungsflugzeug systematisch das Stadtgebiet von Mönchengladbach und Rheydt und fertigte Luftaufnahmen an. Durch Auswertung dieser Aufnahmen kamen die britischen Fotoauswerter zu der Feststellung, daß in beiden Städten die Stadtkerne zu mehr als 50 % – hauptsächlich durch Feuer – zerstört seien, während in den Randgebieten der Zerstörungsgrad 33 % betrage.[64] Obwohl der Angriff Mönchengladbach und Rheydt gegolten hatte, war die Stadt Rheydt auch aus den bereits erwähnten und durch die unerwarteten Windverhältnisse über dem Angriffsziel bedingten Gründe vergleichsweise erheblich stärker getroffen worden. Die Stadt bot nach dem Angriff ein Bild der Zerstörung: Die Straßen waren durch Trümmerberge versperrt, die Oberleitungen der Straßenbahn hingen in Fetzen herab, während die Straßenbahnschienen verbogen in die Luft ragten. Manche Straßenzüge, wie z. B. die Pastorsgasse in Rheydt-Odenkirchen, waren am Morgen nach dem Angriff nicht mehr wiederzuerkennen.[65] Die Bahn der Zerstörung hatte in diesem Raum gleich hinter Mongshof und Wickrath eingesetzt. Doch die stärksten Zerstörungen gab es im Stadtkern von Rheydt-Mitte sowie im Stadtteil Odenkirchen. In Rheydt-Mitte wurde besonders der Marktplatz und seine Umgebung schwer zerstört. Hier brannten u. a. der größte Teil des Rathauses, der Turm und das Dach der Evangelischen Hauptkirche sowie das Gebäude des Hauptbahnhofs aus. Odenkirchen wurde zu etwa 70 % schwer beschädigt, in Teilen sogar total zerstört.[66] In ganz Rheydt erlitten fast 80 % aller Wohnhäuser Schäden, knapp 12 % wurden völlig vernichtet. Im Stadtteil Odenkirchen waren sogar 98,4 % sämtlicher Wohnhäuser betroffen; fast jedes fünfte Wohnhaus wurde hier vernichtet. Im gesamten Stadtgebiet von Rheydt überstanden nur 2 129 der hier zuvor vorhandenen Wohnhäuser den Angriff unbeschädigt.
Etwas glimpflicher kam in dieser Hinsicht Mönchengladbach davon. Nach den amtlichen Feststellungen belief sich der Anteil der beschädigten Wohnhäuser auf gut ein Drittel (37 %) des ursprünglichen Bestandes, 4 % davon waren total zer-

stört, weitere 4 % schwer beschädigt worden. Von den im Stadtgebiet Mönchengladbach ursprünglich vorhandenen 15 671 Wohnhäusern überstand nur knapp ein Drittel (9 818) den Angriff unversehrt.

Die Zahl der in Mönchengladbach und Rheydt insgesamt zerstörten Industriebetriebe – bei den meisten handelte es sich entsprechend des hier vorherrschenden Produktionszweiges um solche der Textilbranche – betrug 84; weitere 82 waren schwer und 38 andere mittelschwer beschädigt worden. Einen Großteil der Zerstörung hatten in beiden Fällen jedoch die durch den Brandbombenabwurf entfachten Feuerstürme verursacht.

Insgesamt 127 Großbrände, 2 211 mittelgroße und 4 418 Kleinbrände wurden in Mönchengladbach-Rheydt gezählt. In Mönchengladbach mußten nach dem Angriff 12 622 Personen anderweitig untergebracht bzw. *»umquartiert«* werden, wie es im damaligen Amtsdeutsch hieß; in Rheydt waren es sogar 23 299 Personen oder über 40 % der Bevölkerung! Viele Ausgebombte hatten nur das Allernotwendigste retten können, manche auch gar nichts. An den Ruinen der zerstörten bzw. ausgebrannten Häuser konnte man in den Tagen nach dem Angriff hier und da die von den früheren Bewohnern mit Kreide geschriebenen Worte: *»Alle leben«* und die Angabe des augenblicklichen Aufenthaltsortes lesen. Allerdings gab es selbst in dieser schlimmen Situation Witzbolde, deren Verhalten aber wohl auch Ausdruck von Sarkasmus ist. So hatte jemand in Rheydt-Odenkirchen auf den Mauerrest seines ansonsten gänzlich zerstörten Hauses die Bemerkung notiert: *»Durchgehend geöffnet«*.[67]

Neben Wohnhäusern und Betrieben fielen u. a. zahlreiche öffentliche Gebäude dem Angriff zum Opfer. So wurden beispielsweise 17 Verwaltungsgebäude, fünf Schulen und sechs Kirchen völlig zerstört; fünf Krankenhäuser erlitten mittelschwere Schäden, ein Krankenhaus wurde leicht beschädigt.[68] Das Städtische Krankenhaus Rheydt, in dem wie in den Krankenhäusern Odenkirchen und >Maria Hilf< sowie im Reservelazarett >Franziskaner-Kloster< in Mönchengladbach Brände ausbrachen, mußte vorübergehend völlig geräumt werden und in die Anstalt Waldniel-Hehler ausweichen, da infolge der Zerstörung der Fenster und Türen sowie des Dachstuhls eine Unterbringung der Patienten hier nicht mehr vollständig möglich war (lediglich der Krankenhaus-Bunker konnte in Betrieb bleiben). Der Verlust der Krankenbetten wird hier mit rd. 200 angegeben. Im Fall des Krankenhauses >Maria Hilf< in Mönchengladbach, das übrigens wie das Krankenhaus Odenkirchen und das Reservelazarett >Franziskaner-Kloster< in Mönchengladbach nur teilweise geräumt werden mußte, betrug der durch die Beschädigung des Gebäudes hervorgerufene Bettenausfall rd. 150 Betten.[69] Dieser Ausfall an Krankenbetten, der sich offenbar nur schwer beheben ließ, hatte erhebliche und lang andauernde Auswirkungen. So geht aus einem Anfang Oktober 1943 vom Städtischen Obermedizinalrat in Mönchengladbach an die zuständige Abteilung des Städtischen Bauamtes gerichteten Schreiben hervor, daß durch den Ausfall von Krankenbetten im Krankenhaus >Maria Hilf< die Bettennot in den Krankenhäusern der Stadt derart groß geworden war, daß sogar Patienten, *»die dringend der Krankenhausbehandlung bedürfen«*, abgewiesen werden mußten.[70]

Zum Teil beträchtliche Schäden entstanden in den beiden Städten aber auch am Wasser-, Gas- und Stromleitungsnetz sowie an der Kanalisation, an Straßenbahnschienen, Oberleitungen und am Wagenbestand der Straßenbahn.

Darüber hinaus waren zahlreiche Betriebs- und Produktionsstätten ganz oder teilweise zerstört worden. Entsprechend der in Mönchengladbach und Rheydt vorherrschenden Textilindustrie machte diese Branche einen hohen Schadensanteil aus. Von den Baumwollspinnereien in beiden Städten waren etwa 60 % betroffen, bei den Baumwollwebereien etwa 30 %, bei den Seidenwebereien etwa 50 % und im Bereich der Tuchindustrie etwa 20 % der Betriebe. In Mönchengladbach war die Bekleidungsindustrie zu etwa 65 %, in Rheydt sogar zu 80 % zerstört worden. In Rheydt wurden u. a. zwei von drei Schuhfabriken total vernichtet.

Aber auch die Rüstungsindustrie in beiden Städten erlitt beim Großangriff am 31. August 1943 erhebliche Schäden und Ausfälle. So wurde in der Maschinenfabrik Meer AG die Fertigung an Stahlgußteilen für die Panzer- und Panzerersatzteilfertigung zum Teil vollständig zerstört. In den Kabelwerken Rheydt AG verursachte der Luftangriff im Bereich der Produktion von Marinekabeln für den U-Bootbau einen vorläufig (man rechnete mit vier bis acht Wochen) hundertprozentigen Ausfall.[71]

Hunderte von Toten und Verletzten

Weit tragischer waren jedoch die Personenverluste und -schäden. 82 Männer, 208 Frauen, 42 Kinder, acht Wehrmachtsangehörige, ein Mann der Luftschutzpolizei, ein Kriegsgefangener sowie sieben ausländische Zwangsarbeiter wurden bei dem Angriff getötet; 507 Männer, 896 Frauen, 672 Kinder, 44 Angehörige der Luftschutzpolizei, 33 deutsche Soldaten, 13 Kriegsgefangene und 20 ausländische Zwangsarbeiter erlitten schwere Verletzungen. Von den Schwerverletzten starben später noch 54 Personen, so daß sich die Gesamtzahl der Toten auf 404 erhöhte; 101 Schwerverletzte wurden später noch nachgemeldet. Außerdem erlitten rd. 15 000 Personen Augenschäden durch Rauchvergiftungen.[72]

»Diese arme kleine Stadt«

In der Reichshauptstadt Berlin verfolgte Reichsminister Dr. Joseph Goebbels die Meldungen über den schweren Luftangriff insbesondere auf seine Heimatstadt Rheydt mit größter Aufmerksamkeit und innerer Anteilnahme. Wie er am 1. September 1943 in seinem Tagebuch festhielt, erhielt er im Laufe des Nachmittags schließlich über das schreckliche Geschehen in Rheydt nähere Nachrichten. *»Sie sind«*, notierte er dazu, *»mehr als schaurig. Man hat diese arme kleine Stadt zum großen Teil durch einen einzigen Luftangriff fertiggemacht.«* Um sich ein genaueres Bild über die Lage in seiner Heimatstadt machen zu können, rief Dr. Goebbels am Nachmittag des nächsten Tages (2.9.1943) den (kommissarischen) Rheydter Oberbürgermeister Dr. Alexander Doemens an. Als Ergebnis dieses Telefongesprächs hielt Goebbels an diesem Tag in seinem Tagebuch fest, daß die Stadt Rheydt *»wenigstens in ihrem Kern damit praktisch aufgehört* [hat] *zu existieren«*. Sechs Tage später, am 8. September 1943, ließ er sich dann auch noch Filmaufnahmen vom zerstörten Rheydt vorführen. *»Sie wirken auf mich tief erschütternd. Von dem Kern der Stadt ist sozusagen nichts mehr übriggeblieben«*, heißt es dazu in seinem Tagebucheintrag von diesem Tag.[73] Allerdings erhielt Dr. Goebbels auch zwei ihn persönlich ausgesprochen befriedigende Nachrichten aus seiner Heimatstadt. Die eine besagte, daß sich die Bevölkerung von Rheydt angesichts der über sie hereingebrochenen Katastrophe *»tadellos«* verhielt und ihre Haltung, wie ihm Oberbürgermeister Dr. Doemens in einem Telefongespräch am 8. September 1943 noch einmal ausdrücklich versicherte, *»vorbildlich«* war. *»Ich hatte das auch nicht anders erwartet«*, merkte Dr. Goebbels hierzu in seinem Tagebuch voller Genugtuung an.[74] Die zweite gute Nachricht für ihn war, daß sein Elternhaus in der nach ihm benannten Straße, heute Dahlener Straße (Nr. 156), *»wie durch ein Wunder«* den Luftangriff fast unversehrt überstanden hatte. Während ringsum alles dem Feuer zum Opfer gefallen war, hatte das Haus lediglich leichte Dach- und Glasschäden erlitten. *»Ich bin darüber sehr glücklich«*, notierte Dr. Goebbels dazu in seinem Tagebuch. *»Es hätte mir doch sehr weh getan, wenn dies Haus, an das mich so viele Jugenderinnerungen knüpfen, ein Raub der Flammen geworden wäre.«*[75] Andererseits bemühte sich Dr. Goebbels, seiner schwer getroffenen Heimatstadt und ihrer Bevölkerung, soweit es in seiner Macht stand, alle nur mögliche Hilfe zukommen zu lassen. So gab er bereits einen Tag nach dem schweren Angriff Oberbürgermeister Dr. Doemens die *»tröstliche Versicherung, daß, wenn der Krieg zu Ende ist, es eine meiner ersten Aufgaben sein wird, den Wiederaufbau der Stadt in die Wege zu leiten«*. Im entsprechenden Tagebucheintrag schloß Dr. Goebbels daran die Bemerkung an: *»Dazu bin ich auch fest entschlossen.«*[76] Doch das war eine Aufgabe für die ferne Zukunft. Im Augenblick war es für die Stadt Rheydt und ihre schwer geprüfte Bevölkerung jedoch wichtiger, daß Dr. Goebbels bereits am Tag nach dem schweren Luftangriff (1.9.1943) dafür sorgte, daß die Hilfsmaßnahmen speziell für Rheydt *»in größtem Umfang«* in Gang gesetzt wurden. Hierzu versicherte er sich auch der vollen Unterstützung durch den zuständigen Gauleiter Friedrich Karl Florian in Düsseldorf. In den nächsten Tagen ordnete Goebbels außerdem an, daß die Stadt Rheydt bevorzugt Hilfe erhielt. Insbesondere sorgte er dafür, daß die Versorgung der Rheydter Bevölkerung mit Lebensmitteln, die zunächst noch nicht richtig funktionierte, verstärkt wurde.[77]

Meldung im Wehrmachtsbericht und in der ›Times‹

In dem vom Oberkommando der Wehrmacht herausgegebenen Wehrmachtsbericht vom 31. August 1943 wurde über den ersten Großangriff auf Mönchengladbach-Rheydt folgende knappe Mitteilung veröffentlicht: *»Starke feindliche Fliegerkräfte griffen in der vergangenen Nacht westdeutsches Gebiet an, besonders die Städte München-Gladbach und Rheydt. Die Zerstörungen und die Verluste unter der Bevölkerung sind beträchtlich. Nachtjäger und Flakartillerie schossen nach bisher vorliegenden Meldungen 25 der angreifenden britischen Bomber ab.«*[78] Die Londoner ›Times‹ hielt den ersten schweren Luftangriff auf die Doppelstadt immerhin für so wichtig, daß sie darüber in ihrer Ausgabe am übernächsten Tag (1.9.1943) berichtete. In der unter der Überschrift *»Rhineland raided«* gebrachten Nachricht heißt es allerdings lediglich, daß von der RAF in der Nacht zum Montag ein Angriff auf Mönchengladbach-Rheydt durchgeführt worden sei. Die Doppelstadt wird darin als *»wichtiger Eisenbahnknotenpunkt«* und *»Sitz mehrerer Schwerindustrien und kriegswichtiger Fabriken«* bezeichnet. Anschließend zitiert der Zeitungsbericht die Mitteilung des britischen Luftkriegsministeriums über die Tätigkeit in der Nacht vom 30. auf den 31. August 1943, in der von einem *»schweren und konzentrierten Angriff auf das Industriegebiet von München-Gladbach-Rheydt«* die Rede ist.[79] In einer Protokollnotiz vom 3. November 1943 für Premierminister Winston Churchill führte der Chef des Britischen Bomberkommandos, Luftmarschall Arthur Harris, insgesamt 19 deutsche Städte auf, die durch die britischen Luftangriffe inzwischen *»praktisch zerstört«* seien, darunter auch Mönchengladbach/Rheydt.[80] Doch ist diese Behauptung von Harris zweifellos übertrieben, was sich auch für Mönchengladbach-Rheydt nachweisen läßt. Zwar wurde die Doppelstadt durch den Großangriff am 31. August 1943 schwer getroffen, allerdings hat er weder das Leben in der Stadt dauerhaft zerstört noch ihre bauliche Substanz gänzlich vernichtet. Zu dieser Erkenntnis müssen auch die britischen Fotoauswerter gekommen sein. Ihnen lagen nämlich untrügliche Luftaufnahmen eines britischen Aufklärers vor, der – wie bereits oben erwähnt – sechs Tage nach dem Angriff das gesamte Gebiet der beiden Städte systematisch beflogen und fotografiert hatte. Bei deren Prüfung wurde offensichtlich festgestellt, daß in der Stadt noch genügend erhalten geblieben war, was weitere Großangriffe lohnte.[81]

Die Wirklichkeit eines Bombenangriffs

Erlebnisberichte von Augenzeugen

Die trockenen amtlichen Berichte und besonders die nackten Zahlen statistischer Angaben über die Luftangriffe und ihre Folgen können, wie detailliert sie auch sein mögen, aufgrund ihrer Abstraktheit aber nur wenig von dem widerspiegeln, was ein Bombenangriff an Schrecken, Angst, Not und vielfältigem Leid für die betroffene Bevölkerung konkret bedeutete. Es ist überhaupt fraglich, ob man ein solches Geschehen, das sich aus einer Vielzahl von einzelnen Ereignissen und individuellen Erlebnissen zusammensetzt, überhaupt verständlich darstellen kann. Allerdings bieten einige unmittelbar oder nur kurze Zeit nach dem Großangriff am 30./31. August 1943 verfaßte und erhalten gebliebene Erlebnisberichte aus Mönchengladbach[82] wenigstens einige Einblicke in die Wirklichkeit einer Bombennacht, so wie sie von den Menschen seinerzeit erlebt oder vielmehr erlitten worden ist.[83]

»Manchmal wackelte die ganze Gegend wie bei einem Erdbeben«

Einen solchen unmittelbaren Eindruck von dem Geschehen, allerdings von einer im doppelten Sinn ›herausgehobenen‹ Warte aus, vermitteln die Tagebucheintragungen des damaligen Kommandeurs der Flak-Untergruppe Mönchengladbach, des Majors Dr. Walter Steinbauer. Darin hat Major Steinbauer seine persönlichen Beobachtungen und Erlebnisse beim Angriff am 30./31. August 1943 in knapper Form festgehalten.[84] Frühmorgens am 31. August 1943, um 1.30 Uhr, so heißt es darin, wurde im Kommandostand Alarm gegeben, doch konnte man zunächst nur Störflüge erkennen. Als dann aber der Abwurf von Leuchtbomben einen Angriff auf Mönchengladbach ankündigte, stand Major Steinbauer, der seinerzeit krank im Bett lag, doch auf und eilte zum Feuerleitstand im Keller des Gebäudes. Hier, so notierte er in seinem Tagebuch, *»war der bekannte Riesenbetrieb. 3 Lautsprecher und etwa 10 Telefonisten brüllten durcheinander; die Mädchen* [Wehrmachtshelferinnen; M. S.-P.] *saßen geduckt an ihren Plätzen an der Arbeit. Nowotny* [der Offizier vom Dienst; M. S.-P.] *gab Feuerbefehle.«* Im Gefechtsunterstand erlebte Major

Steinbauer dann die ersten Wellen von Bombenabwürfen auf das Stadtgebiet: *»Der Lärm der Einschläge und des rasenden Sperrfeuers* [der Flak; M.S.-P.] *war beängstigend; manchmal wackelte die ganze Gegend wie bei einem Erdbeben.«* Als nach einiger Zeit eine Pause in den Bombeneinschlägen eintrat, begab sich Major Steinbauer mühsam auf den 14 m hohen Beobachtungsturm. Den Anblick, der sich ihm von dort oben bot, beschreibt er in seinem Tagebucheintrag als *»schaurig-schön«*: Ringsum loderten überall Brände. Der ganze Himmel war von ihrem Schein hell erleuchtet, und der dichte schwarze Raum und Qualm erlaubte nur ab und zu einen Durchblick. Beim Blick durch das Flakfernrohr sah Major Steinbauer u. a., wie im Norden der Turm einer in hellen Flammen stehenden Kirche zusammenstürzte, im Osten konnte er nur *»ein einziges Feuermeer«* ausmachen, und am Münster konnte er beobachten, wie gerade die Flammen aus den hinteren Türmchen herauszuschlagen begannen. Als er sich mit dem Flakfernrohr nach Südwesten wandte, sah er dort plötzlich drei rote Kaskaden aufleuchten. Diese signalisierten den Beginn neuer Angriffswellen, die Major Steinbauer, während er sich krampfhaft am Geländer des wackeligen Holzgerüstes festhielt, hier oben über sich ergehen lassen mußte: *»Nun ging es aber auch los wie bei dem Jüngsten Gericht. Von Rheydt und dem Flughafen* [Wolfsittard/Holt; M.S.-P.] *her kam wie ein Hagelschauer das Feuer vom Himmel direkt auf uns zu; Hunderte von Explosionen auf Häuser, Gärten und Strassen. Ich sah noch wie die große Weberei* [...] *1 km von uns entfernt unter gewaltigem Krach auseinanderbrach mit großem Feuerschein. Ich zählte noch bei einem Bombenreihenwurf mit, der direkt auf unseren Turm zukam* [...] *die 5. Bombe* [saß] *im Schrebergärtchen 150 m vor mir. Nun mußte die 6. direkt auf mich kommen. Der Turm schwankte* [...] *ich machte die Augen zu, fest verkrampfte ich mich am Geländer* [...] *Es erfolgte nichts. Der Engländer hatte anscheinend keine 6. Bombe bei sich! Mir war sonderbar zumute, daß ich noch da war, hatte aber nicht viel Zeit zum Sinnieren, denn wie ein Platzregen raschelte es um uns durch die Luft von Stabbrandbomben.«* Nachdem Major Steinbauer einige Zeit im Gefechtsstand verbracht hatte, begab er sich schließlich wieder auf den Beobachtungsturm und sah dort bis zum Morgengrauen dem *»Werk der Vernichtung«* zu, das sich als ein Meer von Hunderten von Bränden zeigte, über das immer dichter werdende Rauchwolken zogen. *»Den Eindruck«*, so notierte er in seinem Tagebuch, *»werde ich in meinem Leben nie mehr vergessen.«* Noch am Abend des 31. August 1943 war es infolge der weiter wütenden Brände nach den Beobachtungen von Major Steinbauer draußen *»taghell«*.

»Ein riesiges Feuermeer«

In Winkeln, einem westlichen Vorort der Stadt Mönchengladbach, erlebte Karl Jansen den Angriff am Morgen des 31. August 1943 und hat von hier aus das schreckliche Geschehen beobachten können. Seinem damals niedergeschriebenen Bericht[85] nach hatten die Menschen hier zwar die Erfahrung gemacht, daß die feindlichen Bomber den herrschenden starken Westwind gerne für Luftangriffe nutzten. Doch schien es zunächst, daß man in dieser Nacht davon verschont bleiben würde. Um 2.00 Uhr morgens ertönten dann aber die Sirenen und rissen die Menschen aus dem Schlaf. Während die Frauen mit dem notwendigsten Gepäck versehen und mit ihren vielfach noch schlaftrunkenen Kindern an der Hand oder im Arm in die Luftschutzräume gingen, begaben sich die Männer auf ihre Luftschutzposten. Die Zeit verging jedoch, ohne daß sich irgendetwas tat, und schon hörte man da und dort die Äußerung, daß *»die Nachtruhe wieder einmal umsonst gestört worden sei«*. Kaum war aber über den Drahtfunk die Meldung durchgegeben worden, daß sich feindliche Geschwader über Duisburg sammelten, da konnte man von Winkeln aus sehen, wie über der Stadtmitte von Mönchengladbach die im Volksmund als >Christbäume< bezeichneten Zielmarkierungen niederschwebten. Gleichzeitig wuchsen Hunderte von Flakscheinwerfern der deutschen Flugabwehr von der Erde zum Himmel auf. *»Und dann«*, so heißt es im Erlebnisbericht des Augenzeugen weiter, *»hub ein furchtbares Donnern an, das die Menschen, die Häuser und selbst die Erde erzittern ließ.«* Man konnte überhaupt nicht mehr unterscheiden, *»ob es Flakgeschosse oder Bomben waren, die da ununterbrochen detonierten«*. Hier und dort begann der Himmel sich schon blutrot zu färben, um wenig später zu einem *»riesigen Feuermeer«* anzuwachsen.

Nach der Entwarnung machte sich der Zeit- und Augenzeuge sofort mit einem Fahrrad auf den Weg in die Stadt, um nach einer nahen Verwandten zu sehen, einer jungen Mutter mit sechs Kindern, deren Mann an der Front war, und die zusammen mit einer Mieterin allein in einem großen Haus auf der Rheydter Straße wohnte. Als er in der Stadtmitte eintraf, wurden ihm die Folgen des Angriffs erst in ihrer *»ganzen Schrecklichkeit«* bewußt. Vom Geroplatz aus bot sich ihm ein *»besonders schauriges Bild«*: Der über alle brennenden und zerstörten Gebäude hinausragende Turm der alten Pfarrkirche brannte lichterloh. Auch das benachbarte Münster stand in Flammen, und die angrenzende Abtei – das damalige Rathaus – war *»ein einziges Flammenmeer«*. Zwischen brennenden Häuserzeilen, über Bauschutt und Glasscherben auf den Straßen und in sengender Hitze radelte Karl Jansen weiter. Ab und zu mußte er absteigen, weil Geräte der Feuerschutzpolizei den Weg versperrten. Schließlich kam er aber am Haus seiner Verwandten an, das als einziges zwischen brennenden Häusern noch unversehrt war. Zwar war das Haus von mehreren Brandbomben getroffen worden, doch die Brände konnten von der jungen Mutter, die erst vor zehn Tagen von ihrem sechsten Kind entbunden worden war, und der Mieterin unter Aufbietung all ihrer Kräfte gelöscht werden, bevor sie größeren Schaden anrichteten. Dabei hatte die junge Mutter u. a. mindestens 50 Eimer Wasser schleppen müssen.

»Zivilisatorischer Firnis bröckelt in solchen Situationen ab«

»Die Nacht vom 30. zum 31. August werde ich nie vergessen, wenn ich auch noch so alt werde.« Mit diesen Worten beginnt Karl Cursiefen, der seinerzeit im Stadtzentrum von Mönchengladbach in der Wilhelmstraße 8 wohnte, seinen damals verfaßten Erlebnisbericht über den ersten Großangriff auf Mönchengladbach.[86] Wie gewöhnlich war der Augenzeuge am Abend des 30. August 1943 – einem Montag – gegen 11.00 Uhr zu Bett gegangen und bald eingeschlafen. Als er um 2.00 Uhr morgens durch das Heulen der Sirenen geweckt wurde, überlegte der infolge einer weitgehenden Lähmung der unteren Gliedmaßen schwer gehbehinderte Mann zunächst, ob er überhaupt aufstehen sollte. Er hielt es dann aber doch für besser, sich anzuziehen und nach unten zu gehen. Wie die meisten es machten, behielt er sein Nachthemd an und zog lediglich Straßenkleidung darüber. Zunächst schien es nicht schlimm zu werden. Seine Schwester Lisbeth stand die meiste Zeit zusammen mit einem Nachbarn unten an der Haustür und hörte die Drahtfunk-Nachrichten, die von einem Nachbarhaus durchgegeben wurden. Die zuletzt erfolgte Meldung über das Sammeln feindlicher Luftgeschwader im Raum Duisburg ließ bei den Bewohnern dann schließlich die Gewißheit aufkommen, daß der Angriff wieder einmal dem >Kohlenpott< gelte.

Doch dann hörte man ein verdächtiges Surren und Brummen von Flugzeugen, begleitet von – allerdings noch entferntem – Flakschießen. Plötzlich stürzte jedoch die Schwester des Augenzeugen ins Haus und rief: *»Schleunigst alle in den Keller. Am Himmel stehen schon die Christbäume!«* Kaum waren alle im Keller, da ging es auch schon los: *»Die Flak böllert wie wild* [...] *Spreng- und Brandbomben müssen nur so hageln. Jedesmal, wenn in der Nähe eine Sprengbombe niedergeht, macht es >wumm<; der Keller zittert, und der Luftzug dringt zu uns herein.«* Da bemerkte die Schwester Lisbeth, daß es oben im Haus brannte. Sie lief hinauf und stellte fest, daß in der Küche eine Brandbombe durch das Fenster geschlagen war. Mit Hilfe des bereitstehenden Sandes und Wassers war die Brandbombe jedoch schnell gelöscht. Doch da landete bereits eine zweite im Hof und eine dritte in der Toilette. Auch diese konnten von Lisbeth und der Mutter des Augenzeugen sowie einem dritten weiblichen Mitglied des Haushalts, der herzleidenden Lehrerin Grete Cursiefen, unschädlich gemacht werden. Währenddessen prasselten jedoch laufend weitere Bomben herab. *»Aber wer fragt danach, ob es Leichtsinn sei, unter diesen Umständen zu löschen«*, bemerkt der Verfasser hierzu. Als seine Schwester zufällig nach oben blickte, sah sie, daß im Obergeschoß ein neuer Brand ausgebrochen war. Trotz des anhaltenden Bombenhagels eilten die drei Frauen nach oben und erstickten mit vereinten Kräften auch diesen Brandherd. Damit schien das Haus fürs erste gerettet, und alle suchten wieder im Keller Schutz. Doch kaum waren sie unten, da schlug eine Brandbombe durchs Treppenpodest und landete unmittelbar vor der Kellertür. Lisbeth versuchte die Brandbombe mit einem Wasserschlauch zu löschen, da gerade kein Sand zur Hand war. Die Funken spritzten nach allen Seiten, wodurch sie sich eine leichte Verletzung der Hornhaut zuzog. Als dann endlich wieder Sand zur Verfügung stand, konnte die Brandbombe erstickt werden. Kurz danach fiel eine Phosphorkanister-Brandbombe in das Hinterhaus nebenan (Nr. 6), wo sie sofort einen lichterlohen Brand entfachte. Die von den Nachbarn unterstützten verzweifelten Löschversuche der Bewohner hatten keinen Erfolg, und bald stand das ganze Wohnhaus in Flammen. Wegen der Hitze und des Rauchs konnten es die Bewohner schließlich im Keller des Hauses Nr. 8 nicht mehr aushalten und rannten nach oben. Was der Augenzeuge draußen sah, beschreibt er so: *»Auf der Straße sah es furchtbar aus. Die gegenüberliegenden Häuser brannten lichterloh. Feurige Girlanden zogen sich an den Fronten entlang. Die Straße lag voll brennender Balken.«* Als schließlich auch das Nachbarhaus Nr. 10 Feuer fing, flüchteten sie sich zunächst in den Keller dieses Hauses. Wieder wurden verzweifelte Löschversuche unternommen, wobei die Frauen Eimer voll Wasser anreichten. Um sich zu stärken, öffneten sie eine Flasche Sherry Brandy – ein seit Jahren gehüteter Schatz. Die Flasche ging von Hand zu Hand und von Mund zu Mund. *»Zivilisatorischer Firnis«*, so erläutert der Verfasser hierzu in seinem Bericht, *»bröckelt in solchen Situationen ab. Jeder war froh, sich einmal stärken zu können.«* Doch Hitze und Qualm machten bald auch den Aufenthalt im Keller dieses Hauses (Nr. 10) unmöglich. Durch den Durchbruch in der Kellerwand kroch man jetzt in den Keller des Nachbarhauses Nr. 12. Doch selbst hier konnten sie nicht lange bleiben. Um nicht zu ersticken, mußten sie zurück nach oben. Für Lisbeth war das jetzt alles zuviel. Im Flur des Hauses fiel sie halb ohnmächtig zu Boden und weigerte sich, auch nur einen Schritt weiterzugehen. Ihr Bruder brüllte sie nach seinen eigenen Worten *»wie auf dem Kasernenhof«* an und forderte sie energisch auf, weiterzugehen. Schließlich raffte sich Lisbeth auf, und sie gelangten gemeinsam auf die Straße. *»Hier war die Hölle los. Wohin man sah, überall nur Flammen. Vom Sturm gepeitscht, rasen die Feuergarben die Straße hinunter; die Luft ist mit glühenden Balkenteilchen erfüllt. Die Straßendecke liegt voll brennender Balken; der Asphalt brennt. In dieses Inferno mußten wir hinaus.«* Es gelang den vieren, sich bis zum Haus Nr. 18 durchzukämpfen, das noch unversehrt schien und in dem sie Zuflucht zu finden hofften. Doch als sie die Haustür aufdrückten, schlugen ihnen hier ebenfalls Flammen entgegen. Erneut brach Lisbeth jetzt zusammen. Auf die lauten Hilferufe von einer der beiden anderen Frauen hin erschienen dann aus dem gegenüberliegenden Haus *»wie zwei Engel des Himmels«* zwei Männer mit Stahlhelmen. Sie riefen den vieren zu: *»Hier herüber!«* Als Karl Cursiefen ihnen antwortete, er könne nicht gehen, kamen sie über die Straße gelaufen. Einer packte ihn, ein anderer seine Schwester Lisbeth. So gelangten sie in das Haus Nr. 15 und in – allerdings wiederum nur vorläufige – Sicherheit. Sie hatten nur das nackte Leben gerettet. Wie sie jetzt bemerkten, trug die Mutter des Verfassers nur noch eine Tasche am Arm, die zweite mit dem Geld war in der Aufregung irgendwo zurückgeblieben. *»Es klingt so einleuchtend, wenn es heißt, >Luftschutzgepäck zurechtmachen<. Aus unserem Block waren alle froh, sich selbst in Sicherheit zu bringen«*, heißt es hierzu in dem Bericht. Doch Lisbeth war nun endgültig am Ende ihrer physischen und psychischen Kräfte. Sie begann zu wimmern, zu jammern, wirr zu reden und sich immer wieder mit Worten wie *»ich habe doch getan, was ich konnte; fünf Brandbomben habe ich gelöscht, aber ich konnte nicht mehr«* zu entschuldigen. Alle hatten jedoch inzwischen jegliches Zeitgefühl verloren.

Als auch dieses Haus Feuer fing, mußten sie aus dem Keller heraus und in den nicht sehr tiefen Garten flüchten. Dort kauerten sie sich an der Abschlußmauer nieder, umspielt von Funken und eingehüllt in Rauch, mit schmerzenden Augen und ausgetrocknetem Hals. Von hier konnten sie das *»Vernichtungswerk«* beobachten: *»Zuerst flackert hinter den Scheiben einer Etage nur ein heller Schein. Er wird immer heller und feuriger. Bald lodern die Flammen hoch auf. Unter Krachen platzen die Scheiben, und wie wehende Tücher schlagen die Flammen zu den Fensterhöhlen heraus. Krachend stürzen Decken ein, und brennende Möbelstücke fallen zerberstend in das untere Stockwerk. Die Flammen züngeln und ein Funkenregen stiebt hoch zum Himmel.«*

Bald darauf mußten die vier Personen in den etwas mehr Sicherheit bietenden Garten des Nachbarhauses (Nr. 13) fliehen. Gegen 10.00 Uhr morgens erschienen dann schließlich zwei Frauen hinter der Gartenmauer. Sie verschafften den Geretteten auf ihr Bitten hin eine Kanne heißen Kaffee und reichten Tassen über die Mauer. Da der Zustand von Lisbeth besorgniserregend war, wurde sie schließlich mit Hilfe einer Treppenleiter über die 2 1/2 m hohe Gartenabschlußmauer geschafft. Mitleidige Leute nahmen sie auf, gaben ihr einen trockenen Schlafanzug – ihre eigenen Kleider waren bei den Löscharbeiten völlig durchnäßt worden – und legten sie auf ein Sofa. Die anderen drei Personen mußten noch bis Mittag warten, bis SA-Männer erschienen und ihnen über die Mauer halfen. Man brachte sie in die Halle der Dampfkesselüberwachung, wo bereits andere Ausgebombte mit ihren Päckchen und Bündeln saßen und darauf warteten, *»daß man sich ihrer annehme«*. Wie später festgestellt wurde, war das Haus der Familie Cursiefen bis auf die Grundmauern niedergebrannt. Überhaupt blieb in der ganzen Wilhelmstraße nur ein einziges Haus stehen. Die Familie Cursiefen gehörte zu den >Totalausgebombten<. »*Was für ein Gefühl es ist*«, so schreibt Karl Cursiefen hierzu, »*fast alles verloren zu haben, kann nur der empfinden, der es selbst mitgemacht hat.*« Hierzu gehörten auch solche >kleinen< Unannehmlichkeiten, wie keinen Kamm und auch keine Zahnbürste mehr zu besitzen. Erst am zweiten Tag nach dem Angriff konnten die Frauen der Familie Cursiefen in die Wilhelmstraße vordringen und dort an die Mauer ihres ausgebrannten Wohnhauses die Mitteilung für Verwandte und Bekannte schreiben, daß sie alle noch lebten und wo sich ihre neue Bleibe befand.

Ein besonderer Trost in all diesem Leid, so heißt es im Erlebnisbericht von Karl Cursiefen zum Schluß, war die große Anteilnahme, die nicht nur Verwandte, sondern auch Freunde und Bekannte zeigten. Wie er schreibt, drängte seine verwitwete Schwester ihren zukünftigen Neffen, bereits um 6.00 Uhr morgens nach der Angriffsnacht mit dem Fahrrad in die Wilhelmstraße zu fahren und nachzusehen, wie es der Familie ergangen sei. Doch obwohl dieser es von allen Seiten versuchte, gelang es ihm nicht, durch das Feuer und den Rauch bis zur Wilhelmstraße vorzudringen. Auch ein zwei Stunden später unternommener erneuter Versuch blieb erfolglos. Ebenso erging es einem Onkel, der am Morgen ebenfalls zweimal versucht hatte, zur Wilhelmstraße zu gelangen. Sogar ein Meister im Betrieb eines Vetters, den Karl Cursiefen »*nur flüchtig*« kannte, hatte sich an dem Morgen aufgemacht, um nach ihm zu sehen. Eine in Hückelhoven wohnende Schwester war aus demselben Grund noch am Mittag dieses Tages mit dem Zug nach Rheydt gefahren und von dort aus mit dem Fahrrad in Richtung Gladbach. Als sie in die Wilhelmstraße wollte, wurde sie von den Rettungsmannschaften nicht durchgelassen. Auf ihre drängende Bitte, sie müsse zum Haus eines Verwandten, durfte sie schließlich in Begleitung von zwei Männern des SHD (Sicherheits- und Hilfsdienst) passieren. Als sie das Haus Nr. 8 ausgebrannt vorfand und ihr niemand etwas über das Schicksal der Bewohner sagen konnte, fuhr sie »*ganz kopflos und keiner klaren Überlegung fähig*« nach Rheydt zurück.

Ziviler Luftschutz

Vorbereitungen für den Tag X

Zivile Luftschutzorganisation

Der erste Großangriff am 30./31.August 1943 traf die Stadt Mönchengladbach und ihre Bewohner jedoch nicht unvorbereitet.[87] Zum Teil reichten die zum Schutz der Zivilbevölkerung bei Luftangriffen geschaffenen Einrichtungen und getroffenen Vorkehrungen allerdings bis in die Vorkriegszeit zurück. Auch in Mönchengladbach erfolgte die Organisation des zivilen Luftschutz-Selbstschutzes durch den am 29. April 1933 gegründeten Reichsluftschutzbund e. V. Dabei war die den Stadtbereich umfassende Ortsgruppe in verschiedene Reviergruppen, und diese waren wiederum in Häuserblocks unter Luftschutzblockwarten aufgegliedert. Unterste Gliederung war das Haus unter dem Luftschutzhauswart, der im Krieg die Stellung eines Hilfspolizisten hatte. Er war u. a. zuständig für die Einrichtung der Luftschutzräume, für die Hausfeuerwehr, für den Gasschutz, für die Alarmeinrichtungen, für Maßnahmen gegen Verschüttung und die Anordnungen zum Beziehen der Luftschutzräume. Alle Anordnungen waren in einer Luftschutzhausordnung zusammenzustellen. Für die Luftschutzhauswarte und die übrigen Selbstschutzkräfte fanden besondere Ausbildungslehrgänge statt. In jeder öffentlichen Schulanstalt war in Erfüllung der gesetzlichen Vorschriften ein Lehrer zum Luftschutzobmann bestellt worden, der für die Berücksichtigung der Belange des Luftschutzes im inneren wie äußeren Schulbetrieb verantwortlich war. Daneben gab es in den Wirtschaftsbetrieben den Werksluftschutz. Diesem oblag es u. a., bei einem Luftangriff in dem betreffenden Betrieb Rettungsmaßnahmen durchzuführen und entstandene Schäden zu beseitigen.

Überdies wurde die gesamte erwachsene Bevölkerung durch regelmäßige Kurse in den Aufgaben des Luftschutzes geschult.[88] Als ein wesentlicher Bestandteil des zivilen Luftschutzes standen für die Rettungs-, Schadensbekämpfungs- und Instandsetzungsmaßnahmen bei einem Luftangriff zunächst die Kräfte des regulären Katastrophenschutzes zur Verfügung. Hierzu gehörten vor allem die Polizei (einschließlich der Luftschutzpolizei) und die Feuerwehr. Dazu kamen der Sanitätsdienst (Rotes Kreuz und entsprechende gemeindliche Einrichtungen), der Instandsetzungsdienst sowie die Fachtrupps (z. B. für Gas, Wasser und Strom, aber auch für die Unterbringung und Versorgung der Bevölkerung).

Bau von Luftschutzräumen und öffentlichen Bunkern

Diese zum großen Teil noch aus der Vorkriegszeit stammenden Einrichtungen und Maßnahmen des zivilen Luftschutzes waren nach Kriegsausbruch verstärkt und erweitert worden. Hierzu gehörte zunächst einmal ein Programm zur Schaffung von erheblich mehr Luftschutzraum. Zu diesem Zweck wurden in der Stadt Mönchengladbach von 1940 bis Anfang 1944 insgesamt elf Bunker (einschließlich Bahnhofs- und Krankenhausbunker) erstellt, in denen unter normalen Umständen 6 500 Personen Platz finden konnten; bei großer Gefahr ließ sich diese Zahl auf 20 000 erhöhen. Vier weitere Bunkerbauten waren Anfang 1944 geplant bzw. zum Teil schon in Angriff genommen, konnten jedoch bis Kriegsende nicht mehr sämtlich realisiert bzw. vollendet werden. Zu diesen unvollendeten Bunkerbauten gehörte auch der Hochbunker an der Hindenburgstraße.

Darüber hinaus waren im Stadtbereich Beton-Schutzgräben angelegt worden, die nach Angaben von Anfang 1944 eine Gesamtlänge von ca. 200 m hatten und ein Fassungsvermögen von 700 Personen besaßen. Außerdem hatte man öffentliche Luftschutzräume für die Zivilbevölkerung geschaffen. Anfang 1944 existierten in Mönchengladbach 121 solcher Schutzräume, die insgesamt ca. 15 000 Personen aufnehmen konnten.

Auch der Ausbau von Luftschutzräumen in Privathäusern war mit Kriegsbeginn intensiviert worden.[89] Während der beiden ersten Kriegsjahre wurden auf Kosten des Staates in möglichst allen Häusern Luftschutzräume ausgebaut.[90] So gab es Anfang 1944 in der Stadt 10 422 als Luftschutzräume ausgebaute Keller, die 88 530 Personen Platz boten. 3 151 dieser Luftschutzkeller waren in Anbetracht der immer größer werdenden Zerstörungskraft der Luftangriffe im Verlauf des Jahres 1943 verbessert, ausgebaut und verstärkt worden. Vor allem in den Außenbezirken der Stadt hatte man, vornehmlich in landwirtschaftlichen Gehöften, durch Neuunterkellerungen Luftschutzräume geschaffen. Bis Anfang 1944 belief sich deren Zahl auf rd. 150. Sie hatten Platz für ca. 3 000 Personen. Weiterhin waren durch den verstärkten Ausbau sog. Selbstschutzräume in Kindergärten und Fabrikgebäuden bis Anfang 1944 Luftschutzräumlichkeiten mit einem Fassungsvermögen von rd. 8 800 Personen errichtet worden.[91] Auch in Kirchen wurden derartige Luftschutzräume gebaut. So begann man in der katholischen St. Laurentius-Kirche in Rheydt-Odenkirchen 1942 mit dem Bau eines Luftschutzraumes unter dem Chor. Im Juli 1943 war dieser Luftschutzraum, der rd. 200 Personen aufnehmen konnte, fertiggestellt. Die Kirchenbesucher erreichten ihn bei Fliegeralarm über zwei Zugänge im Inneren der Kirche, ohne das Gotteshaus verlassen zu müssen. Die Decke war so stark, daß sie je Quadratmeter rd. 2 000 kg Trümmerschutt tragen und somit selbst einen Einsturz des gesamten Kirchengebäudes aushalten konnte. Die erheblichen Kosten für den Bau des Luftschutzraumes, der auch durch eine für die Kirchen ergangene besondere Anordnung hinsichtlich des Luftschutzes erforderlich geworden war, mußte die Pfarrgemeinde aber selbst tragen. Danach durften nämlich jeweils nur so viele Gottesdienstbesucher in der Kirche anwesend sein, wie in den benachbarten Luftschutzräumen untergebracht werden konnten.[92]

Detaillierter Katastrophenplan in Mönchengladbach

Die dann seit Frühjahr 1942 einsetzenden Flächenbombardierungen deutscher Städte und vor allem die Luftschlacht über der Ruhr ein Jahr später veranlaßten die Stadtverwaltung Mönchengladbach im Frühsommer 1943, besondere Vorbereitungen für den Fall eines schweren Luftangriffs auf die Stadt zu ergreifen und einen speziellen Katastrophenplan für die Fortführung der Verwaltungstätigkeit auszuarbeiten. Hierzu gehörten zunächst einmal die Anlage von drei Ausweich- und Hilfskrankenhäusern sowie die Schaffung von insgesamt sieben >Rettungsstellen< für die erste medizinische Betreuung im Stadtbereich. Außerdem legte man bis Anfang 1944 31 besondere Löschwasserteiche an. Aufgrund der bereits bei den ersten Luftangriffen 1940 zutage getretenen Schwierigkeiten hinsichtlich einer Unterbringung obdachlos gewordener Personen noch in der Angriffsnacht war bereits ab April 1941 mit der Einrichtung von Obdachlosen-Sammelstellen und Notunterkünften begonnen worden. Zu diesem Zweck wurden vor allem Schulen, Festsäle, Wirtschaften und sonstige größere Räume genutzt. Tatsächlich gelang es innerhalb kurzer Zeit, für den Bereich jeder der 13 NSDAP-Ortsgruppen in Mönchengladbach zumindest eine vollständig eingerichtete und auch mit einer Küche ausgestatteten Obdachlosenunterkunft zu schaffen, wo die Fliegergeschädigten bis zur Erlan-

gung einer neuen Wohngelegenheit Unterkunft und Verpflegung erhalten konnten. Diese Einrichtung ist dann später auch von anderen Städten übernommen worden.
Als jedoch im Verlauf des Jahres 1942 und vor allem seit Frühjahr 1943 die Städte im Westen des Reiches zunehmend systematischer von immer schwereren Bombenangriffen heimgesucht wurden, erhöhte man die Zahl der vorgesehenen Notunterkünfte und Verpflegungsstellen. In Anbetracht der andernorts mit den zunehmend schwerer werdenden (Flächen-) Angriffen gemachten Erfahrungen kamen die zuständigen Verwaltungsstellen in Mönchengladbach dann aber zu der Überzeugung, daß bei einem Großangriff eine Unterbringung sämtlicher obdachloser Fliegergeschädigten innerhalb des Stadtgebietes praktisch kaum möglich und zudem gar nicht ratsam sei. Daher wurde nunmehr eine größere Anzahl von Obdachlosenunterkünften und Verpflegungsstellen in den in der Nähe der Stadt gelegenen ländlichen Gemeinden angelegt. Diese Maßnahme, die sich offenbar beim ersten schweren Luftangriff auf Mönchengladbach am 30./31. August 1943 bewährt hatte, setzte die Stadtverwaltung auch in der Folgezeit fort. Anfang 1944 gab es im Stadtbereich, überwiegend allerdings in den Außenbezirken, 30 derartige Notunterkünfte mit ca. 4 000 Betten. Weitere 35 Obdachlosensammelstellen mit ca. 8 000 Betten hatte man in den umliegenden ländlichen Gemeinden des Kreisgebietes geschaffen. Ferner waren im Stadtbereich, ebenfalls vornehmlich in den Außenbezirken, bis Anfang 1944 insgesamt 20 Küchen eingerichtet worden. Diese konnten bei einmaligem Kochen 6 000 l Suppe, im Bedarfsfall sogar die doppelte Menge bereitstellen. Drei weitere Küchen mit einer Gesamtkapazität von 1 200 l befanden sich in verschiedenen umliegenden ländlichen Gemeinden des Kreisgebietes. Alle in den Küchen benötigten Gegenstände (Küchengeräte, Kochtöpfe, Teller, Tassen, Löffel, Gabeln, Messer usw.) waren für den Bedarfsfall in Transportkisten verpackt und in Kellerräumen sichergestellt.
Bereits vor dem ersten Großangriff auf Mönchengladbach am 30./31. August 1943 war für den Fall eines schweren Luftangriffs auf die Stadt die Einrichtung von sog. Fliegergeschädigten-Betreuungsstellen vorgesehen, und zwar mindestens eine für den Bereich jeder der insgesamt 13 NSDAP-Ortsgruppen.[93] Wie eine (offensichtlich unvollständige) Aufstellung vermutlich von Anfang September 1943 ausweist, wurden diese Betreuungsstellen teils in öffentlichen bzw. städtischen Gebäuden (so z. B. für die Ortsgruppe Oberstadt in der Kaiser-Friedrich-Halle), insbesondere in Schulen, zumeist aber in Gastwirtschaften eingerichtet.[94] In diesen von einem Beauftragten der Stadtverwaltung geleiteten Betreuungsstellen erhielten die Fliegergeschädigten allerdings in *»engstem Zusammenarbeiten«* mit den Parteidienststellen sofort nach einem schweren Angriff erste Betreuung und Hilfe. So waren hier außer Mitarbeitern des Wirtschafts-, des Ernährungs- und des Kriegsschädenamtes, der Abteilung für Familienunterhalt und des Arbeitsamtes auch Vertreter der Partei, der NSV (Nationalsozialistische Volkswohlfahrt)[95] und der NS-Frauenschaft vertreten. Aufgrund der getroffenen Vorbereitungen konnten die Fliegergeschädigten-Betreuungsstellen in Mönchengladbach beim ersten Großangriff am 30./31. August 1943 bereits am frühen Morgen nach der Angriffsnacht ihre Arbeit aufnehmen. Hierdurch wurde, wie es in einem Bericht der Stadtverwaltung vom Januar 1944 heißt, *»eine große Beruhigung bei der fliegergeschädigten Bevölkerung erzielt«*.[96] Unter anderem hatte man für die Sicherstellung des geretteten Hausrats der Bombengeschädigten verschiedene Säle und Lagerräume in der Umgebung der Stadt festgelegt.[97] Doch war von der Stadtverwaltung auch Vorsorge dafür getroffen worden, um nach einem Großangriff die allgemeine Verwaltungsarbeit fortführen zu können. So erfolgte bereits vor dem 30./31. August 1943 die Verlegung verschiedener Dienststellen mit wichtigem Urkundenmaterial, u. a. des Standesamtes, in die Außenbezirke. Auch hatte man alle wichtigen Akten, Unterlagen (u. a. die Akten, die Fluchtlinien- und sonstigen Pläne des Liegenschaftsamtes), Karteien und technischen Einrichtungen, die nicht unbedingt täglich gebraucht wurden, in Räumen in den weniger luftkriegsgefährdeten Außenbezirken der Stadt untergebracht.[98] Ebenfalls waren dort diejenigen wichtigen Unterlagen, Schriftstücke, Akten, Formulare usw., die für die Weiterarbeit der einzelnen Dienststellen benötigt wurden, aber derzeit für den täglichen Dienstbetrieb entbehrt werden konnten, in Sicherheit gebracht worden.[99] Schließlich war ein – allerdings mehrmals abgeänderter – detaillierter Katastrophenplan ausgearbeitet worden. Darin war genau festgelegt, wo im Fall der Zerstörung der Verwaltungsgebäude und der Ausweichquartiere die betreffenden Dienststellen untergebracht werden sollten und wo sich die jeweiligen Bediensteten nach einem Angriff, und zwar pünktlich zu Dienstbeginn um 7.30 Uhr, einzufinden hatten.

So war für den Fall, daß das Rathaus bei einem Luftangriff zerstört würde, als Ausweichquartier für die fünf wichtigsten dort untergebrachten Dienststellen Räume im Gebäude der Volksschule in der Charlottenstraße an der Peripherie der Stadt vorgesehen. Sollte auch dieses Schulgebäude zerstört sein, mußten sich die Beschäftigten der betreffenden Dienststellen in der Volksgartenhalle einfinden.[100]

Evakuierung

Dem Schutz der Bevölkerung vor Luftangriffen diente aber auch die Evakuierung. Nachdem durch einen Runderlaß des Reichsministers des Inneren und des Reichsfinanzministers vom 25. Juni 1942 in weitem Maße die rechtlichen Möglichkeiten zur Evakuierung der Bevölkerung aus luftgefährdeten Gebieten geschaffen worden waren, begann auch die Stadtverwaltung Mönchengladbach nach vorheriger Anhörung der Kreisleitung Mönchengladbach-Rheydt der NSDAP sowie der Kreisamtsleitung der NSV mit der vorsorglichen Verschickung oder, wie es im damaligen Verwaltungsdeutsch hieß, der >Umquartierung< von Bewohnern der Stadt in weniger luftgefährdete Gebiete. Insbesondere Frauen und Kinder der zur Wehrmacht Einberufenen wurden evakuiert. Wie es in einem Bericht der Stadtverwaltung vom Januar 1944 heißt, war dabei die Überlegung maßgebend, daß sich die Soldaten an der Front verständlicherweise um das Wohl ihrer Angehörigen zu Hause sorgten. Aus Gründen der *»Einsatzfreudigkeit der Truppe und der Gesunderhaltung und des Schutzes der Angehörigen der zur Wehrmacht Einberufenen«* bestehe daher ein unbedingtes öffentliches Interesse an der Evakuierung ihrer Angehörigen.[101]
Nachdem die Bevölkerung entsprechend aufgeklärt worden war, muß ihrerseits von der Möglichkeit der Evakuierung tatsächlich reger Gebrauch gemacht worden sein. *»Laufend«*, so heißt es in einem damals angefertigten Bericht der Stadtverwaltung Mönchengladbach, seien die Abreisebescheinigungen, die zum Bezug von Räumungsfamilienunterhalt in den Aufnahmegebieten erforderlich waren, ausgestellt worden.[102] Aus Rheydt-Odenkirchen wird berichtet, daß hier seit Ende 1943 eine *»Massenauswanderung«* einsetzte.[103] Die Evakuierungswelle schwoll vor allem im Herbst 1944 an, als die Front an die westliche Reichsgrenze heranrückte. Vorwiegend Frauen und Kinder ließen sich jetzt in das Innere des Reiches >umquartieren<. In Rheydt wurde vom 30. November 1944 an der größte Teil der Bevölkerung evakuiert und in Sammeltransporten nach Mitteldeutschland, insbesondere nach Thüringen und in die Gegend von Magdeburg sowie nach Braunschweig gebracht.[104] Jede Woche gingen damals mindestens zwei große Transporte in das rechtsrheinische Gebiet ab. Zuletzt drängten die Menschen geradezu darauf, verschickt zu werden. Allein aus Bewohnern des Stadtteils Rheydt-Odenkirchen gebildete Transporte zählten damals nicht selten 500 bis 600 Personen. Schätzungsweise ein Drittel der Bevölkerung von Rheydt-Odenkirchen, etwa 12 000 bis 18 000 Personen, sollen während des 2. Weltkrieges von der >Umquartierung< erfaßt worden sein.[105] Nach Angaben, die der Verfasser der Chronik der (damaligen) Volksschule für Jungen in Rheydt-Mülfort seinerzeit notiert hat, sind gegen Kriegsende schließlich rd. 50 % der Bevölkerung von Rheydt in die Evakuierung gegangen. *»Man sieht es am gesamten Leben und Treiben, an den herabgelassenen Fensterläden, daß viele fort sind«*, heißt es hierzu im betreffenden Eintrag zum November 1944.[106]
Nach einer Angabe in einer neueren Publikation zur Geschichte der Stadt Rheydt soll ab dem 28. November 1944 *»der größte Teil der Bevölkerung«* evakuiert worden sein, und zwar zumeist nach Mitteldeutschland, vornehmlich nach Thüringen, Braunschweig sowie in die Gegend von Magdeburg.[107] Eine genaue Zahl der Evakuierten kann jedoch nicht ermittelt werden, weil amtliche Unterlagen dazu fehlen und weil viele sich seinerzeit selbst eine auswärtige Unterkunftsmöglichkeit gesucht haben und privat fortgegangen sind. Einen gewissen Anhaltspunkt bietet jedoch die Tatsache, daß von rd. 77 000 Einwohnern der Stadt Rheydt bei Kriegsbeginn nach Angaben vom Mai 1945 nur noch rd. 21 000 am Ort lebten.[108] In der Stadt Mönchengladbach zählte man statt der hier vor dem Krieg wohnenden rd. 130 000 Personen Ende Juni 1945 trotz der inzwischen eingesetzten Rückwanderung nur noch rd. 69 000.[109]
Die gegen Kriegsende immer mehr um sich greifende eigenmächtige sog. >wilde Evakuierung< bereitete den staatlichen und politischen Stellen in Mönchengladbach erhebliche Sorgen und Probleme, da sich hieran zunehmend auch noch im Berufsleben stehende, vor allem männliche Arbeitskräfte beteiligten. So hatten nach den schweren Angriffen am 9./10. und 19./20. September 1944 *»zahlreiche Arbeitskräfte«* ohne ordnungsgemäße Abmeldung die Stadt verlassen. Soweit man

ihren neuen Aufenthaltsort ermitteln konnte, war festgestellt worden, daß den betreffenden Personen dort entgegen den bestehenden Vorschriften weder die Lebensmittelkarten noch die polizeiliche Anmeldung versagt worden waren. Daraufhin erfolgte Schreiben und Hinweise der NSDAP-Kreisleitung Mönchengladbach-Rheydt an die staatlichen und Parteistellen blieben jedoch ohne Erfolg, ja wurden vielfach nicht einmal beantwortet, was möglicherweise u. a. an dem einsetzenden allgemeinen Chaos im immer mehr zusammenbrechenden Reich lag.

Ebenso verliefen Bemühungen der Betriebe, ihre Arbeitskräfte mit Hilfe der Arbeitsämter zurückzuholen, in den meisten Fällen ergebnislos. Ende 1944 hatten das unerlaubte Verlassen der Arbeitsstellen und der eigenmächtige Fortzug aus Mönchengladbach und Rheydt ein derartiges Ausmaß erreicht, daß die örtlichen Textilbetriebe wichtige Uniformaufträge nicht mehr ausführen konnten. Da es sich bei den auf diese Weise aus der Stadt verschwundenen Personen aber zu einem Großteil auch um zum Dienst im Deutschen Volkssturm verpflichtete Männer handelte,[110] wurde dadurch außerdem die Aufstellung dieses militärischen Verbands erheblich beeinträchtigt und aufgrund von fehlendem Personal weitgehend unmöglich gemacht.[111] Am 13. Januar 1945 richtete der NSDAP-Kreisleiter in Mönchengladbach daher ein Rundschreiben an sämtliche NSDAP-Ortsgruppenleiter. Darin wurde mitgeteilt, daß der Kreisobmann der Deutschen Arbeitsfront (DAF) inzwischen vom Kreisleiter genehmigte Maßnahmen zur *»Bekämpfung des Bummelantentums, der unberechtigten Aufgabe des Arbeitsplatzes und der ungenehmigten Abreisen beschäftigter Gefolgschaftsmitglieder«* eingeleitet habe. Die Ortsgruppenleiter wurden um *»tatkräftige Unterstützung«* des Kreisobmannes der DAF bei der Durchführung dieser Maßnahmen ersucht.[112] Über die Ausführung des Vorhabens liegen keine Nachrichten vor. Doch ist zu bezweifeln, daß derartige Maßnahmen, sofern sie überhaupt noch in Gang gekommen sind, eine große Wirkung gehabt haben.

Erweiterte Kinder-Landverschickung und Schulverlegung

Eine Evakuierungsmaßnahme war auch die erweiterte Kinder-Landverschickung (KLV). Ihre Durchführung wurde durch einen von Reichsleiter Martin Bormann in einem streng geheimen Rundschreiben vom 27. September 1940 allen obersten Reichs- und Parteistellen mitgeteilten Führerbefehl Adolf Hitlers angeordnet.[113] Im Rahmen der KLV sollten Kinder aus vom Luftkrieg stark bedrohten Gebieten wenigstens zeitweise in weniger luftkriegsgefährdete Gegenden innerhalb des Deutschen Reiches und in den besetzten Ländern verbracht werden. Allerdings wurde der Ausdruck >Evakuierung< hierbei im offiziellen Sprachgebrauch bewußt vermieden. In dem oben erwähnten Rundschreiben vom 27. September 1940 ist daher die Rede von einer *»Landverschickung«.*

Mit der Leitung der KLV-Organisation wurde seinerzeit von Hitler der Reichsjugendführer und Reichsleiter Baldur von Schirach beauftragt. Die praktische Durchführung erfolgte vor allem durch die Nationalsozialistische Volkswohlfahrt (NSV), die Hitlerjugend (HJ) und den NS-Lehrerbund. Bei dieser KLV unterschied man drei in Frage kommende Personenkreise: 1. Mütter mit Kleinkindern, die vornehmlich in ländlichen Ortschaften bei Familien (vielfach auf Bauernhöfen) untergebracht wurden; 2. Kinder unter 10 Jahren, die Aufnahme bei >Pflegeeltern< mit vollem Familienanschluß fanden und die Schule ihres jeweiligen Aufenthaltsortes besuchten; und 3. Jugendliche über 10 Jahre bis zum Schulabschluß, die geschlossen in KLV-Lagern mit schulischer Betreuung durch den Heimatort bzw. das Heimatgebiet untergebracht wurden. Für die Verschickung der vorschulpflichtigen Kinder und der Kinder der ersten vier Schuljahre war die NSV zuständig, die Unterbringung der Kinder vom 5. Schuljahr an organisierte die HJ. In den vier Jahren ihres Wirkens wurden von der formell auf der Basis der freiwilligen Entscheidung der Eltern hinsichtlich der Teilnahme ihrer Kinder durchgeführten KLV Hunderttausende von Jungen und Mädchen in etwa 9 000 KLV-Lagern untergebracht.[114] Allerdings stieß vor allem die KLV-Verschickung in vom Heimatort weit entfernte Orte und in KLV-Lager bei den Eltern häufig auf Ablehnung. So stellt z. B. ein SD-Bericht zu Inlandsfragen vom 28. Oktober 1943 aufgrund zahlreicher aus allen Teilen des Reiches eingegangener Meldungen fest, daß sich *»in zunehmendem Maße«* ein immer stärker werdender Widerstand der Eltern gegen eine Verschickung ihrer Kinder bemerkbar mache.[115] Diese Erscheinung läßt sich auch für Mönchengladbach-Rheydt belegen. Im Zusammenhang mit der Werbung für die für November 1941 angesetzte KLV-Aktion wurde z. B. in Rheydt-Mülfort am 14. Oktober 1941 in der Gaststätte Coenen eine Elternversammlung der drei Volksschulen dieses Gebietes durchgeführt. Deren Besuch ließ jedoch *»sehr zu wünschen übrig«*. Auch die ab dem 26. November 1941 einsetzende neue intensive Werbeaktion hatte *»nur wenig Erfolg«*. Erst dadurch, daß sich der Fähnleinführer der HJ und ein Lehrer der Volksschule für Jungen in Rheydt-Mülfort bereit erklärten, mitzufahren, konnte aus den drei Volksschulen überhaupt ein Transport zustande gebracht werden. Wie gering das Interesse an der KLV-Lagerverschickung war, zeigt sich auch daran, daß von der Volksschule in Rheydt-Mülfort, trotz der Tatsache, daß ein Lehrer der Schule mitfuhr, lediglich 19 Jungen des 5. bis 8. Schuljahres teilnahmen.[116] Ähnlich gering war das Interesse an der KLV-Verschickung an anderen Schulen. So befanden sich von insgesamt 581 im Schuljahr 1941/42 an der Volksschule Engelbleck I in Mönchengladbach-Neuwerk vorhandenen Schülerinnen und Schüler im zweiten Halbjahr 1941 nur 27 oder 4,6 % in der KLV-Lagerverschickung.[117] Von der Volksschule in Mönchengladbach-Venn wird berichtet, daß sich hier noch im Spätsommer 1943 *»nur sehr wenige«* Eltern bereit fanden, ihre Kinder zur KLV anzumelden. Selbst als im Verlauf des Jahres 1944 die Gefahr durch den Luftkrieg und die immer näher rückende Front hier zunehmend bedrohlicher wurde, nahmen in Mönchengladbach nur *»manche«* Jungen und Mädchen an der Verschickung durch die KLV teil. Dagegen machten *»viele«* Eltern in der ganzen Stadt von der Möglichkeit Gebrauch, sich zusammen mit ihren Kindern evakuieren zu lassen.[118] Allerdings wuchs angesichts der sich in diesem Gebiet seit Spätsommer 1944 zuspitzenden Kriegslage doch die Bereitschaft der Eltern, ihre Kinder in ein KLV-Lager zu senden, und folglich stieg auch die Zahl der aus Mönchengladbach-Rheydt KLV-verschickten Kinder an.[119]

Im Sommer 1943 war Brunhilde Taube geb. Derichs (Jg. 1930) aus Rheydt-Hockstein zusammen mit einer Freundin und ca. 20 weiteren Mädchen aus Mönchengladbach und Rheydt >kinderlandverschickt<, wie es damals hieß. Ihre Teilnahme hatte ihre ältere Schwester veranlaßt, die regelmäßig solche Transporte begleitete. Mit ca. zehn anderen Mädchen sollte sie in Sailauf bei Aschaffenburg in Mainfranken untergebracht werden. Mit dem Zug ging es bis Hösbach. Am Bahnhof wurde Brunhilde Derichs und ihre Freundin Lia Smeets von einem Bauern mit einem Fuhrwerk abgeholt. Hier bekamen die beiden ihren ersten Schock. Der Bauer erklärte ihnen nämlich unverzüglich, daß sie gar nicht bei ihm, sondern bei seiner Schwägerin untergebracht würden. Diese sei aber *»in den Beeren«* und komme erst am Abend zurück. Nach ihrer Ankunft auf dem Hof des Bauern machten die beiden Mädchen u. a. Bekanntschaft mit dem Hund dieser Schwägerin. Das gab ihnen den zweiten Schock. Der Hund war nämlich derart voller Läuse und Nissen, daß er ganz weiß aussah. Die zwei beschlossen daraufhin, auf keinen Fall zu der Schwägerin zu ziehen. Diese kam jedoch auch am Abend nicht zurück. So wurde erst einmal im Schlafzimmer des Bauern vor dem Ehebett ein weiteres Bett für die Mädchen aufgestellt. Die Jungen des Bauern schliefen währenddessen in einem kleinen Raum dahinter. Am nächsten Tag schickten Brunhilde und Lia ein Telegramm nach Hause, in dem sie mitteilten, daß sie nicht in ihre vorgesehene Unterkunft gehen wollten, weil sie sich davor ekelten. Allerdings blieb das Telegramm kriegsbedingt längere Zeit irgendwo liegen. Auf dem Rückweg begegneten die beiden einigen anderen Mädchen aus ihrem Heimatort, denen sie von ihrem Schicksal erzählten. Als sie zu dem Bauern zurückkamen, hatte der schon davon gehört. Er erklärte ihnen daraufhin, daß man die Sache ändern werde und sie nunmehr bei ihm bleiben würden. In der Nacht weinten beide Mädchen vor lauter Heimweh. Doch das legte sich nach einigen Tagen, und sie fühlten sich bei ihren Pflegeeltern bald sehr wohl. Diese waren ihnen gegenüber, wie Brunhilde Derichs erläuterte, *»ausgesprochen nett«*. Als dann schließlich der Antwortbrief von zu Hause eintraf, in dem die besorgten Eltern ihre Kinder fragten, ob sie abgeholt werden wollten, hatte sich die Angelegenheit schon erledigt. Auch den etwa zehn anderen in Sailauf untergebrachten >kinderlandverschickten< Mädchen aus Mönchengladbach und Rheydt hat es dort gut gefallen, wie Brunhilde Derichs aus ihrer Erinnerung berichtete. Zu Brunhildes Pflichten gehörte es vor allem, die Gänse des Bauern zu hüten. Außerdem half sie, zusammen mit ihrer Freundin, bei der Gartenarbeit. Am Ort besuchten die Kinder die dortige Volksschule. Als die beiden Mädchen nach etwa zwei Monaten von ihren Müttern wieder abgeholt wurden, empfingen die-

se sie in ihrem heimischen Dialekt mit dem Ausruf: *»Wie jut die utsint!«*
Noch während des Krieges, vemutlich 1944, fuhr Brunhilde Derichs mit ihrer Mutter ein weiteres Mal für einige Zeit nach Sailauf zu ihren damaligen >Pflegeeltern<. Auch jetzt hütete sie wieder die Gänseschar des Bauern. Als Lohn wollte ihr der Bauer eine Gans mitgeben. Doch Brunhilde war entschieden dagegen, daß eine >ihrer< Gänse geschlachtet werden sollte. So wurde eine lebendige Gans in einen Karton gesteckt und als Reisegepäck mitgenommen. Allerdings war der Karton bereits in Aschaffenburg aufgeweicht. Dennoch gelang es, die Gans wohlbehalten nach Rheydt-Hockstein zu bringen. Als das schnatternde Tier am nächsten Tag von dem Nachbarn Konrad Weyermanns entdeckt wurde, fragte dieser Brunhildes Vater, was er dann da habe. Darauf entgegnete dieser stolz: *»Die hätt dat Kleen mitjebrait.«*[120]
Bereits im Sommer 1943 plante man, sämtliche Schulen in Mönchengladbach und Rheydt im Rahmen der KLV-Lagerverschickung geschlossen in weniger luftkriegsgefährdete Gebiet zu verlegen.[121] Derartige Pläne, die eine Verlegung ganzer Schulen vorsahen,[122] waren angesichts der Intensivierung des Bombenkrieges der Westalliierten bzw. des Einsetzens der verheerenden Flächenbombardierungen deutscher Städte schon seit 1942 von der KLV-Organisation ausgearbeitet worden. Ihre Verwirklichung wurde durch einen Erlaß vom 4. Juni 1943 Baldur von Schirachs in seiner Eigenschaft als >Beauftragter des Führers für die KLV< angeordnet.[123] Unter Hinweis auf die vorgesehene Verlegung sämtlicher Schulen und vor allem auch, um Druck auf die Eltern hinsichtlich der Beteiligung ihrer Kinder an dieser in Form der KLV-Lagerverschickung durchgeführten Aktion auszuüben, blieben die Schulen in Mönchengladbach-Rheydt nach dem Ende der Sommerferien am 18. August 1943 geschlossen. Zeitgleich begann eine intensive Werbekampagne für die KLV-Verschickung. Auch in der örtlichen Presse wurde für die Aktion Propaganda gemacht. So erschien am 10. September 1943 in der >Rheinischen Landeszeitung – M.Gladbacher Zeitung/Rheydter Nachrichten< unter der aggressiven Überschrift *»Die Schulverlegung wird durchgeführt!«* ein ausführlicher Bericht, der u. a. ausführte, daß es *»das Bestreben von Staat und Partei* [ist], *die Verschickung so bald wie möglich durchzuführen«*. Gleichzeitig wurde an das Verantwortungsbewußtsein der Eltern appelliert und versichert, daß das, *»was geschehen muß«*, nämlich die KLV-Verschickung und Schulverlegung, nicht deshalb geschehe, *»um Eltern oder sonstige Anverwandte zu ärgern, sondern aus der Sorge der Führung, die Kinder dem Siege des Volkes zu erhalten«*. Es heißt dann ebenso pathetisch wie drohend weiter, daß *»Eltern, die dem Verlangen nach Sicherung von Gesundheit und Leben ihrer Kinder nicht nachkommen,* [...] *dereinst den ewigen Vorwurf ihrer Nachkommenschaft, der Krankgewordenen, der Gefallenen und der Ungeborenen zu tragen haben* [werden]*«*. Außerdem versucht der Artikel, den Eltern diese Maßnahme auch mit dem Hinweis darauf, daß aufgrund der bereits bestehenden Schulraumnot der gegenwärtige Schulunterricht *»nur ein Notbehelf«* sein könne, schmackhaft zu machen. Der Artikel schließt dann auffordernd: *»Die Schulverlegung geht weiter! Anmeldungen von verantwortungsbewußten Eltern werden nach wie vor von den Schulleitern entgegengenommen.«*
Offenbar gelang es aber trotz aller Bemühungen einfach nicht, genügend Eltern dazu zu bringen, ihre Kinder mit der KLV verschicken zu lassen, zumal die Beteiligung an dieser Maßnahme weiterhin formell freiwillig war.[124] Auf jeden Fall wurden schließlich Ende September 1943 – d. h. nach rd. zwölf Wochen Unterrichtsausfall – sämtliche Schulen wieder eröffnet.[125] Aber offenbar war das Vorhaben der Schulverlegung keineswegs aufgehoben, sondern nur aufgeschoben. Denn ein Jahr später, nachdem die Doppelstadt im September 1944 zwei weitere schwere Luftangriffe erlebt hatte, wurde ein neuer Vorstoß zur Verlegung sämtlicher Schulen unternommen. In Mönchengladbach erfolgte zu diesem Zweck durch eine Verfügung des Schulamtes vom 5. Oktober 1944 die Schließung sämtlicher Schulen nach den am Vortag zu Ende gegangenen Herbstferien. Doch auch dieser Versuch scheiterte schließlich am hartnäckigen Widerstand der Eltern.[126] Am 1. November 1944 wurden z. B. die Volksschulen in Mönchengladbach daraufhin wieder geöffnet. Allerdings sollte entsprechend einer Verfügung des Regierungspräsidenten in Düsseldorf vom 14. Oktober 1944 statt des lehrplanmäßigen Unterrichts jetzt nur noch die bereits erwähnte *»unterrichtliche Betreuung«* erfolgen.[127] Was die dennoch durchgeführte KLV-Aktion anbetraf, so gelang es Ende 1944 in Mönchengladbach-Rheydt lediglich, einen geringen Teil der Schüler einzelner Lehranstalten bzw. deren Eltern für die Teilnahme an der KLV-Lagerverschickung zu gewinnen. Zu diesem Zweck hatte man z. B. an der (damaligen) Volksschule für Jungen in

Rheydt-Mülfort die Eltern sämtlicher Jungen des 5. bis 6. Schuljahrs sogar persönlich aufgesucht. Trotzdem war das Ergebnis *»äußerst karg«*. Der Hauptgrund für diesen Mißerfolg ist vor allem darin zu sehen, daß die Eltern oder vielmehr, da vielfach die Väter eingezogen waren, die Mütter ihre Kinder angesichts der immer bedrohlicher und chaotischer werdenden Verhältnisse bei sich bzw. in der Nähe haben wollten. Der Rektor der Volksschule in Rheydt-Mülfort schrieb dazu seinerzeit erläuternd in der Chronik seiner Schule: *»Die Familien sind ja bereits derartig auseinandergerissen, daß man verstehen kann, wenn die noch Hierverbliebenen zusammen bleiben wollen.«*[128] Dies war jedoch eine allgemein verbreitete Einstellung, wie entsprechende SD-Berichte bezeugen.[129] Folglich fuhren von der (damaligen) Knaben-Mittelschule in Mönchengladbach am 12. Dezember 1944 lediglich 25 Schüler (zusammen mit zwei Lehrern) in das KLV-Lager in Zollnitz (Sachsen).[130] Von den beiden (damaligen) Oberschulen für Jungen in Rheydt wurden insgesamt nur etwa 100 Schüler für die Ende November 1944 durchgeführte Verschickung in das KLV-Lager in Pobershau (Krs. Marienberg) im Erzgebirge gemeldet.[131] An der ebenfalls im November 1944 veranlaßten KLV-Lagerverlegung des (früheren Stiftischen Humanistischen) Gymnasiums in Mönchengladbach nach Lebenhahn und Böttigheim in Mainfranken nahmen außer drei Lehrern lediglich 15 Schüler teil.[132] Diese Schulverlegung war daher bestenfalls eine >nominelle<.

2 000 Särge

Zur Vorbereitung der Stadtverwaltung auf einen Großangriff gehörte auch die Bereitstellung einer ausreichenden Zahl von Särgen. Deshalb forderte das Städtische Luftschutzamt in Mönchengladbach am 1. Juli 1943 bei der örtlichen holzverarbeitenden Firma Josef Backes (Roermonder Straße 355) die *»sofortige Lieferung«* von 2 000 für die Beerdigung von Toten nach einem Großangriff auf die Stadt bestimmten Särgen an.[133] Da die Lieferung jedoch nicht umgehend erfolgte, mahnte das Luftschutzamt bereits am nächsten Tag die Zusendung der bestellten 2 000 Särge nochmals bei der Firma nachdrücklich und unter Hinweis darauf an, daß in der Stadt Mönchengladbach sämtliche Vorräte an Särgen erschöpft seien.[134]

Zusätzliche Hilfe im Katastrophenfall

Die im Verlauf des 2. Weltkrieges schwerer werdenden Luftangriffe auf die deutschen Städte stellten die örtlichen Rettungs- und Hilfseinrichtungen hinsichtlich des Löschens der zahlreichen Brände, der Rettung von Verschütteten und Versorgung von Verletzten sowie der Bergung der Toten, der Sicherung von Wertsachen, der Freiräumung der Straßen und der folgenden vielfältigen Instandsetzungsarbeiten bald vor immer größere und vor allem bei Großangriffen allein vielfach nicht mehr zu bewältigende Aufgaben. Die bei einem derartigen Bombenangriff in Gang gesetzten Hilfsmaßnahmen sollen exemplarisch an dem auch in dieser Hinsicht besonders gut dokumentierten Großangriff vom 30./31. August dargestellt werden.

Zum Einsatz kamen hier zunächst einmal sämtliche am Ort vorhandene und für Katastrophenfälle ausgerüstete und bestimmte öffentliche Einrichtungen, insbesondere die Feuerwehr, die Schutz- und die Luftschutzpolizei sowie das Rote Kreuz. Daneben wurden aber auch Gliederungen der NSDAP aktiv. Am direkten Rettungseinsatz beteiligte sich z. B. nach dem Angriff am 30./31. August 1943 auch die Hitlerjugend. So haben in Mönchengladbach u. a. mindestens 32 BDM-(Bund Deutscher Mädel)>Gesundheitsdienst-Mädel<, die speziell für Erste Hilfe-Leistungen ausgebildet und ausgerüstet waren, nach dem Angriff vor Ort und in den von ihnen eingerichteten und besetzten neun Rettungsstellen (eine befand sich z. B. in der Kaiser-Friedrich-Halle) in der Stadt Verletzte versorgt.[135] Wie eines dieser >GD-Mädel< in seinem Bericht schildert, hatte es sich unmittelbar nach Angriffsende auf den Weg zur Rettungsstelle gemacht, aber bereits unterwegs ständig Verletzten Erste Hilfe leisten müssen. Vor allem waren es neben Augenverletzungen verstauchte Fuß- und Handgelenke, durch herabfallende Steine und Balken verursachte Fleischwunden sowie unzählige Brandverletzungen, die versorgt wurden.[136] In diesen Zusammenhang gehört auch eine am 29. Juni 1944 erlassene Verordnung des Polizeipräsidenten von Mönchengladbach-Rheydt als örtlicher Luftschutzleiter, die alle einsatzfähigen Männer im Alter von 16 bis 70 Jahren zum Einsatz im Luftschutz-Selbstschutz verpflichtete. Diese Personen standen bei einem Fliegeralarm bzw. Luftangriff zur Verfügung der jeweiligen Selbstschutztrupps, denen sie zugeteilt waren. Ansonsten hatten sie ihre Selbstschutzaufgaben in den Häusern zu erfüllen. Ihnen war daher das Aufsuchen von öffentlichen Luftschutzbunkern und Luftschutzstollen und sonstigen öffentlichen Luftschutzräumen nicht gestattet.[137]

Rettungs- und Hilfsmaßnahmen bei einem Großangriff

Auswärtige Einsatztrupps

Im Fall eines Großangriffs waren jedoch die örtlichen Sicherheits- und Rettungsdienste eines kleineren Luftschutzortes (wenn auch I. Ordnung) wie Mönchengladbach-Rheydt bei den Hilfs- und Schadensbeseitigungsmaßnahmen überfordert. In einem solchen Katastrophenfall bestand allerdings die Möglichkeit, von auswärts zusätzliche Hilfe anzufordern. Von dieser Möglichkeit ist auch beim ersten schweren Luftangriff auf die Doppelstadt Gebrauch gemacht worden. So erbat die örtliche Luftschutzleitung unmittelbar, nachdem die ersten Bomben in Mönchengladbach-Rheydt gefallen waren, fernmündlich beim Befehlshaber der Ordnungspolizei des zuständigen Wehrkreises VI in Münster vorsorglich die Bereitstellung von 20 Löschbereitschaften. Als die örtliche Luftschutzleitung den Anflug einer weiteren Welle von Bombern auf Mönchengladbach-Rheydt erkannte, ersuchte sie um 3.15 Uhr in Münster um die unverzügliche Entsendung von zunächst zehn Bereitschaften. Daraufhin rückten sofort drei Luftschutzbereitschaften aus Düsseldorf ab, eine Minute später folgten noch zwei aus Krefeld und drei weitere aus Köln. Von Hilden wurde die motorisierte Luftschutzabteilung 26 in Marsch gesetzt. Gleichzeitig erhielten zwei Instandsetzungsbereitschaften in Köln die Anweisung, sich nach Mönchengladbach-Rheydt zu begeben. Um 3.24 Uhr forderte die Luftschutzleitung der Doppelstadt unter Hinweis auf die Fortdauer des Angriffs weitere zehn Bereitschaften an. Daraufhin gingen von Düsseldorf und Duisburg jeweils zwei Bereitschaften sowie von Düsseldorf, Gelsenkirchen und Wuppertal jeweils noch eine Luftschutzabteilung ab. Eine Minute später erhielten auch die Städte Köln, Oberhausen und Aachen Anweisung, Hilfskräfte nach Mönchengladbach-Rheydt zu entsenden.[138] Aus einer Aufstellung des Polizeipräsidenten von Mönchengladbach-Rheydt als örtlicher Luftschutzleiter vom 15. Oktober 1943 über die nach dem Angriff am 30./31. August 1943 hier bei den Rettungs- und Sicherheitsmaßnahmen eingesetzten auswärtigen Luftschutzbereitschaften geht hervor, daß seinerzeit insgesamt elf Sanitätstrupps, darunter je ein Katastrophenzug aus Knechtsteden (Dormagen) und Hösel (Ratingen), 13 Instandsetzungsbereitschaften und 44 Löschzüge aus anderen Orten der Doppelstadt zu Hilfe gekommen waren. Außerdem waren von auswärts noch eine Kompanie Schutzpolizei aus Köln, ein Regiment der Organisation Todt ebenfalls aus Köln sowie 16 Wehrmachtsabteilungen und 720 Mann des Reichsarbeitsdienstes (RAD) im Einsatz.
An sonstigen Kräften waren nach dieser Aufstellung nach dem Angriff am 30./31. August im Einsatz: 150 Mann der Technischen Nothilfe, die Kreisleitungen der NSDAP in Mönchengladbach-Rheydt und in Neuß, die – bereits erwähnte – HJ in Mönchengladbach (Bann 233), die SA-Standarte 97 aus Mönchengladbach und die SA-Standarte 237 aus Neuß sowie 50 Kriegsgefangene des Arbeitskommandos 944 Mönchengladbach.
Auswärtige Einsatztrupps waren aber nicht nur aus der näheren Umgebung, nämlich aus Viersen, Krefeld, Neuss, Grevenbroich, Dormagen und Erkelenz, sondern teilweise von recht weit her, und zwar aus Aachen, Köln, Düsseldorf, Ratingen, Solingen, Remscheid, Wuppertal, Duisburg, Oberhausen, Essen, Gelsenkirchen, Recklinghausen, Bochum und Dortmund nach Mönchengladbach-Rheydt beordert worden.[139]

Rauchwaren und Alkohol für die Einsatztrupps

Von der NSV wurde an die beim Katastropheneinsatz nach dem Luftangriff am 30./31. August 1943 in Mönchengladbach-Rheydt beteiligten Einsatztrupps der Wehrmacht, des Reichsarbeitsdienstes und der sonstigen Formationen kostenlos Rauchwaren und Trinkbranntwein verteilt, und zwar in einem Gesamtwert von 2 913,25 Reichsmark (RM). Mit Schreiben vom 8. Oktober 1943 ersuchte der Kreisamtsleiter der NSV für Mönchengladbach-Rheydt den Oberbürgermeister von Mönchengladbach, die Ausfertigung der erforderlichen Bezugscheine zu veranlassen und die Kosten aus städtischen Mitteln zu begleichen.[140] Der Oberbürgermeister erklärte sich zwar grundsätzlich mit der Übernahme der Kosten auf den städtischen Haushalt bereit, war jedoch der Auffassung, daß die Kosten von beiden betroffenen Städten gemeinsam getragen werden sollten. Er wandte sich daher an seinen Amtskollegen in Rheydt und schlug ihm eine Aufteilung der Gesamtsumme entsprechend dem jeweiligen Bevölkerungsanteil – 62,85 % für Mönchengladbach und 37,15 % für Rheydt – vor.[141] Doch der Oberbürgermeister in Rheydt war aus nicht näher zu ermittelnden Gründen zu einer Zahlung nicht bereit. Es kam daher zu einer neuen Rücksprache des Oberbürgermeisters von Mönchengladbach mit dem Kreisamt der NSV. Hierbei vertrat der Kreisamtsleiter die Ansicht, daß es in Anbetracht des bedeutend größeren Umfangs der in Rheydt durch den Großangriff am 30./31. August 1943 eingetretenen Schäden und dadurch bedingten vermehrten Heranziehung von Einsatzkräften gerechter wäre, wenn die Kosten nicht nach der Einwohnerzahl, sondern zumindest zu gleichen Teilen auf beide Städte verteilt würden. Der Oberbürgermeister von Mönchengladbach ersuchte daher am 21. Dezember 1943 seinen Amtskollegen in Rheydt unter Hinweis darauf, daß der von Mönchengladbach vorgeschlagene Verteilungsschlüssel bereits ein Entgegenkommen gegenüber der Stadt Rheydt darstelle, seine – nicht näher bezeichneten – Bedenken fallenzulassen und sich in der vorgeschlagenen Weise an den Kosten zu beteiligen. Da der Gesamtbetrag aber der Einfachheit halber inzwischen von der Stadt Mönchengladbach bereits angewiesen worden war, bat der Oberbürgermeister um Überweisung des von Rheydt zu entrichteten Kostenanteils von 1 082,25 RM an die Stadthauptkasse Mönchengladbach.[142] Wie die Angelegenheit geregelt wurde bzw. ausgegangen ist, läßt sich aus den Akten jedoch nicht mehr ermitteln.

Städtische Behörden und Partei

Bei der für den NS-Staat auf allen Ebenen charakteristischen Parallelität von staatlichen Verwaltungseinrichtungen und parteilichen Organisationen mit unklaren Kompetenzabgrenzungen kam es geradezu zwangsläufig auch bei den Hilfsmaßnahmen für die Bevölkerung nach Luftangriffen zur Konkurrenz von Beauftragten der NSDAP mit den zuständigen Stellen der Stadtverwaltung.[143] Hierdurch trat, wie die erhaltenen Unterlagen belegen, in Mönchengladbach wiederholt ein Neben-, teilweise sogar Gegeneinanderarbeiten der städtischen Stellen und der Parteibeauftragten ein. Das betraf insbesondere u. a. die technischen Maßnahmen bei Gebäudeschäden, für die von Rechts wegen ausschließlich das städtische Hochbauamt zuständig war. Doch auch hier griffen Parteibeauftragte ein und ordneten sogar bei größeren Schadensfällen eigenmächtig Arbeiten an. Ebenso wurden sie – rechtswidrig – bei den zahlreichen beweglichen Sachschäden aktiv. Hier stellten sie vielfach Bescheinigungen aus, die zu Ersatzbeschaffungen berechtigten. Dazu wurde von der städtischen Feststellungsbehörde in Mönchengladbach im Juli 1941 beschwerdeführend festgestellt, daß derartige Bescheinigungen von den Parteibeauftragten der NSDAP ohne Rücksicht darauf ausgefüllt würden, ob der von den Fliegergeschädigten jeweils geltend gemachte Anspruch in der betreffenden Höhe gerechtfertigt oder überhaupt rechtlich begründet sei.[144] Mehrfach von der Stadtverwaltung bei der Kreisleitung der NSDAP in Mönchengladbach persönlich und telefonisch vorgebrachte diesbezügliche Klagen und Bitten um Abstellung dieser Mißstände blieben allerdings erfolglos. Schließlich kam es nach einer erneuten telefonischen Besprechung eines leitenden Vertreters der Feststellungsbehörde in Mönchengladbach zu einer vom Oberbürgermeister vorgenommenen schriftlichen Festlegung der Zuständigkeiten und Aufgaben von Stadtverwaltung und NSDAP im Fall eines Bombenangriffs. Darin wurde geregelt, daß die Beseitigung von Bauschäden, die Veranlassung von Instandsetzungsarbeiten u. ä. sowie die Abwicklung des Schadensfalles, die Festsetzung und Leistung der Entschädigung in Geld oder in Sachwerten ausschließlich Sache der betreffenden städtischen Behörden sei. Parteibeauftragte dürften in diese Verfahren auf keinen Fall eingreifen. Auch sollte die Zahl der in einem durch einen Bombenangriff verursachten Schadensfall von der Partei eingesetzten Personen auf die *»notwendigsten Kräfte«* beschränkt werden.
Andererseits wurde die gesamte >sonstige Betreuung< der Fliegergeschädigten nach einem Angriff als alleinige Aufgabe der NSDAP festgelegt. Hierzu gehörten insbesondere die rasche und angemessene Unterbringung und Verpflegung der Ausgebombten sowie deren Versorgung mit den notwendigsten Kleidungsstücken und den erforderlichen Lebensmittelkarten. Über diese sog. erste Hilfe hinaus sollte sich die von

Parteibeauftragten durchgeführte Betreuung der Fliegergeschädigten, sofern diese dazu selbst nicht in der Lage waren, auf *»alle Interessen beziehen, die mit dem Schadensfall zusammenhängen«*. Hierzu zählten u. a. die Sicherstellung bzw. Überwachung des beschädigten und geretteten Besitzes der Ausgebombten, die Hilfeleistung beim Ausfüllen der Schadensanträge sowie die Beschaffung der wertmäßigen Unterlagen für die Bestimmung der jeweiligen Schadenshöhe. Andererseits ist ausdrücklich festgehalten worden, daß, wenn Bombengeschädigte sich mit Beschwerden wegen der Erledigung ihres Schadensfalles an die Ortsgruppe wenden sollten, die Parteibeauftragten diese Beschwerden nicht selbst zu verfolgen, sondern grundsätzlich an die zuständige städtische Feststellungsbehörde weiterzuleiten hätten. Wie der Oberbürgermeister in seinem Schreiben an die Kreisleitung der NSDAP in Mönchengladbach hierzu begründend ausführte, bedeute es nämlich eine *»auf die Dauer untragbare Mehrbelastung, die die Feststellungsbehörde von ihrer eigentlichen Tätigkeit stark abhält und gerade in der heutigen Zeit nicht zu verantworten ist, wenn in solchen Fällen die Feststellungsbehörde von den verschiedensten Seiten zur Nachprüfung und Berichterstattung angegangen wird«*.

Zum Abschluß dieser schriftlichen Aufgabenabgrenzung zwischen den städtischen Behörden und den Dienststellen der Partei betont der Oberbürgermeister – selbst Parteigenosse – jedoch, daß diese Ausführungen *»als ein Hinweis für verständnisvolle Zusammenarbeit zum Wohle unserer Volksgemeinschaft und im Interesse nationalsozialistischer Aufbauarbeit«* aufzufassen sei.[145] Nach dieser Regelung wurde in der Folgezeit bei Bombenangriffen in Mönchengladbach ebenso wie in Rheydt auch prinzipiell verfahren. Das bezeugt u. a. ein vom 6. Juli 1943 datierender, von der NSDAP-Kreisleitung Mönchengladbach-Rheydt festgelegter und für die Ortsgruppenleiter bestimmter >Leitfaden für unsere Arbeiten nach einem Großangriff auf unsere Kreisstädte<. Danach war die Sorge für das persönliche Wohl, insbesondere die unverzügliche (vorläufige) Unterbringung und Verpflegung der Fliegergeschädigten, nunmehr das eigentliche Aufgabenfeld der Partei nach einem Bombenangriff.[146] Auch in der Praxis verhielt es sich so. Wie z. B. aus der nach dem Großangriff auf Mönchengladbach-Rheydt am 30./31. August 1943 in der örtlichen Presse darüber erschienenen ausführlichen Berichterstattung klar hervorgeht, wurde die gesamte Betreuung der Fliegergeschädigten nach dem Angriff ausschließlich von der NSDAP organisiert bzw. geleitet und von ihr bzw. ihren Gliederungen, insbesondere der NSV und NS-Frauenschaft, durchgeführt.[147] Hierzu gehörte es z. B., die Lieferung bzw. Herbeischaffung von 1 310 Stück Wiener- und 2 728 Stück Roggenbrot zu veranlassen, die daraufhin von der Kreishandwerkerschaft Viersen nach Mönchengladbach geliefert und in den von der NSDAP eingerichteten Verpflegungsstellen abgegeben wurden; den übriggebliebenen Rest nahm später die Firma >Versorgungsring M.Gladbach< ab.[148] Nach den am 2. September 1943 vom Reichsminister für Ernährung und Landwirtschaft durch Schnellbrief bekanntgemachten >Richtlinien für Maßnahmen anläßlich folgenschwerer Luftangriffe< war nach Großangriffen oder bei sonstigen Katastrophenfällen die Notstandsverpflegung des Teils der Zivilbevölkerung, der seine Koch- und Verpflegungsmöglichkeiten verloren hatte, Aufgabe der NSV bzw. im Rhein- und Ruhrgebiet gegebenenfalls der im Rahmen des OT-[Organisation Todt]Regiments Speer eingesetzten NSV.[149] Diese Betreuungsmaßnahmen >bombengeschädigter Volksgenossen< durch die Partei und ihre Gliederungen nach einem Bombenangriff entsprangen zum einen der Furcht vor einem Stimmungsumschwung der Bevölkerung und dem Auftreten revolutionärer Unruhen, wie man sie im November 1918 erlebt hatte. Zum anderen erfolgten sie aber auch zu propagandistischen Zwecken, indem man dadurch – offenbar mit Erfolg – die Akzeptanz der Partei innerhalb der Bevölkerung zu festigen bzw. zu fördern versuchte. Dementsprechend heißt es in den zuvor erwähnten >Richtlinien für Maßnahmen anläßlich folgenschwerer Luftangriffe< vom 2. September 1943 des Reichsministers für Ernährung und Landwirtschaft einleitend, daß *»im Falle folgenschwerer Luftangriffe* [...] *die Sicherstellung der Versorgung der Bevölkerung mit Lebensmitteln mit zu den vordringlichsten Aufgaben* [gehört], *zumal eine möglichst reibungslose Versorgung auch psychologisch besonders wichtig ist«*. Bereits beim ersten Großangriff auf Mönchengladbach-Rheydt machte z. B. der Augenzeuge Pfarrer Franz Rixen von der katholischen St. Laurentius-Kirchengemeinde in Rheydt-Odenkirchen die Feststellung, daß *»gleich nach dem Angriff* [am 30./31.8.1943; M. S.-P.] [...] *die Partei mit ihren vielen Gliederungen zahlreiche Hilfskolonnen ein*[setzte]*«* und *»die Bevölkerung* [...] *ausreichend mit Lebensmitteln und den notwendigsten Dingen versorgt* [wurde]*«*.[150]

Sondervergünstigungen für die vom Luftkrieg betroffene Bevölkerung

Die von Luftangriffen besonders stark betroffene Bevölkerung erhielt verschiedentlich meist überörtlich angewiesene Sonderzuteilungen. Diese Maßnahme diente zur Beruhigung der Menschen und sollte allen möglichen gegen das Regime gerichteten Empfindungen und Bestrebungen entgegenwirken. So erfolgte Anfang Juni 1942 aufgrund eines Erlasses vom 28. Mai 1942 des Reichsministers für Ernährung und Landwirtschaft für Kinder und Jugendliche bis zu 14 Jahren in den besonders luftgefährdeten bzw. bombengeschädigten Gebieten der Provinzen Rheinland und Westfalen sowie Nordwestdeutschlands eine einmalige Sonderzuteilung von Obst- und Gemüseerzeugnissen. Diese bestand aus zwei 3/4-l-Flaschen Süßmost oder ersatzweise einer Literflasche Obstsirup oder zwei Packungen Gefrierkonserven (Obst oder Gemüse) oder zwei Gläsern Obstkonserven. Die Regelung der Verteilung im einzelnen oblag den zuständigen Provinzialernährungsämtern.[151]

Auf Anordnung des Oberbürgermeisters der Stadt Mönchengladbach wurden am 8. Juli 1941 an die durch einen Bombenangriff in der Stadt obdachlos gewordenen Personen insgesamt 30 Flaschen Bier kostenlos abgegeben.[152] Nach dem ersten Großangriff auf Mönchengladbach-Rheydt in der Nacht zum 31. August 1943 erhielt die Bevölkerung beider Städte sogar großzügige örtliche Sonderzuteilungen an Lebens- und Genußmitteln. Sie bestanden für jeden über 18 Jahre alten Bewohner aus 50 g Röstkaffee sowie einer halben Flasche (0,35 l) Trinkbranntwein, während an jede Person unter 18 Jahren 125 g Süßwaren abgegeben wurden. Darüber hinaus wurden Fleischsonderkarten über 200 g und Lebensmittelsonderkarten für drei Tage über 450 g Brot, 90 g Butter und 150 g Fleisch ausgegeben.[153] Außerdem erfolgte eine Sonderzuteilung an Tabakwaren, und zwar erhielten auf den Abschnitt 1 der Raucherkarte Männer zehn und Frauen fünf Zigaretten.[154] Auch die mit Bergung, Transport und Beerdigung der Opfer des schweren Luftangriffs vom 30./31. August 1943 beauftragten städtischen Friedhofsarbeiter sollten von der Stadtverwaltung eine Sonderzuteilung an Zigaretten erhalten.[155] Aber auch andere Sondervergünstigungen ließ man gelegentlich der fliegergeschädigten Bevölkerung zukommen, vor allem in der Absicht, ihre Stimmung hochzuhalten. So wurden Anfang Oktober 1943 von den Städtischen Bühnen Mönchengladbach und Rheydt im Mönchengladbacher Haus insgesamt vier Freivorstellungen für Fliegergeschädigte aus Mönchengladbach gegeben, und zwar am 2., 6. und 8. Oktober jeweils >Die Entführung aus dem Serail< und am 10. Oktober >Köpfchen muß man haben<. Die Kosten hierfür übernahm die Stadt Mönchengladbach.[156]

Offizielle Trauerfeiern für die Bombenopfer

Darüber hinaus wurden – wenigstens in den ersten Jahren – die bei Luftangriffen Umgekommenen, vor allem bei schweren Luftangriffen, mit einer offiziellen Trauerfeier von der Partei und der Stadtverwaltung geehrt. So fand für die beim ersten Großangriff am 30./31. August 1943 in Mönchengladbach Getöteten eine offizielle Gedenkfeier am Mittwoch, dem 8. September 1943, auf dem Ehrenfriedhof an der Viersener Straße statt.[157] Hierzu hatten sich Abordnungen der Ortsgruppen und aller Gliederungen und Verbände der NSDAP mit ihren Fahnen, außerdem Vertreter der Wehrmacht, der Polizei und des Reichsarbeitsdienstes eingefunden. Am Kopfende jedes Grabes stand ein BDM-Mädchen mit Blumen in der Hand. Eröffnet wurde die Trauerfeier mit einem Choral. Danach hielten der Kreisleiter der NSDAP und der Oberbürgermeister der Stadt Mönchengladbach jeweils eine Gedenkrede. Anschließend erfolgte unter den Klängen des Liedes >Ich hatt' einen Kameraden< eine Kranzniederlegung. Den Abschluß bildeten >Lieder der Deutschen<.[158] Eine ähnliche offizielle Trauerfeier fand auch in Rheydt statt. Hier waren die nicht auf einem anderen bzw. kirchlichen Friedhof bestatteten Opfer des Angriffs,[159] vor allem aus der Rheydter Innenstadt, auf dem Ehrenfriedhof im Kaiserpark (heute Schmölderpark) beigesetzt worden.[160]

Beseitigung der Bombenschäden

Für die Beseitigung der bei einem Bombenangriff aufgetretenen Schäden war von der Stadtverwaltung Mönchengladbach bereits vor dem ersten Großangriff am 30./31. August 1943 ein den gesamten Stadtbereich umfassender Plan ausgearbeitet worden,[161] nach dem man dann die Aufräum- und Wiederherstellungsarbeiten in Angriff genommen hat. Sie konnten bis in das Jahr 1944 hinein trotz des sich immer stärker bemerkbar machenden Mangels an Materialien und Arbeitskräften mit beträchtlichem Erfolg durchgeführt werden. Bis Ende Januar 1944 waren in Mönchengladbach insgesamt rd. 2 000 beschädigte Wohnungen instandgesetzt und wieder bewohnbar gemacht worden. Durch den Umbau und die Teilung von Wohnungen wurden außerdem bis dahin etwa 400 bis 500 Wohnungen neu geschaffen. Außerdem erfolgte auf den von der Stadtverwaltung Mönchengladbach zu diesem Zweck ausgewiesenen bzw. zur Verfügung gestellten Grundstücken die Errichtung von Behelfsheimen. In allen Ortsgruppen der Stadt arbeitete man, wie aus einem Bericht von Ende Januar 1944 hervorgeht, seinerzeit an der Ausführung derartiger Heime. Bis dahin waren 38 Heime bereits angeliefert, weitere 45 befanden sich im Bau und vorgesehen waren rd. 1 000.[162] Allerdings war den Handwerkern seitens der NSDAP seinerzeit verboten worden, werktags Schäden an Kirchenbauten zu beseitigen. Wie aus der Katholischen St. Laurentius-Pfarre in Rheydt-Odenkirchen berichtet wird, haben örtliche Handwerker damals freiwillig sonntags an der Kirche gearbeitet, um die schlimmsten Bombenschäden zu beseitigen und dabei u. a. eine Notverglasung eingesetzt. Allerdings wurden diese Bemühungen am 14. Dezember 1945 wieder zunichte gemacht, als in der Nähe einschlagende Bomben die Kirche erneut schwer zerstörten.[163] Nach dem Großangriff am 30./31. August 1943 wurde auch der öffentliche Personennahverkehr relativ schnell wieder in Gang gesetzt. Bereits am 2. September 1943 fuhren die Außenlinien wieder bis zur Stadtgrenze. Nach und nach wurden weitere Straßenbahnlinien in Betrieb genommen. Schon zwei Wochen nach dem Angriff war bereits ein Durchgangsstraßenbahnverkehr von Mönchengladbach nach Rheydt möglich. Ab dem 25. September 1943 war dann das Gesamtnetz der Straßenbahn, mit Ausnahme von einigen unbedeutenden Teilstrecken, wieder in Betrieb.[164]

Schüler an die Flak

Um den Luftschutzort Mönchengladbach-Rheydt war seit Frühjahr 1943 ein starker Flakring gelegt worden. Allerdings diente dieser nicht in erster Linie dem Schutz der Doppelstadt, sondern hatte vor allem die Aufgabe, Einflüge in das Ruhrgebiet zu verhindern. Im Sommer bestand der Flakschutz nach Ausweis der Flaklagekarte der Deutschen Luftwaffe aus 8 schweren Flakbatterien.[165] Dazu kamen noch mindestens zehn leichte Züge. Flakstellungen befanden sich u. a. im Norden (um Hellabrunn); im Osten am Güterbahnhof Lürrip (Eisenbahnflak) und an verschiedenen Stellen in Hardterbroich; im Süden am Bahnhof Wickrath sowie oberhalb der katholischen Kirche in Rheydt-Hockstein am Hasenberg und bei Dohr; im Westen bei Engelsholt und am Flugplatz (Mönchengladbach-)Wolfsittard. Leichte Flakbatterien waren über das Gebiet der beiden Städte verteilt.[166] Der Bestand an Flakbatterien war jedoch allgemein starken Schwankungen unterworfen.[167] In Rheydt war beim ersten Großangriff am 30./31. August 1943 die leichte Flakbatterie >Ziethlow< stationiert. Ein Zug dieser Batterie war seinerzeit an der Lenssenstraße, ein zweiter am Hasenberg im Ortsteil Hockstein aufgestellt worden. Auch das Dach der Stadthalle diente als Standort für ein Flakgeschütz. Außerdem befand sich eine schwere Flakbatterie mit vier Geschützen im Mülforter Bruch, während ein Zug Eisenbahn-Flak auf dem Bahngleis zwischen Wickrath und Reststrauch stand (letzterer erhielt einen Volltreffer und wurde völlig zerstört).[168] In den Flakbatterien haben aufgrund der >Notdienstverpflichtung von Schülern für den Kriegseinsatz in der Luftwaffe und Kriegsmarine< vom 15. Februar 1943 auch im Luftschutzort Mönchengladbach-Rheydt 15- bis 16-jährige Schüler vor allem der Ober-, aber auch der Mittelschulen als Luftwaffenhelfer Dienst geleistet.[169] Zu ihnen gehörten u. a. die für >tauglich< befundenen Schüler der Klassen 6 und 7 (nach heutiger Bezeichnung: Jahrgangsstufen 10 und 11) des (früheren Stiftischen Humanistischen) Gymnasiums in Mönchengladbach sowie der damaligen Oberschule für Jungen in Rheydt-Odenkirchen.

Nach den Bestimmungen der >Notdienstverpflichtung< sollten die Luftwaffenhelfer in ihrem Heimatort oder in dessen unmittelbarer Nähe eingesetzt werden. Doch bereits viereinhalb Monate später wurde diese Vorschrift durch eine Anordnung des Reichsinnenministers aufgeboben bzw. abgeändert.

Nach der neuen Regelung konnten die in Frage kommenden Schüler nunmehr innerhalb des gesamten Reichsgebietes *»örtlich unbeschränkt, mithin auch außerhalb ihres Schulortes oder dessen unmittelbarer Umgebung«* eingesetzt werden.[170]
Daraufhin sind Schüler des (früheren Stiftischen Humanistischen) Gymnasiums in Mönchengladbach später nach Krefeld, Neuss, Essen und schließlich sogar in die Nähe von Stettin und nach Schlesien abkommandiert worden.[171] Die zunächst in Rheydt und in der näheren Umgebung eingesetzten Luftwaffenhelfer der damaligen Oberschule für Jungen in Rheydt-Odenkirchen wurden im Februar 1944 in die Gegend von Gelsenkirchen-Buer und Haltern und Ende des Jahres 1944 bis Anfang 1945 in den Osten des Reiches bzw. ebenfalls nach Stettin verlegt.[172] Die Schüler des Jahrgangs 1926/1927 der Abschlußklasse (Klasse 6, heute Jahrgangsstufe 10) der damaligen Knabenmittelschule in Mönchengladbach entließ man vorzeitig am 14. Februar 1943, damit sie am nächsten Tag als Luftwaffenhelfer einberufen werden konnten. Nur drei Monate später, am 15. Mai 1943, erfolgte auch die Einberufung der Schüler der Klasse 5 (heutige Klasse 9), die dem Jahrgang 1926/1927 angehörten und tauglich waren, als Luftwaffenhelfer. Ihre Einsatzorte waren drei Flakstellungen im Umkreis von Mönchengladbach.[173] Die Einberufung von Schülern als Luftwaffenhelfer wurde auch in der Folgezeit, und zwar in zunehmendem Umfang, fortgesetzt.[174] So erfolgte am 1. Oktober 1944 z. B. auch die Einberufung des 1928 geborenen Oberschülers Gert Wiethoff aus Mönchengladbach als Luftwaffenhelfer, der dann in Süddeutschland eingesetzt war.[175]

Die letzten Monate

Mönchengladbach und Rheydt werden taktisches Angriffsziel

Durch das nach der am 6. Juni 1944 erfolgten Landung in der Normandie einsetzende ständige Vordringen der alliierten Truppen rückte die Front mehr und mehr an die Westgrenze des Deutschen Reiches. Ab September 1944 wurden infolgedessen Mönchengladbach und Rheydt als vorgeschobene Endbahnhöfe und Stützpunkte für die zur Verteidigung des sog. Westwalls eingesetzten deutschen Wehrmachtsabteilungen zu einem taktischen Angriffsziel höchster Bedeutung für die alliierten Luftflotten.[176] Von da an führten das R.A.F.-Bomberkommando und die 8. US-Luftflotte neben zahlreichen kleineren Bombenangriffen mindestens vier Großangriffe gegen Mönchengladbach und Rheydt bzw. die dortigen Bahnanlagen durch. Nach Angaben des Britischen Bomberkommandos wurden bis Kriegsende auf das Gebiet der beiden Städte über 6 250 t Bomben abgeworfen.[177]
Doch konnten auch einzelne Bombenabwürfe durchaus verheerende Folgen haben, wie ein Vorfall am 14. Oktober 1944 zeigt. An diesem Tag warf um 9.10 Uhr ein einzelnes rückfliegendes Kampfflugzeug über Mönchengladbach acht Sprengbomben ab; eine davon war ein Blindgänger. Durch den Bombenabwurf wurden vier Wohnhäuser mit insgesamt neun Wohnungen völlig zerstört. Eine Bombe traf das Wohnhaus und die Betriebe Constanz Siepermann (Seidenweberei) und Gebr. Elsges (Tuchfabrik), Martinstraße 47. Dabei wurden im Werks-Luftschutzraum der Firma Siepermann mindestens 32 Personen getötet und zwölf verwundet, sieben Personen wurden am 16. Oktober 1944 noch vermißt.[178] Nach den Feststellungen in der Schadensmeldung der Luftschutzpolizei in Mönchengladbach kamen bei diesem Bombenabwurf insgesamt 36 Personen um, 15 erlitten Verletzungen. Drei der Verletzten verstarben später noch in den Krankenhäusern.[179]

Drei weitere Großangriffe

Der erste dieser in der zweiten Jahreshälfte 1944 einsetzenden neuerlichen Großangriffe – der zweite nach dem schweren Angriff am 30./31. August 1943 – erfolgte in der Nacht vom 9. auf den 10. September 1944 auf Mönchengladbach. Der dabei eingesetzte Bomberverband bestand aus 113 schweren viermotorigen Lancaster-Bombern und 24 Mosquito-Schnellbombern.[180] Nach Angaben des Britischen Bomberkommandos führten die Maschinen u. a. 101 der 4 000 Pfund (lb) schweren Minenbomben mit sich.[181] Diese als >block busters< (Wohnblockknacker) bezeichneten hochexplosiven Sprengbomben, deren nach der Explosion freigesetzter Luftdruck ganze Häuserreihen zum Einsturz brachte, gehörten ab 1942/43 zur Standardmunition für Flächenangriffe der britischen Luftflotte. Der Einsatzbefehl für diesen zweiten Großangriff auf Mönchengladbach war ebenso knapp wie unmißverständlich: »*To destroy town*« (die Stadt vernichten).[182]

Durch den Angriff entstanden erneut schwere Verwüstungen im Zentrum der Stadt Mönchengladbach. Aber auch der nördliche Randbereich von Rheydt war betroffen, insbesondere die Gegend der Wilhelmstraße (damals Horst-Wessel-Straße, heute Friedrich-Ebert-Straße). In Mönchengladbach zählte man 300 abgeworfene Spreng- und 39 Minenbomben, ca. 70 000 Stabbrand- und 14 000 Phosphorbrandbomben. 1 591 Häuser wurden vollständig zerstört, 453 weitere schwer beschädigt. Auch die Verluste unter der Zivilbevölkerung waren wieder beträchtlich: 394 Personen wurden getötet, 518 verletzt.[183] In Rheydt kamen bei diesem Angriff 103 Menschen ums Leben.[184] Wie aus einer Liste sämtlicher bei diesem Luftangriff in Mönchengladbach und Rheydt getöteter Personen hervorgeht, starben die meisten infolge Verbrennung, Erstickung und (durch herunterfallende Gebäudeteile verursachte) Schädelzertrümmerung.[185]

Nur eine Woche später, in der Nacht vom 19. auf den 20. September 1944, erlebte Mönchengladbach einen weiteren Großangriff des Britischen Bomberkommandos, bei dem wiederum auch in Rheydt schwere Schäden angerichtet wurden. Diesmal bestand der angreifende Bomberverband aus 227 Lancaster-Maschinen, wozu noch zehn Mosquito-Schnellbomber kamen.[186] Nach Angaben von britischer Seite befanden sich u. a. mehr als 200 t Minenbomben an Bord.[187] In der Schadensmeldung der Luftschutzpolizei werden für Mönchengladbach 555 und für Rheydt 75 abgeworfene Sprengbomben, 40 bzw. 14 Minen-, 2 000 bzw. 9 500 Stabbrand-, 8 000 bzw. 1 300 Phosphorbrandbomben sowie 15 000 bzw. 4 300 sog. Flammenstrahlbomben verzeichnet. In Mönchengladbach brachen 26 Groß- und 196 mittelgroße Brände aus, in Rheydt gab es neun große und 95 mittelschwere Brände. In Rheydt zogen sich die angerichteten Verwüstungen von Süden nach Norden (von der Gas- bis zur Krankenhausstraße) quer durch die Stadt. Erneut waren zahlreiche Todesopfer zu beklagen. In Mönchengladbach kamen nach amtlichen Angaben 263 Menschen um, 602 wurden verletzt; in Rheydt starben 27 Personen, 64 erlitten Verletzungen. Die 269 in Mönchengladbach verschütteten Personen und die 27 Verschütteten in Rheydt konnten jedoch alle gerettet werden. Zwölf Betriebe, darunter zwei Rüstungsbetriebe der Metallindustrie (Meer AG Werk I und IV, Karmannstraße – heute Landgrafenstraße, und Rheinmetall Borsig, Dahlerkirchweg), wurden vollständig zerstört.[188] Doch daneben hielten auch die kleineren Angriffe unvermindert an. Von einem der vielen kleineren Bombenangriffe in jener Zeit wurden z. B. am 6. November die Rheydter Ortsteile Geistenbeck und Mülfort betroffen. Durch den Abwurf eines Bombenteppichs entstanden hier schwere Zerstörungen, und es gab 62 Tote und über 30 Schwerverletzte.[189] Keinen großen Sachschaden, aber doch einen besonders tragischen Verlust verursachte ein rund drei Wochen zuvor erfolgter Luftangriff auf das Gebiet der Stadt Mönchengladbach. Am 12. Oktober 1944 hatten sieben Flugzeuge mit Sprengbomben und Bordwaffen die Flakstellungen und Schanzarbeiter in Rheindahlen angegriffen. Insgesamt 14 Bomben gelangten dabei zum Abwurf. Eine davon traf einen in der Nähe der Gerkerather Mühle zum Schanzen eingesetzten Trupp Hitlerjungen. Zwei Jungen wurden getötet, sechs andere erlitten Verletzungen durch Verschüttung.[190] Die schwersten Luftangriffe des ganzen Krieges erlebte die Stadt Rheydt dann am 27. und 28. Dezember 1944. Der Angriff am 27. Dezember erfolgte nachmittags zwischen 14.55 und 15.15 Uhr. 200 der schweren viermotorigen Lancaster-Bomber und weitere 11 Mosquito-Schnellbomber hatte das Britische Bomberkommando für diesen Einsatz abgestellt,[191] knapp 1 000 t Bomben waren an Bord genommen worden.[192] Zielpunkt war erneut der Verschiebebahnhof. Doch die ersten roten Zielmarkierungsbomben fielen in einiger Entfernung vom Zielpunkt entfernt. Die dann um 14.58 Uhr ausgelösten gelben Markierungsbomben gingen nur knapp 50 m nördlich des Zielpunktes nieder, gefolgt von roten und grünen Markierungsbomben, die fast genau auf sie fielen. Im weiteren Verlauf des Angriffs, als aufsteigender Rauch die Zielmarkierungen verdeckte, wies der den Angriff leitende >Masterbomber< den Hauptverband an, die dem Wind abgewandte Seite der Rauchwolke sowie deren Zentrum zu bombardieren. Zuerst gingen die folgenden Bombenwürfe über das Ziel hinaus, wurden jedoch vom >Masterbomber< zurück- und auch auf den südlichen Bereich des Güterbahnhofs dirigiert. Am Ende des Angriffs loderten im Zielgebiet zahlreiche Brände, wobei der Rauch bis in 1,5 km Höhe aufstieg. Gegen 14.57 Uhr konnten die Bomberbesatzungen eine große Explosion am Boden beobachten. Nach dem Einsatzbericht war das Flakfeuer über dem Zielgebiet zwar genau, aber schwach.[193]

Obwohl das Angriffsziel der Verschiebebahnhof gewesen war,

wurden durch den Angriff erneut nicht nur im Bereich der dortigen Bahnanlagen, sondern auch im übrigen Stadtgebiet von Rheydt schwere Verwüstungen angerichtet. Die Luftschutzpolizei zählte 1 123 abgeworfene Sprengbomben. 137 Häuser mit insgesamt 326 Wohnungen wurden total zerstört, an weiteren 190 Häusern mit zusammen 490 Wohnungen entstanden schwere Schäden, 1 223 Personen wurden obdachlos. Auch bei diesem Angriff gab es zahlreiche Tote und Verletzte: 241 Personen kamen ums Leben, und zwar 107 Männer, 92 Frauen, 17 Kinder, fünf Wehrmachtsangehörige, 13 Männer der Luftschutzpolizei, ein Schutzpolizeibeamter und sechs Ausländer. 124 Personen wurden verletzt, nämlich 68 Männer, 47 Frauen und 9 Kinder.[194] Auf dem Gebiet der Stadt Mönchengladbach sind bei diesem Angriff nach den örtlichen amtlichen Angaben insgesamt 34 Sprengbomben (davon fünf Blindgänger) abgeworfen worden, wobei zwei Wohnhäuser mit insgesamt vier Wohnungen total zerstört und fünf weitere mit zusammen acht Wohnungen schwer beschädigt wurden. Es gab fünf Tote (ein Mann und vier Kinder) und fünf Verletzte (drei Männer, eine Frau und ein Kind).[195]

Bereits am Abend des nächsten Tages (28. Dezember 1944) folgte ein weiterer Großangriff auf Mönchengladbach und Rheydt. Hauptangriffsziel war wiederum die Eisenbahnstrecke Mönchengladbach-Rheydt, die Zielpunkte lagen erneut über den Verschiebebahnhöfen. Der diesmal von 186 Maschinen (129 viermotorige Lancaster-, 46 ebenfalls viermotorige Halifax-Bomber und elf Mosquito-Schnellbomber) ausgeführte Angriff[196] dauerte knapp 20 Minuten. Die vier Mosquito-Schnellbomber der >Pathfinder<-Truppe trafen jedoch verspätet im Zielgebiet ein, über dem zu diesem Zeitpunkt wolkiges Wetter herrschte. Um 19.01 Uhr lösten sie dann mit Hilfe ihrer radargesteuerten Zielfindungsgeräte die ersten roten Zielmarkierungsbomben aus, die allerdings wirkungslos in den Wolken verschwanden. Acht daraufhin abgeworfene grüne Leuchttrauben fielen jedoch recht genau und in guter Konzentration auf das Ziel. Auf diese Zielmarkierungen warf dann der nachfolgende Bomberverband in *»zufriedenstellender Zentrierung«*, wie es im Einsatzbericht der >Pathfinder<-Staffel heißt, ihre Bombenlast. Nach Angaben der Besatzungen schoß schwere Flak nur schwaches Feuer, Flakscheinwerfer- oder deutsche Jägertätigkeit wurde über dem Zielgebiet nicht festgestellt.[197]

Während des Angriffs gingen in Mönchengladbach nach Angaben der Luftschutzpolizei 700 Sprengbomben nieder (davon 87 Blindgänger), 81 davon (darunter 22 Blindgänger) im Ortsteil Rheindahlen. Im Bereich der Stadt Mönchengladbach wurden diesmal 54 Häuser mit insgesamt 112 Wohnungen gänzlich zerstört, 74 andere mit zusammen 173 Wohnungen erlitten schwere Beschädigungen. Es gab 528 Obdachlose. 21 Personen (11 Männer, drei Frauen und sieben Kinder) starben bei diesem Angriff, 47 (zwölf Männer, 20 Frauen und 15 Kinder) wurden verletzt.[198] In Rheydt zählte man 405 vor allem im südlichen Stadtbereich abgeworfene Sprengbomben, von denen 24 nicht detonierten. 45 Wohnhäuser mit zusammen 118 Wohnungen wurden hier total vernichtet, 69 weitere mit zusammen 165 Wohnungen schwer beschädigt. 82 Familien mit insgesamt 129 Personen verloren ihr Obdach und mußten anderweitig untergebracht werden. Einen Volltreffer erhielt u. a. die katholische St. Josefskirche am Hohenzollernplatz.[199] Ebenfalls durch Volltreffer wurde die einzige Großrettungsstelle in Rheydt (am Bahnhof) völlig zerstört. Dabei fanden der leitende Arzt, Dr. Franz Borchard, sieben Sanitäter und vier Krankenschwestern den Tod. Da außerdem der zweite Arzt, Dr. Paul Camp, schwer verletzt worden war, gab es in ganz Rheydt praktisch keinen Arzt mehr, so daß im Bedarfsfall Ärzte von auswärts geholt werden mußten.[200] Mindestens 30 Personen (elf deutsche Männer, 14 deutsche Frauen und drei deutsche Kinder sowie zwei Ausländer) kamen bei dem Angriff in Rheydt an diesem Abend ums Leben, zehn weitere (fünf Männer und fünf Frauen) wurden verletzt.[201]

Unter den Bombentoten befanden sich auch mindestens zehn Personen, die im Haus Klusenstraße 76 der Familie Wingerath in Rheydt-Hockstein umgekommen waren. Es handelte sich hierbei um die Hausbewohner sowie Nachbarn, die im Gewölbekeller des Hauses Schutz gesucht hatten. Dieser Keller galt in der Umgebung als besonders bombensicher, weshalb er auch regelmäßig von in der Nähe wohnenden Personen anstelle des nur ca. 50 m entfernten Hochbunkers an der Klusenstraße aufgesucht wurde. Der Angriff erfolgte jedoch so plötzlich, daß das Ehepaar Esser aus dem Nachbarhaus nicht mehr rechtzeitig in den Keller kam. Sie waren die einzigen, deren Leichen später in den Trümmern des total zerstörten Hauses vollständig gefunden wurden. Von den Kellerinsassen konnten nur noch Leichenteile geborgen werden. Ein weiteres Opfer dieses Luftangriffs in Rheydt-Hockstein war Johanna Müllers. Die Mutter von sieben Kindern machte sich nach dem Ertönen der Sirenen unverzüglich mit ihren Kindern auf den Weg zum Bunker, der knapp 200 m betrug. Kurz nach Verlassen des Hauses stellte sie fest, daß sie eine Tasche mit wichtigen Unterlagen vergessen hatte. Daraufhin schickte sie ihre Kinder zum Bunker voraus, während sie selbst noch einmal nach Hause zurückkehrte. Auf dem Rückweg zum Bunker wurde sie von den Bombenabwürfen überrascht. Sie versuchte noch, sich in das Haus Klusenstraße 76 zu flüchten. Das gelang ihr jedoch nicht mehr, und so wurde sie von dem starken Druck der in unmittelbarer Nähe detonierenden Bomben zerrissen. Man fand später lediglich Fetzen ihrer Kleidung in einem Baum.[202] Bei diesem Luftangriff erhielt auch die in der Nähe gelegene katholische Pfarrkirche St. Margareta in Rheydt-Hockstein einen Volltreffer und wurde bis auf die Grundmauern zerstört, lediglich zwei kleine Mauerreste ragten noch aus den Trümmern heraus. Der an die Kirche angrenzende Friedhof war ebenfalls von Bomben zerwühlt worden.[203]

Zusammenbruch des normalen Lebens

Von nun an erfolgten bis zur Eroberung von Mönchengladbach-Rheydt durch US-Truppen am 1. März 1945 fast ständig Bombenabwürfe: Die Fliegeralarme rissen praktisch nicht mehr ab; an manchen Tagen herrschte jetzt sogar Daueralarm.[204] Nach der Invasion der Westalliierten in Frankreich und dem ständigen Heranrücken der Front an die Westgrenze des Deutschen Reiches wurde die Zeitspanne zwischen dem Auslösen des Fliegeralarms und dem Angriffsbeginn immer kürzer. Gegen Ende des Krieges reichte sie dann häufig nicht mehr zum Aufsuchen der Luftschutzräume aus.[205] Dazu kam die immer größer werdende Bedrohung durch Tiefflieger, die mit Bordwaffen auf alles schossen, was sich bewegte, und sogar auf einzelne Menschen Jagd machten.[206] In den Außenbezirken hatte man deshalb entlang der Wege und Straßen sowie auf dem freien Feld sog. Einmannlöcher ausgehoben, in denen sich die Menschen im Notfall vor Tieffliegern in Sicherheit bringen konnten.[207]

Die Bevölkerung lebte jetzt fast ununterbrochen in Kellern und Bunkern. Zahlreiche Familien suchten in den letzten Kriegswochen z. B. in den Kellerräumen des St. Josephs-Hauses der Genossenschaft der Armen Dienstmägde Jesu Christi in Rheydt-Odenkirchen Schutz. Nicht zuletzt die im Gottvertrauen verankerte Ruhe der Ordensschwestern und das gemeinsame Beten haben den Schutzsuchenden über manch schwere Stunden hinweggeholfen. In der Chronik des St. Josephs-Hauses heißt es hierzu: *»Tag und Nacht wurde unablässig gebetet. Alles betete und rang um Hilfe.«*[208] In der letzten Zeit des Krieges führten viele Menschen fast nur noch ein im echten Wortsinn >unterirdisches< Dasein. Manche hatten sich an Abhängen selbst Stollen und Notunterkünfte in die Erde gegraben. In Rheydt-Odenkirchen war zu diesem Zweck der Pixbusch von einer Pioniereinheit der Deutschen Wehrmacht unterminiert worden, damit viele Bewohner hier bei Gefahr Zuflucht finden konnten.[209] Doch auch andere Umstände erschwerten die Führung eines normalen Lebens oder machten es sogar ganz unmöglich. Unter anderem war die Gasversorgung häufig gestört und fiel schließlich ganz aus, so daß in den Haushaltungen kaum noch gekocht werden konnte.[210] Manche halfen sich durch die Anlage von Kochgruben im Freien.[211] Auch das Wasserleitungsnetz funktionierte infolge zahlreicher zerstörter Leitungen am Ende nicht mehr, so daß sich die Bevölkerung, wie aus Rheydt berichtet wird, aus alten Brunnen und an provisorisch aufgestellten Pumpen Wasser holen mußte. In der Innenstadt verteilten, soweit möglich, auch Tankwagen des städtischen Fuhrparks Wasser an die Bewohner.[212]

Schule und Unterricht

Lehrermangel, Raumnot und Schichtunterricht

Wie alle Lebensbereiche wurde auch der Alltag in der Schule in zunehmendem Maße vom Kriegs- und insbesondere Luftkriegsgeschehen bestimmt sowie in zunehmendem Maße behindert. So verursachten die Einberufungen zum Wehrdienst vor allem in den Volksschulen einen empfindlichen Lehrermangel.[213] Dieser wiederum zwang dazu, Klassen, ja sogar ganze Schulen zusammenzulegen. So mußte z. B. in der Volksschule in Mönchengladbach-Venn wegen der bereits einen Tag nach Kriegsausbruch erfolgten Einberufung des Lehrers Hebbecker das 5. Schuljahr Jungen mit dem 5. Schuljahr Mädchen gemeinsam unterrichtet werden.[214] Der anhaltende und sich im Verlauf des Krieges weiter verschärfende Lehrermangel führte u. a. zu Beginn des Schuljahres 1943/44 zur Aufhebung der (damaligen) Volksschule Engelbleck II in Mönchengladbach-Neuwerk und zur Aufteilung ihrer Schüler auf die Nachbarschulen.[215] Diese Klassen- und Schulzusammenlegungen bewirkten wiederum ein drastisches Ansteigen der Klassenstärken. So betrug z. B. die Schülerzahl in der Volksschule Engelbleck I in Mönchengladbach-Neuwerk (Nespeler Straße 40, sie hieß seit 30.1.1941 Hans-Schemm-Schule) nach dem Stand vom 15. November 1943 in der 5. Klasse 59, in der 7. Klasse 65 und in der 6. Klasse sogar 67 Schüler.[216] In der Volksschule in Mönchengladbach-Eicken standen im Schuljahr 1942/43 für insgesamt 453 Schulkinder nur sechs Lehrkräfte, nämlich vier Lehrerinnen und zwei Lehrer, zur Verfügung.[217] Eine weitere Beeinträchtigung des Unterrichts verursachte die kriegsbedingte Heranziehung von Klassen- und Fachräumen für anderweitige Zwecke. Als typisch für diese Situation kann das Schicksal der (damaligen) Volksschule für Jungen in der Dohrer Straße in Rheydt-Mülfort[218] gelten.[219] Am 4. November 1939 wurde das gesamte Schulgebäude von der Deutschen Wehrmacht beschlagnahmt, und in der folgenden Nacht fuhr eine Batterie von 15-cm-Geschützen auf dem Schulhof auf, während die Soldaten in der Schule Quartier nahmen. Ab diesem Zeitpunkt fand daher der Unterricht im Gebäude der Volksschule für Mädchen an der Giesenkirchener Straße in Rheydt-Mülfort statt. Wenige Tage später wurde auch dieses Schulgebäude von der Wehrmacht beansprucht. Da es zwischenzeitlich jedoch gelungen war, einen Teil der im Volksschulgebäude an der Dohrer Straße einquartierten Kanoniere in Privatquartieren unterzubringen, bekam man hier drei im ersten Stock gelegene Klassenräume frei. In diese drei Räume zog nun die Jungen-Volksschule wieder ein. Wegen des Raummangels mußte jetzt allerdings schichtweise bzw. in zwei Gruppen unterrichtet werden, und zwar vormittags und nachmittags jeweils drei Klassen gemeinsam. Außerdem stand der Schule auf dem Schulhof, auf dem die Geschütze und die übrigen Militärfahrzeuge geparkt waren, nur ein Streifen als Pausenhof zur Verfügung. Am 12. Januar 1940 wurde von der Wehrmacht ein weiterer Klassenraum beansprucht, so daß jetzt für sechs Klassen nur noch zwei Klassenzimmer zur Verfügung standen. Nunmehr mußte der Unterricht täglich in drei Schichten für jeweils zwei bis vier Klassen gemeinsam erteilt werden: Von 8.00 bis 11.00 Uhr hatten die Klassen I und IV, von 11.00 bis 1.30 Uhr die Klassen V/VIII und VI/VII und von 1.30 bis 4.30 Uhr die Klassen II und III Unterricht. Ab April 1942 standen der Schule dann aber wieder fünf Klassenräume zur Verfügung. Nach dem ersten Großangriff auf Mönchengladbach-Rheydt in der Nacht zum 31. August 1943 wurde das Schulgebäude vorübergehend als Obdachlosen-Sammel- und Verpflegungsstelle genutzt. Ab Herbst 1943 war hier für einige Zeit aber auch die Mädchen-Volksschule untergebracht, da deren Gebäude an der Giesenkirchener Straße zwischenzeitlich eine Flak-Einheit belegt hatte. Der Unterricht erfolgte während dieser Zeit im Wechsel Jungenschule – Mädchenschule. Nach der Anfang November 1944 von der Gauleitung in Düsseldorf angeordneten Schließung der Schulen war das Schulgebäude Verpflegungsstelle für Bombengeschädigte. Seinerzeit wurden hier noch rd. 600 Personen verpflegt. Danach belegte eine Flak-Batterie das gesamte Gebäude.

Ein ähnliches Schicksal ereilte die Volksschule in Mönchengladbach-Venn.[220] Am 12. Oktober 1939 wurden von einer Nachrichten-Kompanie der Deutschen Wehrmacht zunächst nur das Lehrerzimmer und die Turnhalle der Schule als Schreibstube bzw. als Wachlokal und Unterrichtsraum beschlagnahmt, da die Soldaten in Privatquartieren Unterkunft fanden. Doch Ende November desselben Jahres rückte eine Luftwaffen-Baukompanie in das Schulgebäude ein, die sieben Klassenzimmer sowie u. a. einen Modellbauraum und den Lehrmittelraum belegte. Am 9. Dezember 1939 mußten zwei weitere Klassenzimmer in dem neuen Schulgebäude für einen neu angekommenen Zug einer Flak-Batterie freigemacht werden. Für den Schulunterricht standen nunmehr nur noch zwei Klassenräume, und zwar im ersten Stock des Neubaus, zur Verfügung. Die Schule erhielt aber im katholischen Pfarrheim (St. Josefshaus) zwei Räume. Je drei Klassen mußten sich nunmehr einen Klassenraum teilen. Daher war auch hier Schichtunterricht unumgänglich. Unterricht wurde jetzt von 8.00 bis 13.00 Uhr sowie von 13.30 bis 16.00 Uhr erteilt. Wenige Tage später, am 16. Dezember 1939, beschlagnahmte die Wehrmacht die beiden letzten noch verbliebenen Klassenzimmer im Schulgebäude. Die Schulkinder wurden daher zunächst einmal vorzeitig in die Weihnachtsferien geschickt. Nach Ferienende standen der Schule dann aber wieder drei Klassenräume im Schulgebäude (neben den zwei Räumen im St. Josefshaus) zur Verfügung. Am Abend des 9. Mai 1940 rückte schließlich die Artillerie-Einheit, die seit Ende Dezember 1939 in der Schule lag, ab. Am 14. Mai 1940 folgte ihr die Bau-Kompanie, so daß die Schule endlich ihre Klassenräume wieder hatte und die beiden Räume im St. Josefshaus aufgegeben werden konnten. Diese Schule diente nach dem schweren Angriff auf Mönchengladbach-Rheydt in der Nacht zum 31. August 1943 ebenfalls vorübergehend als Obdachlosen-Sammel- und Verpflegungsstelle.

Im August 1944 erfolgte eine erneute Beschlagnahme des Schulgebäudes, diesmal durch eine Polizeikompanie. Der Schule verblieben jetzt nur noch vier Klassenräume. Wieder mußte Schichtunterricht eingeführt werden. Zwar zog die Polizeikompanie im Dezember des Jahres vom Alt- in den Neubau der Schule, jedoch wurden im Altbau ständig neue Wehrmachtseinheiten einquartiert, so daß der reguläre Unterricht auch aus diesem Grund weitgehend zum Erliegen kam. Die Kinder gingen nur noch zur Schule, um sich Hausaufgaben abzuholen.

Auch die Oberschulen blieben hiervon nicht verschont. So war z. B. im Gebäude des (früheren Stiftischen Humanistischen) Gymnasiums in Mönchengladbach, Abteistraße 15, vom 20. März bis 5. Juni 1941 ein Flakzug einquartiert.[221] Im September 1944 heißt es, daß in dem Schulgebäude Regentenstraße 137d, wo seinerzeit das Gymnasium mit Oberschule für Jungen (allerdings inzwischen im Abbau befindlich) Aufnahme gefunden hatte, verschiedene Wehrmachts- und SA-Abteilungen untergebracht worden waren. Schließlich gelang es, wenigstens zwei Stockwerke für die Schule frei zu bekommen. Aus diesen Gründen konnte der Unterricht nach den Sommerferien erst – verspätet – am 18. September 1944 wieder aufgenommen werden.[222]

Aber auch der Luftkrieg hatte direkte Auswirkungen auf die Raumsituation der Schulen und damit auf die Unterrichtsverhältnisse. Da bei den immer schwerer werdenden Flächenbombardierungen vor allem der Innenstädte hier auch mehr und mehr Schulgebäude zerstört wurden, sahen sich die Verwaltungen immer häufiger gezwungen, mehrere Schulen gemeinsam in einem noch unbeschädigten Schulgebäude unterzubringen. So wurde nach dem Großangriff auf Mönchengladbach-Rheydt am 30./31. August 1943 die Volksschule in Mönchengladbach-Windberg, deren Gebäude den Bomben zum Opfer gefallen war, zeitweilig in das Gebäude der Volksschule in Mönchengladbach-Venn verlegt. Die beiden Schulen unterrichteten darin abwechselnd vormittags und nachmittags.[223] Nach demselben Angriff wurden u. a. aber auch alle drei höheren Schulen in der Stadt Mönchengladbach (Städtisches Gymnasium und Oberschule für Jungen – im Abbau, Lüpertzender Straße 85; Städtische Oberschule für Jungen, Abteistraße 17; Staatliche Oberschule für Mädchen, Wallstraße 8-10) infolge Zerstörung ihrer Schulgebäude in dem Gebäude der (damaligen) Städtischen Mädchen-Mittelschule in der Regentenstraße (Nr. 137d, in dem sich auch noch die Mädchen-Hauptschule befand) untergebracht. Der Unterricht mußte infolgedessen hier für jede Schule bei wechselndem Vor- und Nachmittagsunterricht sogar auf vier Halbtage in der Woche eingeschränkt werden.[224]

Luftschutz und Fliegeralarme

Bereits am Tag des Kriegsausbruchs (1. September 1939) wurde der Luftschutz aufgerufen. Auch die Schulen waren verpflichtet, für angemessenen Luftschutz der Schulkinder zu sorgen. Deshalb wurden z. B. in der Volksschule in Mönchengladbach-Venn bis zum Wiederbeginn des Unterrichts nach den Herbstferien (2.10.1939) zunächst behelfsmäßig Luftschutzräume eingerichtet. Nachdem Mitte Mai 1940 durch den Abzug der Bau-Kompanie der Keller im neuen Schulgebäude frei geworden war, wurde dieser ebenfalls als Luftschutzraum ausgebaut. Im Frühjahr 1944 begann man damit, auch in dem 1933/34 errichteten neuen Gebäude der Schule, in dem bisher nur das Treppenhaus unterkellert worden war, durch weitere Unterkellerung Luftschutzräume zu schaffen. Das war insofern wichtig, da nach behördlichen Anordnungen jeweils nur so viele Kinder in der Schule gleichzeitig unterrichtet werden bzw. anwesend sein durften, wie in den Luftschutzräumen Platz finden konnten. So mußte in der Schule, auch nachdem am 12. November 1943 die hier vorübergehend einquartierte Volksschule Windberg wieder ausgezogen war, der Unterricht weiterhin schichtweise erteilt wer-

den, da wegen der beschränkten und nicht vorschriftsmäßigen Luftschutzräume nur jeweils zwei Klassen im Schulgebäude zugegen sein durften.[225]
Außerdem mußten an jeder Schule im Rahmen des erweiterten Selbstschutzes ein sog. Betriebsluftschutzleiter bestellt werden. An den Volksschulen übernahm in der Regel der jeweilige Rektor diese Funktion.[226] An dem (früheren Stiftischen Humanistischen) Gymnasium in Mönchengladbach war hierzu der Turnlehrer der Schule, Studienrat Hartmann, ernannt worden. Darüber hinaus gab es an dieser Schule, wie aus einem Schreiben der Schulleitung vom Juni 1940 hervorgeht, ähnlich wie an anderen Schulen[227] eine Luftschutz-Einsatztruppe. Sie wurde hier damals von 36 Schülern der 6. und 7. Klasse (die heutigen Jahrgangsstufen 10 und 11) gebildet und bestand aus drei von jeweils einem Lehrer geführten Trupps. Für ihre Tätigkeit waren die Angehörigen der Einsatztruppe vorher ausgebildet worden, und zwar der Sanitätstrupp in den >Feldscherkursen< der HJ und der Feuerlöschzug durch das Städtische Luftschutzamt. Wie es in dem betreffenden Schreiben weiter heißt, standen – allerdings nur behelfsmäßige – Luftschutzräume in dem Gebäude (seinerzeit noch Abteistraße 17) inzwischen in ausreichendem Umfang zur Verfügung.[228] Vor allem die im Kriegsverlauf immer häufiger und länger andauernden Fliegeralarme im besonders stark betroffenen Raum Mönchengladbach-Rheydt haben sich zunehmend nachteilig auf die Durchführung eines ordnungsgemäßen Unterrichts ausgewirkt. Bereits am 15. Mai 1940 wurde durch den Regierungspräsidenten in Düsseldorf wegen der ständigen Nachtruhe der Schüler durch Fliegeralarme der morgendliche Unterrichtsbeginn auf 10.00 Uhr verlegt.[229] Eine am 23. September 1940 erlassene weitere Verfügung bestimmte dann, daß bei Fliegeralarm in der vorausgegangenen Nacht am folgenden Tag nur nachmittags Unterricht stattfinden sollte; war kein nächtlicher Fliegeralarm gewesen, begann der Unterricht am nächsten Morgen um 10.00 Uhr. Gut zwei Wochen später, am 7. Oktober 1940, erfolgte jedoch eine neue Regelung. Nunmehr sollte der Unterricht grundsätzlich um 8.00 Uhr morgens beginnen, und nur im Fall eines Fliegeralarms in der vorausgegangenen Nacht war Unterrichtsbeginn am anderen Morgen erst um 10.00 Uhr.[230]
Allerdings ist diese Regelung später abgeändert worden, bzw. die einzelnen Schulen haben wohl aufgrund ihrer jeweiligen geographischen Lage und der äußeren Umstände individuelle Festsetzungen hinsichtlich des Unterrichtsbeginns oder der -zeiten getroffen. So begann in der Volksschule Engelbleck I in Mönchengladbach-Neuwerk ab 1. Dezember 1942 der Unterricht auch nach Fliegeralarm in der vorhergegangenen Nacht wieder regelmäßig um 8.30 Uhr morgens.[231] In der Volksschule für Jungen in Rheydt-Mülfort galt im Frühjahr 1943 die Regelung, daß bei Fliegeralarm in der vorausgegangenen Nacht, sofern dieser über 21.00 Uhr hinausgegangen war, der Unterricht am anderen Morgen um 9.00 Uhr begann; hatte er aber bis nach 22.00 Uhr gedauert, fing der Unterricht am nächsten Morgen erst um 10.00 Uhr an.[232]
Doch nicht nur die nächtlichen Fliegeralarme beeinträchtigten, wie im April 1943 in der Chronik der (damaligen) Volksschule für Jungen in Rheydt-Mülfort vermerkt, den Unterricht sehr.[233] Die sich bald immer mehr häufenden Tagalarme führten außerdem zu häufigen Unterbrechungen des Unterrichts. Diese Situation verschlimmerte sich im Verlauf des Jahres 1944 ständig. *»Wir haben dauernde Überflüge und damit eine häufige Unterbrechung des Unterrichts«,* schreibt hierzu knapp und sachlich der Verfasser der Schulchronik der (damaligen) Volksschule für Jungen in Rheydt-Mülfort im Frühjahr 1944.[234] Auch von der Volksschule in Mönchengladbach-Venn wird zu dieser Zeit berichtet, daß der Unterrichtsausfall immer größer werde, da man wegen der immer häufigeren Alarme auch tagsüber durchschnittlich zwei- bis dreimal im Verlauf des Vormittags den Unterricht unterbrechen und die Luftschutzräume aufsuchen müsse. Dort sei ein Unterricht aber *»kaum möglich«*.[235] An der Volksschule für Jungen in Rheydt-Mülfort wurden nach Angaben vom Februar/März 1944 die Schüler mit einem kurzen Heimweg bei Fliegeralarm wie auch bereits bei öffentlicher Luftwarnung sofort nach Hause geschickt. Die anderen mußten den Luftschutzkeller der Schule aufsuchen, um dort unterrichtet bzw., wie der Verfasser der Schulchronik und damalige Rektor dieser Schule ergänzend schreibt, *»unterhalten* [zu] *werden«*.[236] Wegen der zunehmenden Luftgefahr wurde aufgrund einer entsprechenden Verfügung des Regierungspräsidenten in Düsseldorf vom 14. Oktober 1944 vom Schulamt der Stadt Mönchengladbach am 26. des Monats anstelle des planmäßigen Unterrichts eine *»unterrichtliche Betreuung«* der schulpflichtigen Kinder angeordnet. Diese sollte im Bereich der Volksschule zunächst allerdings nur die Schülerinnen und Schüler des Entlassungsjahrgangs sowie die Schulkinder des 4. Jahr-

gangs (Haupt- bzw. Mittel- und Oberschulreife) und die Lernanfänger erfassen. An der Volksschule Engelbleck I in Mönchengladbach-Neuwerk erfolgte die Durchführung dieser Maßnahme für jede der betreffenden Klassen an drei Tagen in der Woche jeweils von 9.00 bis 13.00 Uhr. Zu diesem Zweck wurden die in Frage kommenden Schüler in kleine Gruppen von 12 bis 15 Teilnehmern zusammengefaßt, um ihre Sicherheit bei Fliegeralarm oder bei einem Luftangriff zu gewährleisten. Der Unterricht erfolgte im Luftschutzkeller der Schule, im nahe gelegenen Bunker an der Leufgenstraße, aber auch in Privatwohnungen.[237] Wie von der (damaligen) Knaben-Mittelschule in Rheydt berichtet wird, fand diese *»unterrichtliche Betreuung«,* die sich hier lediglich auf die Fächer Deutsch, Englisch und Mathematik beschränkte, aber *»höchst unregelmäßig«* statt.[238] An vielen Schulen wurde zudem versucht, zumindest eine Art von Unterricht auch für die übrigen Kinder dadurch aufrechtzuerhalten, daß sie sich Hausaufgaben abholen mußten. *»Wenig Erfolg«,* vermerkt der Chronist der Volksschule in Mönchengladbach-Venn aber hierzu in der Schulchronik. Dieser geringe Erfolg hatte seinen Grund nicht zuletzt darin, daß die Kinder *»ganz durch die äußeren Verhältnisse in Anspruch genommen* [waren]*«*.[239] Auch das heimatlos gewordene (frühere Stiftische Humanistische) Gymnasium in Mönchengladbach, das sein altes Heim in der Abteistraße 17 bereits im Sommer 1942 für die Städtische Oberschule für Jungen hatte räumen und in die Lüpertzender Straße 85 hatte übersiedeln müssen, versuchte bis zu seiner nominellen Verlegung im November 1944 nach Lebenhahn und Böttigheim in der Maingegend eine Zeitlang, seine Schüler wenigstens etwas unterrichtlich dadurch zu versorgen, daß sie regelmäßig in der Woche zu Aufgaben zusammengerufen wurden.[240] Die erwähnte, Anfang November 1944 vom Gauleiter und Reichsverteidigungskommissar in Düsseldorf verfügte allgemeine Schließung der Schulen war daher nur eine formal-rechtliche Besiegelung eines an vielen Schulen schon längst eingetretenen praktischen Zustands.[241]

Altmaterialsammlung und Erntehilfe

Zu den Beeinträchtigungen des Unterrichts durch den Luftkrieg und das allgemeine Kriegsgeschehen kam noch die Beanspruchung der Schulkinder im Rahmen des staatlich angeordneten Kriegseinsatzes der Jugend. So wurde die Schuljugend auch in Mönchengladbach-Rheydt zu Altstoffsammlungen und zur Hilfe in der Landwirtschaft herangezogen. Die Altstoffsammlungen wurden während des Krieges immer mehr intensiviert. Allgemeiner Sammeltag war an den Schulen in Mönchengladbach-Rheydt offenbar der Donnerstagnachmittag. Die Sammelaktionen wurden zumindest ab 1942 auch während der Sommerferien unter Aufsicht der Lehrer fortgesetzt.[242] Von Schülern der Volksschule in Mönchengladbach-Venn sind z. B. bei diesen Sammlungen im Verlauf des Jahres 1941 143 kg Knochen, 1 564 kg Lumpen, 10 569 kg Altpapier, 210 kg Buntmetall und 3 560 kg Altreifen zusammengetragen worden.[243] Dazu kamen noch regelmäßige Tee- und Heilkräutersammlungen. Im Jahr 1942 belief sich z. B. die von den Schülern der Volksschule in Mönchengladbach-Venn gesammelte Menge an Tee- und Heilkräutern auf insgesamt 252 kg.[244] Darüber hinaus wurden die Schulkinder bei der Landarbeit und vor allem bei der Ernte eingesetzt.[245] Außer zur regelmäßigen Kartoffelkäfersuche halfen die Schulkinder, vor allem der Volksschulen, bei der Feldbestellung, insbesondere beim Rübeneinzeln, beim Einbringen der Ernte und bei der Kartoffellese. Vielfach erfolgte der Einsatz klassenweise und auch in den Ferien.[246] Außerdem stieg das Ausmaß dieses Einsatzes im Verlauf des Krieges ständig an. Nach Angaben der Volksschule in Mönchengladbach-Venn waren während des Sommers 1941 (einschließlich der Sommerferien) ihre Schüler klassenweise beim Rübeneinzeln auf den Feldern eingesetzt. Außerdem halfen sie aufgrund einer entsprechenden Vereinbarung mit dem Ortsbauernführer noch zwei Wochen lang jeden Nachmittag bei der Kartoffellese. Die daran insgesamt beteiligten 192 Schulkinder erbrachten 1941 zusammen eine Arbeitsleistung von 9 975 Arbeitsstunden, die ihnen von den Landwirten mit insgesamt 1 898,70 RM vergütet wurden. 1942 stieg der Arbeitsumfang der bei der Landarbeit eingesetzten (größeren) Schulkinder dieser Schule bereits auf 26 346 Stunden, der ihnen dafür ausgezahlte Lohn auf 5 919,55 RM. Im Jahr 1943 leisteten die bei der Feldbestellung und Ernte eingesetzten Schüler der Volksschule in Mönchengladbach-Venn dann bereits 48 800 Arbeitsstunden und steigerten ihren Lohn auf insgesamt 12 097,70 RM.[247] Darüber, inwieweit durch diese erhebliche Heranziehung der Schulkinder zu außerschulischen Tätigkeiten die Unterrichtsarbeit bzw. der Lernerfolg der betreffenden Mädchen und Jungen beeinträchtigt worden ist, lassen sich keine Angaben machen. Doch darf man wohl annehmen, daß nachteilige Auswirkungen in dieser Hinsicht nicht völlig ausgeblieben sind.

Läuten der Kirchenglocken

Zu den zahlreichen Auswirkungen des Luftkriegs auf das Alltagsleben der Bevölkerung gehörte auch, daß gleich zu Kriegsbeginn auf Anordnung der militärischen Stellen das Läuten der Kirchenglocken zunächst vielfach vollständig eingestellt und später dann weitgehend eingeschränkt wurde. Das Verstummen des gewohnten Kirchengeläuts wurde von der Bevölkerung in dieser seinerzeit noch sehr stark religiös geprägten Gegend als besonders unangenehme und ärgerliche Beeinträchtigung ihres Lebensgefühls empfunden. Die Kirche sah darin einen – unberechtigten – Eingriff in ihre Freiheit.
Tatsächlich war von einzelnen Kommandobehörden der Deutschen Luftwaffe wegen möglicher Störung der Flakartillerie und des Flugmeldedienstes das Läuten der Kirchenglocken bei Kriegsausbruch allgemein verboten worden. Doch nach Auffassung des Oberbefelshabers der Deutschen Luftwaffe waren so weitgehende Verbote *»weder notwendig noch erwünscht«*. Am 13. Oktober 1939 gab daher der Oberbefehlshaber der Deutschen Luftwaffe – Führungsstab Ia/Arbeitsstab ZL – im Einvernehmen mit dem Reichsminister für kirchliche Angelegenheiten einen Erlaß heraus, in dem das Läuten der Kirchenglocken während des Krieges generell geregelt wurde. Danach durfte nicht mehr geläutet werden bei Taufen und Trauungen, in der Zeit von 18.00 Uhr abends bis 8.00 Uhr morgens sowie während eines Fliegeralarms. Außerdem traten folgende Einschränkungen des Glockengeläuts der Kirchen in Kraft: Die Kirchenglocken durften grundsätzlich nur drei Minuten lang läuten; das Einläuten der Sonn- und Feiertage mußte so vorverlegt werden, daß es um 18.00 Uhr beendet war; an den Sonntagen durfte morgens nur einmal zum Beginn des Gottesdienstes geläutet werden – alles andere Geläut hatte zu unterbleiben; dieselbe Regelung galt auch für die Feiertage; bei Beerdigungen oder beim Geläut für Gefallene durfte nur einmal geläutet werden – ein Nachgeläut oder ähnliches hatte zu unterbleiben; wo sich mehrere Kirchen am Ort befanden, mußte das Läuten zu gleichzeitig beginnenden Gottesdiensten, das Einläuten der Sonn- und Feiertage usw. zur selben Zeit erfolgen.[248]
Mit dieser Regelung mußten sich auch die kirchlichen Kreise notgedrungen abfinden. Was man jedoch nicht akzeptierte, war, wie der Zeitzeuge Pfarrer Franz Rixen von der katholischen St. Laurentius-Kirchengemeinde in Rheydt-Odenkirchen festgehalten hat, daß nach nächtlichen Fliegerangriffen bzw. -alarmen, sofern diese über Mitternacht hinausgingen, am nächsten Tag vor 10.00 Uhr kein öffentlicher Gottesdienst abgehalten werden durfte. Schließlich, so bemerkt er in seiner Chronik voller Empörung hierzu, müßten die Berufstätigen am nächsten Morgen pünktlich zur gewohnten Zeit ihre Arbeit aufnehmen und die Schulkinder vor 10.00 Uhr in der Schule sein. Die Kirche behalf sich dann damit, daß verstärkt Abendmessen eingeführt wurden.[249]

1. Februar 1945: Der letzte Großangriff

Noch einmal sollten die Menschen in den beiden bereits schwer getroffenen Städten einen schweren Luftangriff über sich ergehen lassen müssen. Dieser – es sollte allerdings der letzte für die Doppelstadt sein[250] – erfolgte am späten Nachmittag des 1. Februar 1945. Über Mönchengladbach-Rheydt lag zu dieser Zeit eine dichte und teilweise geschlossene Wolkendecke. Zwischen 16.20 und 16.40 Uhr ließ ein aus 160 Lancaster-Maschinen bestehender Bomberverband seine tödliche Last auf das Gebiet der beiden Städte niedergehen. Auch diesmal waren die Bahnanlagen die Zielpunkte.[251] Wiederum wurden außer den Verkehrs- und angrenzenden Industrieanlagen vor allem die Innenstadtbereiche bzw. die innerstädtischen Wohngebiete schwer getroffen. In Mönchengladbach zählte man zehn abgeworfene Minen-, 1 200 Spreng- und 65 000 Brandbomben. Erneut gab es beträchtliche Sach- und Personenschäden. Unter anderem wurden weitere 230 Häuser mit insgesamt 560 Wohnungen vernichtet, 220 andere erlitten schwere Schäden, 1 230 Einwohner wurden ausgebombt. Neben anderen Gebäuden wurden sechs Betriebe (zwei Spinnereien, eine Weberei, eine Stofffärberei und Stoffdruckerei, eine Papierfabrik und ein Metallbetrieb) gänzlich zerstört. Erneut gab es Tote: 23 Männer, 20 Frauen und elf Kinder verloren durch diesen Angriff ihr Leben,

54 Männer, 46 Frauen und 35 Kinder wurden verletzt.[252] Vergleichsweise, aber eben nur vergleichsweise, glimpflicher verlief der Angriff für Rheydt. Hier waren nach den amtlichen örtlichen Feststellungen 20 Minen-, 322 Spreng- und 37 000 Brandbomben abgeworfen worden. Allerdings wurden im Stadtgebiet immerhin noch 76 Wohnhäuser mit insgesamt 149 Wohnungen total zerstört und 78 andere mit zusammen 149 Wohnungen schwer beschädigt. Die 150 obdachlos gewordenen Familien mit zusammen 416 Personen mußten, soweit sie nicht bei Verwandten oder Bekannten unterkamen, von der Stadtverwaltung in Luftschutzbunkern eingewiesen werden. Im Stadtgebiet wurden überdies u. a. neun Industrieanlagen, zumeist Textilbetriebe, völlig vernichtet. Es gab weitere 14 Luftkriegstote, und zwar zehn Männer und vier Frauen, sowie 34 Verletzte (21 Männer, zehn Frauen, zwei Angehörige der Luftschutzpolizei und ein Ausländer).[253] In der letzten Zeit vor dem Ende der Kampfhandlungen in Mönchengladbach-Rheydt am 1. März 1945 war es bei dem ständigen Beschuß nicht einmal mehr möglich, die Toten zu bergen und ordentlich bestatten zu lassen. Da es schließlich auch keine Totengräber mehr gab, mußten Angehörige und Nachbarn diese Arbeit selbst besorgen. Die Beerdigungen wurden wegen der ständigen Luftgefahr in aller Frühe durchgeführt. Trotzdem mußten sie oft wegen plötzlich auftauchender Tiefflieger unterbrochen werden, während die Teilnehmer hinter Bäumen und Grabkreuzen Schutz suchten. Am Ende fehlten dann sogar die Särge.[254]

Durchhalte-Propaganda und Haßgefühle

»Das Schlimmste ist das Abwarten und die Ohnmacht«

Zwar wurde der von den alliierten Luftkriegsplanern mit der ab Frühjahr 1942 verfolgten Flächenbombardierung der (Innen-) Städte und der dadurch bewirkten systematischen Vernichtung der Wohnstätten angestrebte Zweck, die Moral und den Durchhaltewillen der Bevölkerung zu untergraben, letztlich nicht erreicht. Doch waren die Luftkriegsaktionen auch in dieser Hinsicht keineswegs gänzlich folgenlos. Das geht ganz klar u. a. aus den geheimen Lageberichten des Sicherheitsdienstes der SS über die Stimmungslage der Zivilbevölkerung hervor. So heißt es z. B. in einem SD-Bericht zu Inlandsfragen vom 9. Juli 1943, daß in der Bevölkerung wegen des Luftkriegs eine *»nervöse und hoffnungslose Stimmung«* herrsche. In einem anderen Bericht vom 2. September 1943 wird mitgeteilt, daß von dem Luftkrieg *»die stärkste Belastung der seelischen Widerstandskraft«* der Bevölkerung ausgehe, und bereits am 2. Juli 1943 war in Meldungen aus den SD-Abschnittsbereichen festgestellt worden, daß die Bevölkerung *»diesen Terror* [=Luftkrieg; M. S.-P.] [...] *auf die Dauer einfach nicht ertragen könne«*. Dabei sei *»das Schlimmste* [...] *das Abwarten und die Ohnmacht gegenüber den Feindangriffen«*.[255]
Die hier getroffene Feststellung trifft in noch stärkerem Maß für die Endphase des Krieges zu, wie sich auch im Fall der allerdings infolge ihrer geographischen Lage besonders stark durch den Luftkrieg betroffenen Doppelstadt Mönchengladbach-Rheydt nachweisen läßt. Diese Entwicklung vermochten auch die verbreiteten patriotischen Appelle und Durchhalteparolen in den vom Reichsminister für Propaganda und Aufklärung, dem aus Rheydt gebürtigen Dr. Joseph Goebbels, gelenkten öffentlichen Medien letztlich nicht zu verhindern. Auch dies belegen die geheimen Lageberichte des Sicherheitsdienstes der SS. So wird z. B. in einem SD-Bericht zu Inlandsfragen vom 24. Juni 1943 hinsichtlich der öffentlichen Meinung gemeldet, daß *»die Beobachtungen* [...] *im gesamten Reichsgebiet dahin* [gehen]*, daß sich die Volksgenossen von der Zeitung und dem Rundfunk kaum noch ansprechen lassen«*. Das Verhalten der Bevölkerung und ihre innere Einstellung zum Krieg würden vielmehr bestimmt durch *»das Gefühl des Verlustes einer militärischen Überlegenheit und von der Frage, was der Krieg wohl noch bringen werde«*.[256] In einem SD-Bericht zu Inlandsfragen vom 17. Juni 1943 war zuvor schon über die Entwicklung der öffentlichen Meinungsbildung die Beobachtung mitgeteilt worden, daß markige und heroisch-pathetische Sprüche im Zusammenhang mit den Ereignissen des Bombenkriegs, wie z. B. die Formulierung *»Jeder Schlag macht uns noch härter«*, von der Bevölkerung abgelehnt würden.[257] Doch ver- bzw. behinderten die im Verlauf des Krieges immer schwerer werdenden alliierten Luftangriffe selbst bei vorhandenem Arbeitswillen der Beschäftigten – neben der Zerstörung der Betriebsstätten und das dadurch verursachte häufige Fehlen von Energie wie Gas und Wasser – vor allem

durch die zunehmende Vernichtung der Wohnstätten der Arbeitskräfte die Wiederaufnahme bzw. Fortführung der wirtschaftlichen Tätigkeit. Diese Feststellung wurde z. B. auch nach dem ersten Großangriff auf Mönchengladbach und Rheydt am 31. August 1943 getroffen.[258]

»Eine brutale, aller Menschlichkeit hohnsprechende Art«

Andererseits gelang es dieser geschickt geführten staatlichen Propaganda doch weitgehend, den durch das vielfältige Leid des Bombenkriegs in der Bevölkerung hervorgerufenen *»infernalischen Haß«* von dessen eigentlichen Verursachern, den Trägern der NS-Herrschaft in Deutschland, ab- und auf die britischen und später auch US-amerikanischen Gegner und ihre Luftkriegsstrategie hinzulenken. So meldete z. B. ein SD-Bericht zu Inlandsfragen vom 9. Juli 1943, daß infolge der *»Terrorangriffe der letzten Wochen«* in der Bevölkerung *»die Erbitterung gegen England und Amerika«* stark angestiegen sei. Es heißt dann weiter: *»Je länger die Terrorangriffe hingenommen werden müssen, ohne daß Deutschland vergelten kann,* [...] *umso größer wird der Haß gegen die Engländer.«*[259] Die staatlich gewollte propagandistische Beeinflussung der Bevölkerung im Hinblick auf den Luftkrieg läßt sich auch am lokalen Beispiel von Mönchengladbach-Rheydt nachweisen. So war beispielsweise bereits zu Beginn des Luftkrieges in der Ausgabe vom 14. September 1940 der >Niederrheinischen Volkszeitung< ein mit *»Das Werk britischer Nachtpiraten«* überschriebener Bericht über die ersten Bombenabwürfe in Mönchengladbach erschienen. Darin wurde der Bevölkerung ebenso überheblich-siegesgewiß wie beruhigend versichert, daß die mit dem Bombenangriff verfolgte Absicht der Briten, nämlich die deutsche Bevölkerung zu entnerven und zu demoralisieren, nicht erreicht würde. Mit solchen *»Verbrechen gegen die Zivilbevölkerung«* werde vielmehr genau das Gegenteil erreicht: *»Wir stehen nur noch entschlossener zusammen.«* Anschließend wird dann aber voller moralischer Entrüstung erklärt, daß *»ein System, das solche Mittel wählt und billigt, vernichtet werden muß«*. Darum schlage nun *»das scharfe deutsche Schwert unerbittlich zu«*. Noch deutlicher wird – insbesondere hinsichtlich der Weckung von Haßgefühlen – die >Rheinische Landeszeitung – M.Gladbacher Zeitung/Rheydter Nachrichten< in einem Artikel vom 12. September 1944, in dem sie über den in der Nacht vom 9. auf den 10. September erfolgten zweiten Großangriff auf die Doppelstadt berichtet. Der Feind wolle, so heißt es hier, da er es an den Fronten allein nicht schaffe, *»auf diese brutale, aller Menschlichkeit hohnsprechende Art die Männer und Frauen in der Heimat mürbe machen«*. Gleichzeitig wird aber wieder an den Durchhaltewillen der leidgeprüften Bevölkerung appelliert: Doch, so heißt es nämlich zum Schluß des Artikels dann voller Pathos, *»das darf und soll und wird ihm nicht gelingen. Das deutsche Volk hat unendlich viel Opfer gebracht; sie dürfen nicht vergebens gebracht sein.«*

Auch Luftkriegstote sind Gefallene

In diesen Zusammenhang der von der NS-Propaganda beschworenen unerschütterlichen >Heimatfront< gehört auch die durch einen Erlaß des Oberkommandos der Wehrmacht und des Oberbefehlshabers der Luftwaffe vom 4. Juni 1943 angeordnete und durch Runderlaß vom 2. Juli 1943 des Reichsministers des Innern bekanntgegebene Änderung der Bezeichnung für *»getötete«* und *»verletzte«* Zivilpersonen bei Luftangriffen. Auf die zivilen Opfer von Luftangriffen waren in Zukunft ebenfalls die militärische Bezeichnungen *»gefallen«* bzw. *»verwundet«* anzuwenden, da sie, wie es in dem Erlaß zur Begründung heißt, *»ebenso wie die Soldaten an der Front für Deutschlands Größe verwundet werden oder fallen«*.[260]

»Das Leben hier ist ohne Reiz«

Doch an den tatsächlichen Verhältnissen und dem konkreten Leid der vom Luftkrieg betroffenen Zivilbevölkerung konnten weder pathetische Parolen und patriotische Phrasen noch ehrenvolle militärische Bezeichnungen der zivilen Luftkriegstoten und -verletzten als >Gefallene< und >Verwundete< etwas ändern. Wie sehr die durch die ständigen Bombenangriffe und dauernden Alarme immer unerträglicher werdenden Lebensbedingungen auch in Mönchengladbach-Rheydt die Menschen bedrückten, hat z. B. der Verfasser der Schulchronik der (damaligen) Volksschule Engelbleck I (der früheren katholischen Volksschule) in Mönchengladbach-Neuwerk kurz nach Kriegsende rückblickend festgehalten. Er stellt hierzu u. a. fest, daß die vor allem durch den Luftkrieg direkt hervorgerufene oder doch zumindest verschlimmerte Lage für die Menschen hier ab Weihnachten 1944 *»katastrophal«* wurde und ihre psychische Verfassung schwer beeinträchtigte: *»Ständiger Fliegeralarm, brausende Geschwader von Hunderten von Bomberflugzeugen, Bombenabwürfe, Tieffluganggriffe, der Geschützdonner der nahen Kampfzone, der Ausbau der Verteidigungsstellungen, Hiobsbotschaften von allen Fronten«*, heißt es dort, *»brachte für die Bevölkerung eine ungemein schwere Belastung.«*[261] Im September 1944 trug der Rektor der (damaligen) Volksschule für Jungen in Rheydt-Mülfort (der früheren evangelischen Volksschule) in die Chronik seiner Schule ein: *»Die feindlichen Flieger halten uns dauernd in Aufregung, Bomberverbände ziehen laufend über uns, dazu machen uns die Tiefflieger mit Bomben und Bordwaffenbeschuß viel Sorge.«* Er faßt dann die Lebensbedingungen und die Stimmungslage der Menschen am Ort wie folgt zusammen: *»Das Leben hier ist ohne Reiz, der schöne Herbst vergeht beim Aufenthalt in Küche und Keller.«*[262] Die Masse der Bevölkerung in Mönchengladbach und Rheydt empfand daher die Besetzung am 1. März 1945 durch Einheiten der 9. US-Armee[263] und das Kriegsende auch in der Hinsicht als Befreiung, daß nunmehr vor allem die ständige Bedrohung durch Luftangriffe vorüber war und man endlich einmal nachts ohne Störung (durch-)schlafen konnte. So stellte eine Frau, als Pfarrer Franz Rixen von der katholischen St. Laurentius-Kirchengemeinde in Rheydt-Odenkirchen kurz nach 13.00 Uhr am 28. Februar 1945 den im Schutzraum seiner Kirche ängstlich zusammengedrängten Menschen mitteilte, daß Odenkirchen von US-Truppen besetzt und der Krieg hier zu Ende sei, ebenso spontan wie besorgt die Frage: *»Fallen jetzt wirklich keine Bomben mehr?«*[264] Ganz andere Gefühle hatte hierüber jedoch der aus Rheydt gebürtige Reichsminister für Volksaufklärung und Propaganda, Dr. Joseph Goebbels, im Reichskanzlei-Bunker in Berlin. Er empfand den fehlenden Widerstand gegen die einrückenden US-Truppen in der Doppelstadt und besonders in Rheydt, die ihn damals als ihren *»größten Sohn«* bezeichnete und zu ihrem Ehrenbürger gemacht hatte,[265] als eine schwere persönliche Kränkung. *»Am meisten ärgere ich mich über das Benehmen der Bevölkerung in meiner Heimatstadt Rheydt«*, heißt es in seiner Tagebuchaufzeichnung vom 11. März 1945.[266] Was Goebbels so aufgebracht hatte und was er als persönlich *»geradezu beschämend«* und *»demütigend«* empfand, war die Tatsache, daß die Bevölkerung in Rheydt beim Einrücken der Amerikaner weiße Fahnen herausgehängt hatte und sogar an seinem eigenen Geburtshaus[267] eine solche weiße Fahne gehißt worden war.[268] In ohnmächtiger Wut drohte er, den von den Amerikanern eingesetzten neuen Bürgermeister in Rheydt-Mitte, den Verwaltungsdirektor Heinrich Vogelsang, *»bei erster bester Gelegenheit niederlegen zu lassen«*. Diese Aktion sollte nach seinen Angaben von Berliner Parteigenossen durchgeführt werden, *»die auf solche Akte schon gedrillt sind«*.[269] In dem Tagebucheintrag vom 29. März 1945 vermerkte Goebbels dann mit Genugtuung die Ermordung des von den Amerikanern in Aachen eingesetzten Oberbürgermeisters Franz Oppenhoff durch drei deutsche Partisanen in der Nacht vom 27. zum 28. März 1945 und fährt dann fort, er *»glaube, daß den Bürgermeister Vogelsang in Rheydt dasselbe Schicksal treffen wird«*. Zwei Tage später drohte Goebbels in einem weiteren Tagebucheintrag erneut, daß nach dem *»niedergelegten«* Oberbürgermeister von Aachen und dem *»jüdischen«* Polizeipräsidenten von Köln nunmehr auch der Bürgermeister von Rheydt (-Mitte) *»an die Reihe kommen* [werde]«.[270] Doch zur Durchführung dieser Maßnahme ist es im sich rasch auflösenden Deutschen Reich nicht mehr gekommen. Heinrich Vogelsang blieb das Schicksal seines Aachener Kollegen Franz Oppenhoff erspart.[271]

Fazit des Bombenkriegs

Bei Kriegsende boten die Innenstadtbereiche von Mönchengladbach und Rheydt ein Bild der Zerstörung: Ruinen und gewaltige Trümmermassen, wohin man auch sah, und dazwischen vielfach nur notdürftig geräumte Straßen. Von den in der Stadt Mönchengladbach 1939 vorhandenen 38 032 Wohnungen waren rd. 16 000 (etwa 43 %) entweder total zerstört oder so schwer beschädigt, daß sie nicht mehr bewohnt werden konnten. Von den übrigen noch benutzbaren oder zumindest wieder herstellbaren Wohnungen wiesen 1 826 schwere, 3 200 mittlere und 7 500 leichtere Schäden auf.[272] Rund eine Million Kubikmeter Schutt bedeckte bei Kriegsende das Stadtgebiet.[273] Dazu kamen zahlreiche zerstörte öffentliche Gebäude und Industriebetriebe.

Ähnlich sah es auch in Rheydt aus. Von dem Vorkriegsbestand von 11 174 Wohnhäusern waren bei Kriegsende fast ein Viertel (22,5 %) entweder total zerstört oder durch schwere Schäden unbenutzbar. Nur 934 Häuser oder etwas über 8 % des Vorkriegsbestandes überstanden die Kriegszeit unbeschädigt.[274] In Mönchengladbach kamen während des Krieges nach amtlichen Angaben 1 257 Zivilpersonen bei Luftangriffen um. Es handelte sich hierbei um 409 deutsche Männer, 547 deutsche Frauen und 248 deutsche Kinder sowie 47 ausländische männliche und fünf ausländische weibliche Personen. 62 weitere Personen (37 deutsche Männer, 17 deutsche Frauen, sechs deutsche Kinder sowie je eine ausländische männliche und weibliche Person) fanden in der Zeit vom 26. Februar 1945 bis zum 1. März 1945 noch durch Artilleriebeschuß den Tod.[275] In der Stadt Rheydt betrug die Zahl der standesamtlich beurkundeten zivilen Luftkriegstoten insgesamt 820; 342 Zivilisten wurden vermißt. 2 081 zur Wehrmacht eingezogene Einwohner waren gefallen; 1 347 befanden sich Anfang 1947 noch in Kriegsgefangenschaft, und 1 714 weitere wurden seinerzeit noch vermißt.[276] Doch Kriegsopfer des von einem zynischen Regime ausgelösten Krieges und des in dessen Gefolge gegen die deutsche Zivilbevölkerung geführten Luftkrieges waren bei Kriegsende auch die Überlebenden in den bombardierten Städten wie Mönchengladbach und Rheydt. Tausende hatten durch die Luftangriffe ihre Wohnung, ihr Hab und Gut verloren, manche besaßen sogar überhaupt nichts mehr. Viele mußten überdies mit dem Verlust von nächsten Angehörigen fertigwerden. Eine große Zahl litt überdies zeitlebens an den durch den Bombenkrieg verursachten physischen und vor allem psychischen Schäden. Unzählige Menschen sahen sich vor die Notwendigkeit gestellt, ihr Leben neu zu ordnen, sich eine neue Existenz aufzubauen und zu versuchen, soweit möglich, Versäumtes nachzuholen oder Verlorenes wiederzuerlangen. Vielfach hieß das aber, wieder ganz von vorne anzufangen. Dazu lastete die politische Bewältigung des zusammengebrochenen nationalsozialistischen Regimes und seiner fatalen Ideologie auf der Bevölkerung. Die Erneuerung der materiellen, gesellschaftlichen und geistigen Werte nach dem Krieg sollte Jahre, vielfach sogar Jahrzehnte in Anspruch nehmen.

Anmerkungen

[1] Vgl. hierzu Olaf Groehler: Bombenkrieg gegen Deutschland. Berlin (Ost) 1990

[2] S. z. B. jüngst den Nachweis dieses Sachverhalts in der Stadt Hagen von Ralf Blank: NS-Herrschaft und Kriegsjahre in Hagen. In: Jochen Becker/Hermann Zabel (Hg.): Hagen unterm Hakenkreuz. Hagen 1995, S. 333-368

[3] Hans Mommsen/Susanne Willems (Hg.): Herrschaftsalltag im Dritten Reich. Düsseldorf 1988

[4] Margrit Sollbach-Papeler: Kriegsende 1945 und frühe Besatzungszeit in Mönchengladbach und Rheydt. Mönchengladbach ^{3}1992, bes. S. 29-31

[5] Allerdings läßt sich dieser Vorgang für Mönchengladbach und Rheydt wegen fehlender Quellen nicht dokumentieren. In einem von der Polizeiverwaltung Mönchengladbach im Frühjahr 1945 auf Befehl der Militärregierung ausgefüllten Fragebogen heißt es aber, daß Aufruhr und Demonstration hier nicht vorgekommen bzw. gar nicht möglich gewesen seien, *»weil brutale Gewaltanwendung seitens der Naziregierung zu erwarten war«* – Nordrhein-Westfälisches Hauptstaatsarchiv Düsseldorf (HSTA D), Polizeidirektion M.Gladbach Nr. 15

[6] S. z. B. das Anfang 1945 auch im Raum Mönchengladbach verbreitete deutsche Flugblatt, in dem es u. a. heißt: *»Mag vielleicht noch einige Zeit des Abwartens bis zum Einsatz neuer Kampfmittel vergehen* [...] *die große Stunde für unser Volk wird kommen! Dann wendet sich das Blatt des Krieges*[...] *erwächst uns der Sieg«* – zit. nach dem Exemplar im Stadtarchiv Mönchengladbach (StadtA MG) 14/327

[7] Zur Entwicklung und Durchführung des strategischen Bombenkriegs gegen Deutschland s. Martin Middlebrook/Chris Everitt: The Bomber Command War Diaries. An Operational Reference Book, 1939–1945. Harmondsworth 1985; Charles Webster/Noble Frankland: The Strategic Air Offensive against Germany 1939–1945. 4 Bde. London 1961; Roger A. Freeman: The Mighty Eighth. A History of the U.S. Eighth Army Air Force. London 1986; Wesley F. Craven/James Lea Cate: The Army Air Force in World War II. 6 Bde. Chicago 1951 – Auf diesen Werken basieren die folgenden Ausführungen.

[8] Heinz Dieter Hölsken: Die V-Waffen. Entstehung-Propaganda-Kriegseinsatz. Stuttgart 1984

[9] The Bomber's Baedeker. Guide to the Economic Importance of German Towns and Cities. T. 2. 1943, S. 497, ^{2}1944 – Public Record Office London (PRO), AIR 14/2663

[10] Ebd., T. 1. 1943, S. 578f., ^{2}1944 – PRO, AIR 14/2663

[11] PRO, AIR 14/1448

[12] Middlebrook/Everitt 1985, S. 42

[13] StadtA MG 1c/3608

[14] Ebd. mit den Texten der Beileidsschreiben und den Anweisungen für die Kranz- bzw. Blumenspende und die Teilnahme der beiden Stadträte an den Beisetzungen

[15] Rheinische Landeszeitung – Gladbach-Rheydter Zeitung v. 14.5.1940 sowie mündliche Auskunft von Gertrud Zumbroich, Jg. 1907, in Rheydt-Hockstein am 10.9.1995 gegenüber der Verfasserin (M.S.-P.). Die im ›Verwaltungsbericht der Stadt Rheydt für die Zeit vom 1. April 1945 bis 31. März 1947‹ gemachte Angabe, daß die ersten Bomben in Rheydt am 22.5.1940 (an der Bunsenstraße) fielen, dürfte daher nicht ganz korrekt bzw. ein Irrtum sein.

[16] Mündliche Auskunft von Odilia Papeler, Jg. 1915, in Rheydt-Hockstein am 20.11.1995 gegenüber der Verfasserin (M.S.-P.)

[17] StadtA MG 1c/3608

[18] Den ersten Fliegeralarm des Krieges gab es in Mönchengladbach in der Nacht vom 4. auf den 5.9.1939 von 3.58 bis 4.43 Uhr – StadtA MG 1c/3917

[19] Ebd.

[20] StadtA MG 1c/3608 – Über irgendwelche dabei angerichteten Schäden liegen keine Nachrichten vor.

[21] Ebd.

[22] StadtA MG 1c/3917

[23] Vom 4. bis 30.6.1940 gab es in insgesamt 20 Nächten Fliegeralarm, in der Nacht vom 24./25.6.1940 sogar zweimal (von 0.33 bis 2.29 Uhr sowie von 2.56 bis 3.17 Uhr). Am 24.6. wurde außer einem nächtlichen Alarm von 1.02 bis 3.10 Uhr auch noch ein von 16.25 bis 17.25 Uhr dauernder Tagalarm ausgelöst. Bombenabwürfe erfolgten in insgesamt sieben Nächten – ebd.

[24] Ebd.

[25] Ebd. sowie Chronik der (evangelischen) Volksschule in (Rheydt-) Mülfort, Bd. II, S. 115 – StadtA MG 33/9/2

[26] StadtA MG 1c/2039 – Auch in der nächsten Nacht gab es wieder Alarm, der von 2.05 bis 2.30 Uhr dauerte.

[27] Ebd.

[28] StadtA MG 1c/3917

[29] Franz Rixen: Geschichte Odenkirchens. In: Laurentiusbote Nr. 129 (Sept. 1960), II. Bd., S. 577

[30] Bomber Command: Bomb Raid Sheets – Night Operation Sheet no. 1830 (30./31. Aug. 1943 Munchen-Gladbach), PRO, AIR 14/2677; RAF Operations Record Book, Pathfinder Group (30./31. Aug. 1943 Munchen-Gladbach), S. 215 – PRO, AIR 25/152 sowie Bomber Command Operations Record Book, Pathfinder Narrative of Operations no. 78: Night 30./31. Aug. 1943, Munchen-Gladbach – PRO, AIR 25/156

[31] Die örtlichen Luftschutzleitungen, Luftschutz-Warnkommandos usw. im Ruhrgebiet waren durch ein Konferenznetz zusammengeschlossen. Aus den von den einzelnen Orten abgegebenen Meldungen konnte sich jede Stadt in etwa ein Bild von der Gesamtlage machen.

[32] StadtA MG 1c/2039

[33] Bomber Command: Report on Night Operations – Night Raid Report no. 414, 30/31 August, 1943 – PRO, AIR 14/3410; Der Polizeipräsident M.Gladbach-Rheydt als örtlicher Luftschutzleiter: (Geheim-)Bericht über den am 31.8.1943 auf den LS-Ort M.Gladbach-Rheydt stattgefundenen Großangriff – StadtA MG 14/2437
[34] Bomber Command: Report on Night Operations – Night Raid Report no. 414, 30/31 August, 1943 – PRO, AIR 14/3410; vgl. auch Norbert Krüger: Der Luftangriff auf Mönchengladbach und Rheydt am 30./31.8.1943. In: Rheydter Jahrbuch für Geschichte, Kunst und Heimatkunde 10, 1973, S. 146
[35] Pathfinder Narrative of Operations no. 78 – PRO, AIR 25/156; Bomber Command: Report on Night Operations – Night Raid Report no. 414, 30/31 August, 1943 – PRO, AIR 14/3410
[36] Pathfinder Narrative of Operations no. 78 – PRO, AIR 25/156; Bomber Command: Report on Night Operations – Night Raid Report no. 414, 30/31 August, 1943 – PRO, AIR 14/3410
[37] Krüger 1973, S. 147
[38] RAF Operations Record Book, Pathfinder Group, S. 215 – PRO, AIR 25/152; Pathfinder Narrative of Operations no. 78 – PRO, AIR 25/156
[39] Bomber Command: Report on Night Operations – Night Raid Report no. 414, 30/31 August, 1943 – PRO, AIR 14/3410
[40] Pathfinder Narrative of Operations no. 78 – PRO, AIR 25/156
[41] RAF Operations Record Book, Pathfinder Group, S. 215 – PRO, AIR 25/152
[42] Ebd. sowie Pathfinder Narrative of Operations no. 78 – PRO London AIR 25/156 und Bomber Command: Report on Night Operations – Night Raid Report no. 414, 30/31 August, 1943 – PRO, AIR 14/3410
[43] Bomber Command: Report on Night Operations – Night Raid Report no. 414, 30/31 August, 1943 – PRO, AIR 14/3410
[44] Rixen Sept. 1960, S. 577f.
[45] Pathfinder Narrative of Operations no. 78 – PRO London AIR 25/156 sowie RAF Operations Record Book, Pathfinder Group, S. 215 – PRO, AIR 25/152
[46] Bomber Command: Report on Night Operations – Night Raid Report no. 414, 30/31 August, 1943 – PRO, AIR 14/3410; deutsche Übersetzung: M.S.-P.
[47] Rixen Sept. 1960, S. 578
[48] Vorläufiger Gefechtsbericht von Major Dr. W. Steinbauer über den Angriff vom 31.8.1943 – (maschinenschr.) Abschr.: StadtA MG 14/2437
[49] Ebd.
[50] Ebd.
[51] Der Polizeipräsident M.Gladbach-Rheydt als örtlicher Luftschutzleiter: (Geheim-)Bericht über den am 31.8.1943 auf den LS-Ort M.Gladbach-Rheydt stattgefundenen Großangriff – StadtA MG 14/2437
[52] Vorläufiger Gefechtsbericht von Major Dr. W. Steinbauer über den Angriff vom 31.8.1943 – (maschinenschr.) Abschr.: StadtA MG 14/2437 sowie Eintrag vom 31.8.1943 im Tagebuch des Majors Dr. W. Steinbauer – (maschinenschr.) Auszug: StadtA MG 14/2437
[53] Bomber Command: Report on Night Operations – Night Raid Report no. 414, 30/31 August, 1943 – PRO, AIR 14/3410; vgl. auch Krüger 1973, S. 148
[54] Bomber Command: Report on Night Operations – Night Raid Report no. 414, 30/31 August, 1943 – PRO, AIR 14/3410
[55] Krüger 1973, S. 148
[56] Vorläufiger Gefechtsbericht von Major Dr. W. Steinbauer über den Angriff vom 31.8.1943 – (maschinenschr.) Abschr.: StadtA MG 14/2437
[57] Tagebucheintrag vom 31.8.1943 in dem Tagebuch von Major Dr. W. Steinbauer – (maschinenschr.) Auszug: StadtA MG 14/2437
[58] Rixen Sept. 1960, S. 578
[59] Der Polizeipräsident M.Gladbach-Rheydt als örtlicher Luftschutzleiter: (Geheim-)Bericht über den am 31.8.1943 auf den LS-Ort M.Gladbach-Rheydt stattgefundenen Großangriff – StadtA MG 14/2437
[60] Krüger 1973, S. 149
[61] Bomber Command: Report on Night Operations – Night Raid Report no. 414, 30/31 August, 1943 – PRO, AIR 14/3410
[62] Der Polizeipräsident M.Gladbach-Rheydt als örtlicher Luftschutzleiter: (Geheim-)Bericht über den am 31.8.1943 auf den LS-Ort M.Gladbach-Rheydt stattgefundenen Großangriff – StadtA MG 14/2437
[63] Bericht von Karl Cursiefen – maschinenschr. Abschrift, StadtA MG 1c/2039
[64] Bomber Command: Report on Night Operations – Night Raid Report no. 414, 30/31 August, 1943 – PRO, AIR 14/3410
[65] Rixen Sept. 1960, S. 579
[66] Verwaltungsbericht der Stadt Rheydt für die Zeit vom 1. April 1945 bis zum 31. März 1947, bearb. v. Statistischen Amt (Einleitung) – StadtA MG Hb Wf Rde
[67] Franz Rixen: Geschichte Odenkirchens. In: Laurentiusbote Nr. 130 (Okt. 1960), II. Bd., S. 581
[68] Der Polizeipräsident M.Gladbach-Rheydt als örtlicher Luftschutzleiter: (Geheim-)Bericht über den am 31.8.1943 auf den LS-Ort M.Gladbach-Rheydt stattgefundenen Großangriff – StadtA MG 14/2437
[69] Der Einsatzleiter des Gesundheitsdienstes der Kreisleitung der NSDAP: Lagebericht vom 6.9.1943 nach dem Stand vom 5.9.1943 – StadtA MG 1c/250 sowie Der Polizeipräsident M.Gladbach-Rheydt als örtlicher Luftschutzleiter: (Geheim-)Bericht über den am

31.8.1943 auf den LS-Ort M.Gladbach-Rheydt stattgefundenen Großangriff – StadtA MG 14/2437
[70] Schreiben vom 6.10.1943 – StadtA MG 1c/250
[71] Kriegstagebuch der Rüstungsinspektion VI (Münster), S. 64, S. 59, S. 61 – Bundesarchiv – Militärarchiv Freiburg (BAMA), Best. RW 20-6/10
[72] Der Polizeipräsident M.Gladbach-Rheydt als örtlicher Luftschutzleiter: (Geheim-)Bericht über den am 31.8.1943 auf den LS Ort M.Gladbach-Rheydt stattgefundenen Großangriff – StadtA MG 14/2437
[73] Elke Fröhlich (Hg.): Die Tagebücher von Joseph Goebbels. Teil II, Bd. 9: Juli–September 1943. München u. a. 1993, S. 402, 410, 441
[74] Ebd., S. 402 – (diktierter) Tagebucheintrag vom 1.9.1943, S. 443 – (diktierter) Tagebucheintrag vom 8.9.1943
[75] Ebd., S. 399 – (diktierter) Tagebucheintrag vom 1.9.1943
[76] Ebd., S. 410 – (diktierter) Tagebucheintrag vom 2.9.1943
[77] Ebd., S. 402 – (diktierter) Tagebucheintrag vom 1.9.1943, S. 443 – (diktierter Tagebucheintrag vom 8.9.1943
[78] Die Wehrmachtberichte 1939–1945. Bd. 2: 1. Januar 1942 bis 31. Dezember 1943. Köln 1989, S. 551
[79] Hervorhebung von der Autorin; deutsche Übersetzung: M.S.-P.
[80] Max Hastings: Bomber Command. London 1993, S. 229
[81] Insgesamt 56 dieser Luftaufnahmen vom 5.9.1943 befinden sich im Bestand United States Strategic Bombing Survey (USSBS) in den National Archives Washington/College Park (NA): Record Group 341 MIPI 5953 und sind von der Verfasserin (M.S.-P.) eingesehen und ausgewertet worden.
[82] Sie befinden sich im StadtA MG in den Akten 1c/250 und 1c/2039.
[83] Bei diesen in maschinenschriftlichen Abschriften (wobei verschiedentlich wegen des Fehlens eines Verfassernamens bzw. einer Unterschrift der Autor nicht mehr ermittelt werden kann) vorliegenden Berichten handelt es sich anscheinend um für irgendwelche offiziellen Zwecke (vielleicht für die – nicht erhaltene – Kriegschronik, die damals alle Gemeinden führen mußten) verfaßte oder erbetene Aufzeichnungen. Doch da die Schreiber noch unter dem unmittelbaren Eindruck des Geschehens stehen, sind besonders die von den ganz persönlichen Erlebnissen handelnden Teile Quellen von hohem Wert.
[84] (Maschinenschr.) Auszug – StadtA MG 14/2437
[85] (Maschinenschr.) Abschrift – StadtA MG 1c/2039
[86] Ebd.
[87] Zum zivilen Luftschutz im 2. Weltkrieg allgemein s. Erich Lampe: Der Zivile Luftschutz im Zweiten Weltkrieg. Frankfurt 1963
[88] Franz Rixen: Geschichte Odenkirchens. In: Laurentiusbote Nr. 128 (Aug. 1960), II. Bd., S. 575
[89] Erfahrungsbericht vom 28.1.1944 der Baupolizeibehörde M.Gladbach über Luftkriegsmaßnahmen – StadtA MG 1c/2038
[90] Rixen Aug. 1960, S. 573
[91] Erfahrungsbericht vom 28.1.1944 der Baupolizeibehörde M.Gladbach über Luftkriegsmaßnahmen – StadtA MG 1c/2038
[92] Rixen Aug. 1960, S. 574 – Der Luftschutzraum unter der Kirche St. Laurentius in Rheydt-Odenkirchen wurde gegen Kriegsende Tag und Nacht benutzt. Aus Angst vor Luftangriffen fanden sich jeden Abend durchschnittlich 60 bis 80 Personen hier ein, die gegen 20.00 Uhr den Rosenkranz beteten. Anschließend folgte das Abendgebet. Danach wurden die Nachtlager hergerichtet. Um 6.00 Uhr morgens war Wecken und Aufräumen, und um 7.00 Uhr feierte man eine heilige Messe, an der auch zahlreiche Gemeindemitglieder, die nicht in dem Schutzraum übernachtet hatten, teilnahmen – ebd.
[93] Erfahrungsbericht vom 28.1.1944 der Baupolizeibehörde M.Gladbach über Luftkriegsmaßnahmen – StadtA MG 1c/2038
[94] StadtA MG 1c/204
[95] Die NSV war eine Organisation der NSDAP und für sämtliche Fragen der Volkswohlfahrt und Fürsorge im Deutschen Reich zuständig.
[96] Erfahrungsbericht vom 28.1.1944 der Baupolizeibehörde M.Gladbach über Luftkriegsmaßnahmen – StadtA MG 1c/2038
[97] Aktennotiz, vermutlich von Anfang 1944 – StadtA MG 1c/2038
[98] Überdies war seit Beginn des Jahres 1942 bei der Stadtverwaltung Mönchengladbach ein Filmsicherheitsarchiv angefertigt worden, wobei man von allen wichtigen Akten, Plänen und sonstigen Unterlagen der Verwaltung Filmnegative anfertigte.
[99] Rundverfügungen vom 22.6.1943 und 10.7.1943 des Oberbürgermeisters an sämtliche Dienststellen – StadtA MG 1c/2038
[100] Rundverfügung vom 10.7.1943 des Oberbürgermeisters an sämtliche Dienststellen – StadtA MG 1c/2038. Damit wurde eine Rundverfügung vom 22.6.1943 abgeändert. Diese hatte vorgesehen, daß bei Zerstörung des Rathauses lediglich die Mitarbeiter der Fliegergeschädigten-Fürsorgestelle ihre Arbeit in der Schule in der Charlottenstraße aufnehmen sollten. Die übrigen Bediensteten hatten sich in den Baracken an der Duis (an der Roermonderstraße) einzufinden – StadtA MG 1c/2038.
[101] StadtA MG 1c/2038
[102] Ebd.
[103] Rixen Aug. 1960, S. 576
[104] Verwaltungsbericht der Stadt Rheydt für die Zeit vom 1. April 1945 bis zum 31. März 1947, bearb. v. Statistischen Amt (Einleitung) – StadtA MG Hb Wf Rde
[105] Rixen Aug. 1960, S. 576
[106] Chronik der (evangelischen) Volksschule in (Rheydt-)Mülfort, Bd. 2, S. 117 – StadtA MG 33/9/2
[107] Günter Erckens: Rheydt so wie es war 2. Düsseldorf 1980, S. 46
[108] Angaben lt. Verwaltungsbericht der Stadt Rheydt, Anfang März 1945 bis Dezember 1945 – StadtA MG Hb Wf Rhe

[109] Angaben lt. Wochenbericht vom 2.7.1945 des Oberbürgermeisters der Stadt Mönchengladbach an die Militärregierung in Mönchengladbach – StadtA MG 1 d 21/6 Bd. 1

[110] Die Bildung des >Deutschen Volkssturms< wurde durch einen am 18.10.1944 veröffentlichten Führerbefehl Adolf Hitlers vom 25.9.1944 angeordnet. Zum Dienst im Deutschen Volkssturm waren alle bisher nicht eingezogenen, uk-(= unabkömmlich)gestellten oder aus Alters- und Gesundheitsgründen vom Wehrdienst freigestellten Männer zwischen 16 und 60 Jahren vorgesehen.

[111] Schreiben vom 8.12.1944 des NSDAP-Kreisleiters in Mönchengladbach an die Gauleitung in Düsseldorf (Durchschlag) – HStA D RW 23 Nr. 36. Tatsächlich ist es in Mönchengladbach und Rheydt zu keinem Kampfeinsatz des Deutschen Volkssturms gekommen. Noch vor der Besetzung der Doppelstadt legten die nur kurz und völlig unzulänglich ausgebildeten und überdies nur mit Waffen älterer Systeme ausgebildeten Volkssturm-Trupps die Waffen nieder und lösten sich selbst auf – s. auch die diesbezüglichen Angaben in einem von der Polizeiverwaltung Mönchengladbach im Frühjahr 1945 auf Befehl der Militärregierung ausgefüllten Fragebogen: HStA D, Polizeidirektion M.Gladbach Nr. 15.

[112] Durchschlag – HStA D RW 23 Nr. 36

[113] Abgedr. in Gerhard Dabel: KLV. Die erweiterte Kinder-Land-Verschickung. KLV-Lager 1940–1945. Freiburg 1981, S. 7

[114] Ebd., S. 14. Eine genaue Zahl läßt sich nicht bestimmen. Die Schätzungen reichen von 800 000 bis 2,8 Millionen in KLV-Lager verschickten Kindern; Dabel 1981, S. 14, gibt 2,5 Millionen an.

[115] Heinz Boberach (Hg.): Meldungen aus dem Reich. Die geheimen Lageberichte des Sicherheitsdienstes der SS 1938-1945. Bd. 15. Herrsching 1984, S. 5917

[116] Chronik der (evangelischen) Volksschule in (Rheydt-)Mülfort, Bd. 2, S. 113, Zitate ebd. – StadtA MG 33/9/2

[117] Chronik der (katholischen) Volksschule Engelbleck (Mönchengladbach-Neuwerk), StadtA MG 33/3/1. Hierbei wird von dem Verfasser der Schulchronik seinerzeit noch angemerkt, daß eine weitere Anzahl von Schulkindern mit ihren Müttern evakuiert war.

[118] Chronik der (katholischen) Volksschule in Mönchengladbach-Venn, Bd. 3 – StadtA MG 33/14/2

[119] Chronik der (katholischen) Volksschule Engelbleck (Mönchengladbach-Neuwerk), StadtA MG 33/3/1

[120] Mündliche Auskunft von Brunhilde Taube, Jg. 1930, in Rheydt-Hockstein am 26.5.1996 gegenüber der Verfasserin (M.S.-P.)

[121] Diese Mitteilung erhielten die Schulleiter auf einer am 1.7.1943 abgehaltenen Schulleiterversammlung – Chronik der (evangelischen) Volksschule in (Rheydt-)Mülfort, Bd. 2, S. 117 – StadtA MG 33/9/2

[122] Bisher waren KLV-Lager zumeist und wie auch das erwähnte Beispiel aus Rheydt-Mülfort belegt aus Schülerinnen bzw. Schülern verschiedener Schulen gebildet worden. Lediglich bei den höheren Schulen hatte man sich – allerdings ohne großen Erfolg – um eine möglichst geschlossene Verschickung ganzer Klassen bemüht.

[123] Abgedr. in: Rundschreiben des Beauftragten des Führers für die KLV Nr. 5/43, 21.6.1943, S. 1

[124] In der Geschichte der (damaligen) Volksschule in Mönchengladbach-Eicken wird hierzu berichtet, daß die Meldungen zur Schulverlegung *»nur spärlich«* eingingen, während von den alternativen Möglichkeiten der Kinderverschickung *»starker Gebrauch«* gemacht wurde – Von der Evangelischen Volksschule zu Eicken 1861–1986 zur Gemeinschaftsgrundschule Regentenstraße – 125 Jahre. o.O. u.J., S. 33

[125] Sämtliche Angaben nach den Eintragungen in der Chronik der (evangelischen) Volksschule in Rheydt-Mülfort, Bd. 2 – StadtA MG 33/9/21. Diese Schule nahm den Unterricht am 21.9.1943 wieder auf. – Allerdings ist bei der Wiedereröffnung der (Volks-)Schulen offensichtlich nicht einheitlich verfahren worden. Wie aus einer am 10.9.1943 in der >Rheinischen Landeszeitung – M.Gladbacher Zeitung/Rheydter Nachrichten< veröffentlichten Mitteilung hervorgeht, sollte bereits mit dem 15.9.1943 an einigen Volksschulen der Stadt Mönchengladbach, nämlich an den Schulen Alsstraße, Obereicken, Regentenstraße 87a, Schulstraße, Untereicken und Zeppelinstraße, *»bis zur völligen Durchführung der angeordneten Verlegung der Schulen in die vorgesehenen Aufnahmegebiete«* der Unterricht gemäß einer Entscheidung des Gauleiters und Reichsverteidigungskommissars in Düsseldorf *»vorläufig«* wieder aufgenommen werden.

[126] In der Chronik der (katholischen) Volksschule in (Mönchengladbach-)Venn, Bd. 3 – StadtA MG 33/14/2, heißt es hierzu lapidar: *»Im Sommer 1944 wollte man die ganzen Schulen nach Mitteldeutschland verlegen. Es ist nicht zur Ausführung gekommen, da doch ein großer Teil der Eltern Widerstand leisteten.«*

[127] Chronik der (katholischen) Volksschule Engelbleck (Mönchengladbach-Neuwerk), StadtA MG 33/3/1

[128] Chronik der (evangelischen) Volksschule (Rheydt-)Mülfort, Bd. 2 – StadtA MG 33/9/21

[129] S. z. B. den SD-Bericht zu Inlandsfragen vom 28.10.1943, wo unter den Gründen, die Eltern zunehmend zu einer ablehnenden Haltung gegenüber der KLV veranlaßten, an erster Stelle genannt wird, daß *»Eltern und Kinder* [...] *unter allen Umständen zusammenbleiben* [wollen]*«* – Boberach 1984, S. 5917

[130] 75 Jahre Mönchengladbach Städtische Realschule für Jungen 1913–1988. Festschrift. o. O. u. J., S. 21

[131] Wilhelm Günther: Die Schule in der Evakuierung. In: Festschrift des städtischen neusprachlichen Gymnasiums in Rheydt aus Anlaß der Einweihung des wiedererstandenen Schulhauses und zur Erinnerung an das 125jährige Bestehen als höhere Knabenschule (Rheydt 1954), S. 32. Am 7. Mai 1945, als sowjetische Truppen nur noch 12

km entfernt waren, traten die noch verbliebenen Schüler mit ihren beiden Lehrern vom Lager Pobershau auf eigene Faust den Rückweg nach Rheydt an. Auf abenteuerlichen Wegen kamen die letzten beim Treck verbliebenen Schüler nach drei Wochen wieder zu Hause an – s. den Bericht des Studienrats W. Günther, der seinerzeit die Schüler begleitet hatte, ebd. S. 31-39.

[132] 75 Jahre – 1877-1952 – Stift. Human. Gymnasium M.Gladbach (Festschrift). o. O. u. J. [1952], S. 26

[133] Konzept des Schreibens vom 1.7.1943 – StadtA MG 1c/3608

[134] Konzept des Schreibens vom 2.7.1943 – StadtA MG 1c/2039

[135] Bericht der GD-Referentin des Banns 233, Hildegard Mooßen, über den Einsatz am 31.8.1943 – StadtA MG 1c/250

[136] Bericht von Ursula Sticht – StadtA MG 1c/205

[137] Abgedr. im Amtsblatt der Regierung in Düsseldorf vom 15.7.1944

[138] Krüger 1973, S. 152

[139] StadtA MG 14/2437 – Nach Angaben vom Herbst 1942 bestanden in Mönchengladbach mindestens fünf solcher Kriegsgefangenenlager, und zwar das Lager Ungermanns, Neußer Str. 110, mit 165 Mann; das Lager Schonnertz, Dessauer Str. 46, mit 120 Mann und das Lager Schippers, Dammer Str. 24, mit 75 Mann; außerdem befand sich ein sog. Russenlager mit 66 Mann auf dem Grundstück Sittardstr. 68 und ein weiteres Kriegsgefangenenlager mit 100 Mann war auf dem Grundstück Viersener Str. 234 vorhanden – Angaben lt. der vom Oberbürgermeister der Stadt Mönchengladbach erstellten >Anweisung für die Beseitigung baulicher Schäden, welche durch einen Großangriff feindlicher Flieger auf das Stadtgebiet M.Gladbach entstehen< vom 1.10.1942 – StadtA MG 1c/254. Fremdarbeiterlager hatten während des Krieges in Mönchengladbach 15 und in Rheydt 14 Firmen und Dienststellen. Am 15.2.1943 befanden sich im Arbeitsamtsbezirk Mönchengladbach-Rheydt 2 728 Kriegsgefangene, überwiegend dürften es Franzosen gewesen sein, im Einsatz. Außerdem gab es hier im Dezember 1943 8 531 Zivilarbeiter – Angaben nach Karl Boland: Zivilarbeiter und Kriegsgefangene -Beobachtungen und Erfahrungen in Mönchengladbach und Rheydt. In: Geschichte im Westen, 1. Halbjahr 1993, S. 47-48. Zum Einsatz und der Situation der Zwangs- und Fremdarbeiter in Mönchengladbach-Rheydt während des 2. Weltkriegs s. ebd., bes. S. 46-62 [das ganze S. 38-64]

[140] StadtA MG 1c/2040

[141] Konzept des Schreibens vom 16.11.1943 – StadtA MG 1c/2040

[142] Konzept des Schreibens vom 21.12.1943 – StadtA MG 1c/2040

[143] Daneben gab es auch noch Zuständigkeitskonflikte mit den beteiligten Wehrmachtseinheiten, die aber von der Stadtverwaltung offensichtlich als nicht so schwerwiegend angesehen wurden – s. z. B. den vermutlich von Juli 1941 stammenden und wohl vom Hochbauamt der Stadt Mönchengladbach herrührenden Aktenvermerk – Abschrift: StadtA MG 1c/3608

[144] Ebd.

[145] Schreiben vom 11.7.1941 des Oberbürgermeisters an die Kreisleitung der NSDAP in Mönchengladbach – Konzept: StadtA MG 1c/3608. Mönchengladbach und Rheydt unterstanden einer NSDAP-Kreisleitung, deren Sitz sich noch 1936 in Rheydt befand, wenig später aber nach Mönchengladbach verlegt wurde.

[146] StadtA MG 1c/2039

[147] Artikel >Nach dem Angriff<, Rheinische Landeszeitung – M.Gladbacher Zeitung/Rheydter Nachrichten v. 1.9.1943; derselbe Sachverhalt geht auch aus dem Bericht in der Ausgabe vom 28.9.1944 derselben Zeitung über den Großangriff am 9./10.9.1944 hervor.

[148] Schreiben vom 13.11.1943 der NSDAP-Kreisleitung Mönchengladbach-Rheydt, Amt für Volkswohlfahrt, an das Städtische Ernährungsamt Mönchengladbach mit dem Ersuchen, den für die Lieferung der zum Backen der Brote verwandten Mehlmenge (982,5 kg Weizen- und 3 069 kg Roggenmehl) erforderlichen Bezugschein – nachträglich – auszustellen und zu übersenden – StadtA MG 1c/2039

[149] II B 2 c – 1020, hier Anlage I Ziffer 2

[150] Rixen Okt. 1960, S. 582

[151] Angaben lt. einem Schreiben vom 5.6.1942 des Reichsministers für Ernährung und Landwirtschaft an den Oberbürgermeister der Stadt Köln – Abschrift: StadtA MG 1c/3953

[152] An den Oberbürgermeister gesandte Rechnungsanforderung in Höhe von 10,50 RM vom 14.7.1941 – StadtA MG 1c/3608

[153] Bekanntmachung in der Rheinischen Landeszeitung – M.Gladbacher Zeitung/Rheydter Nachrichten vom 8.9.1943

[154] Bekanntmachung in ebd. vom 3.9.1943

[155] Schreiben vom 1.9.1943 des Städtischen Zentralamtes an das Städtische Wirtschaftsamt in Mönchengladbach – StadtA MG 1c/3608

[156] Rechnung vom 12.10.1943 der Städtischen Bühnen Mönchengladbach und Rheydt für die Stadtverwaltung Mönchengladbach in Höhe von 1 743 RM – StadtA MG 1c/2040

[157] Einladungsschreiben des Oberbürgermeisters der Stadt Mönchengladbach – Konzept: StadtA MG 1c/2039

[158] Angaben lt. der Programmfolge – StadtA MG 1c/2039 sowie nach dem Bericht über die Trauerfeier in der >Rheinischen Landeszeitung – M.Gladbacher Zeitung/Rheydter Nachrichten< vom 10.9.1943

[159] Die katholische St. Laurentius-Pfarrgemeinde in Rheydt-Odenkirchen z. B. stellte den Opfern des Bombenangriffs (aus dieser Gemeinde waren 55 Personen beim Angriff umgekommen) sowie allen

Kriegsopfern auf ihrem Friedhof an der Wiedemannstraße unentgeltlich eine Grabstätte zur Verfügung – Rixen Okt. 1960, S. 581
[160] Lt. Angabe in der >Rheinischen Landeszeitung – M.Gladbacher Zeitung/Rheydter Nachrichten< vom 10.9.1943 sowie Rixen Okt. 1960, S. 581
[161] Die >Anweisung für die Beseitigung baulicher Schäden, welche durch einen Großangriff feindlicher Flieger auf das Stadtgebiet M. Gladbach entstehen< datiert vom 1.10.1942 – StadtA MG 1c/254
[162] Erfahrungsbericht vom 28.1.1944 der Baupolizeibehörde M.Gladbach über Luftkriegsmaßnahmen – StadtA MG 1c/2038
[163] Franz Rixen: St. Laurentius Odenkirchen 1891–1966. Hg. vom Kath. Parramt St. Laurentius. Odenkirchen o. O. u. J., S. 25
[164] Erfahrungsbericht vom 28.1.1944 der Baupolizeibehörde M.Gladbach über Luftkriegsmaßnahmen – StadtA MG 1c/2038
[165] BAMA, Karte 5/41 vom 15.6.1943
[166] Krüger 1973, S. 147f. Rixen Sept. 1960, S. 578. Nach Angaben, die der Verfasserin (M.S.-P.) von der Zeit- und Augenzeugin Odilia Papeler, Rheydt-Hockstein, am 20.11.1995 mündlich mitgeteilt erhielt, hat sich die Flakstellung am Hasenberg in Rheydt-Hockstein dort aber nur kurze Zeit befunden.
[167] Krüger 1973, S. 147
[168] Rixen Sept. 1960, S. 578
[169] S. auch die Angabe im Tagebucheintrag vom 31.8.1943 des Flakkommandeurs von Mönchengladbach-Rheydt, Dr. W. Steinbauer, in der von zwei 15 Jahre alten Luftwaffenhelfern in einer Flakstellung auf dem Dach des (früheren Stiftischen Humanistischen) Gymnasiums in Mönchengladbach die Rede ist – (maschinenschr.) Auszug: StadtA MG 14/2437 – Der Einsatz der jugendlichen Flakhelfer im 2. Weltkrieg ist inzwischen in mehreren Arbeiten erforscht und dargestellt worden, so z. B. von Ludwig Schätz: Schüler-Soldaten. Die Geschichte der Luftwaffenhelfer im Zweiten Weltkrieg. Darmstadt 1974; Hans-Dietrich Nicolaisen: Der Einsatz der Luftwaffen- und Marinehelfer im Zweiten Weltkrieg. Büsum 1981; Rolf Schörken: Luftwaffenhelfer und Drittes Reich. Die Entstehung eines politischen Bewußtseins. Stuttgart 1981; Ernst Itschert: >Feuer frei-Kinder<. Eine mißbrauchte Generation. Flakhelfer im Einsatz. Saarbrücken 1984; Ludger Tewes: Jugend im Krieg. Von Luftwaffenhelfern und Soldaten. Essen 1989, bes. S. 37ff.
[170] Schnellbrief des Reichsministers des Innern vom 30. bzw. 31.7.1943 – Exemplare im HStA D BR 1004 Nr. 703 – Bis dahin war der überörtliche Einsatz nur für Heimschüler möglich gewesen.
[171] 75 Jahre o. O. u. J. [1952], S. 26
[172] 125 Jahre Gymnasium Odenkirchen 1861–1986. Festschrift, hg. von der Schulgemeinde des Gymnasiums Odenkirchen. Mönchengladbach 1986, S. 32 sowie Franz Rixen: Geschichte Odenkirchens.In: Laurentiusbote Nr. 78 (Juni 1956), I. Bd., S. 373
[173] 75 Jahre Mönchengladbach o. O.u. J., S. 19
[174] S. z. B. die diesbezügliche Angabe in der Chronik der damaligen Oberschule für Jungen in Rheydt in der >Festschrift des städtischen neusprachlichen Gymnasiums in Rheydt aus Anlaß der Einweihung des wiedererstandenen Schulhauses und zur Erinnerung an das 125jährige Bestehen als höhere Knabenschule< (Rheydt 1954), S. 23
[175] Lt. Angabe im Luftwaffenhelfer-Personalausweis und anderen persönlichen Unterlagen des Gert Wiethoff – privat
[176] Air Ministry News Service: Air Ministry Bulletin no. 17717, 1.3.1945 – NA, USSBS, Record Group 243 IIIa 1069
[177] Ebd.
[178] Mitteilung vom 16.10.1944 des Luftschutzamtes Mönchengladbach – StadtA MG 1c/2082
[179] Schadensmeldung Mönchengladbach – StadtA MG 1c/2082
[180] Middlebrook/Everitt 1985, S. 579
[181] Aufstellung – NA, USSBS, Record Group 243 IIIa 1069
[182] HQ Bomber Command to 5 8 Groups 9. Sept. 1944 – RAF Operations Record Book, Appendices: PRO, AIR 25/166
[183] Schadensmeldung – StadtA MG 1c/2039
[184] Diese Zahl ist aus einer namentlichen Liste der Bombenopfer des Angriffs vom 9./10.1944 auf Mönchengladbach-Rheydt insgesamt der Kriminalpolizei-Leiststelle in Düsseldorf errechnet worden – HStA D, Polizeibehörden vor 1945 Nr. 19. Eine Schadensmeldung dieses Angriffs liegt für Rheydt nicht vor.
[185] HStA D, Polizeibehörden vor 1945 Nr. 19
[186] Middlebrook/Everitt 1985, S. 586
[187] Aufstellung – NA, USSBS, Record Group 243 IIIa 1069
[188] Schadensmeldung – StadtA MG 1c/2039
[189] Angaben lt. Verwaltungsbericht der Stadt Rheydt für die Zeit vom 1. April 1945 bis zum 31. März 1947, bearb. v. Statistischen Amt (Einleitung) – StadtA MG Hb Wf Rde
[190] Schadensmeldung Mönchengladbach – StadtA MG 1c/2082
[191] Middlebrook/Everitt 1985, S. 637
[192] Aufstellung – NA, USSBS, Record Group 243 IIIa 1069
[193] RAF Operations Record Book 8 Group 1944, 27. Dez. 1944 – PRO, AIR 25/153
[194] Schadensmeldung Rheydt – StadtA MG 1c/2082
[195] Schadensmeldung Mönchengladbach – StadtA MG 1c/2082
[196] Middlebrook/Everitt 1985, S. 638
[197] RAF Operations Record Book 8 Group 1944, 28. Dez. 1944 – PRO, AIR 25/153
[198] Schadensmeldung Mönchengladbach – StadtA MG 25c/227 sowie Schadensmeldung Mönchengladbach-Rheydt (mit leicht abweichenden Zahlenangaben) – StadtA MG 1c/2082
[199] Schadensmeldung Rheydt – StadtA MG 25c/227 sowie Schadensmeldung Mönchengladbach-Rheydt (mit leicht abweichenden Zahlenangaben) – StadtA MG 1c/2082
[200] Angaben lt. Verwaltungsbericht der Stadt Rheydt für die Zeit

vom 1. April 1945 bis zum 31. März 1947, bearb. v. Statistischen Amt (Einleitung) – StadtA MG Hb Wf Rde

[201] Schadensmeldung Rheydt – StadtA MG 25c/227 sowie Schadensmeldung Mönchengladbach-Rheydt (mit leicht abweichenden Zahlenangaben) – StadtA MG 1c/2082

[202] Mündliche Auskunft von Brunhilde Taube, Jg. 1930, in Rheydt-Hockstein am 6.1.1996 gegenüber der Verfasserin (M.S.-P.)

[203] Schadensmeldung Rheydt – StadtA MG 25c/227 sowie Franz Rixen: Geschichte Odenkirchens. In: Laurentiusbote Nr. 5 (Febr. 1950), I. Bd., S. 62; Rixen Okt. 1960, S. 582

[204] Rixen Okt. 1960, S. 582

[205] Lt. Angabe in einem von der Polizeiverwaltung Mönchengladbach im Frühjahr 1945 auf Befehl der Militärregierung ausgefüllten Fragebogen für eine US-amerikanische Untersuchungskommission zur Feststellung der Auswirkung des Bombenkriegs auf die Moral der deutschen Zivilbevölkerung (United States Strategic Bombing Survey – Field Team 302-M, Morale Division) – HStA D, Polizeidirektion M.Gladbach Nr. 15

[206] So wurde z. B. am 28.9.1944 ein Mann, als er nach Arbeitsschluß gegen 18.00 Uhr aus dem Pförtnerhaus der Firma Scheidt & Bachmann in der Schwalmstraße in Rheydt trat, von einem Tiefflieger mit Bordwaffen beschossen, wobei er einen Halssteckschuß erlitt und schwer verletzt wurde – Schadensmeldung Rheydt: StadtA MG 1c/2082

[207] Rixen Okt. 1960, S. 582

[208] Rixen o. O. u. J., S. 78

[209] Rixen Okt. 1960, S. 582

[210] Verwaltungsbericht der Stadt Rheydt für die Zeit vom 1. April 1945 bis zum 31. März 1947, bearb. v. Statistischen Amt (Einleitung) – StadtA MG Hb Wf Rde

[211] Rixen Okt. 1960, S. 583

[212] Verwaltungsbericht der Stadt Rheydt für die Zeit vom 1. April 1945 bis zum 31. März 1947, bearb. v. Statistischen Amt (Einleitung) – StadtA MG Hb Wf Rde

[213] Tatsächlich machte sich auch schon vor Kriegsbeginn ein nicht zuletzt auch durch die allgemeine Geringschätzung geistiger Bildung im Nationalsozialismus bedingter zunehmender Nachwuchsmangel gerade an Volksschullehrern bemerkbar – vgl. hierzu Harald Scholtz: Erziehung und Unterricht unterm Hakenkreuz. Göttingen 1985, S. 75

[214] Chronik der (katholischen) Volksschule in (Mönchengladbach-) Venn, Bd. 3 – StadtA MG 33/14/2

[215] Chronik der (katholischen) Volksschule Engelbleck (Mönchengladbach-Neuwerk), StadtA MG 33/3/1. Die (damalige) Volksschule Engelbleck I (die frühere katholische Volksschule in Mönchengladbach-Neuwerk) hatte zuvor bereits am 28.3.1941 zunächst 19 und am 26.5.1941 weitere 17 Schüler dieser Schule zugewiesen bekommen, ebd.

[216] Ebd.

[217] Von der Evangelischen Volksschule zu Eicken 1861 – 1986 zur Gemeinschaftsgrundschule Regentenstraße – 125 Jahre. o. O. u. J. [1986], S. 33

[218] Wie die übrigen konfessionellen Volksschulen am Niederrhein war auch die katholische Volksschule an der Dohrer Straße in Rheydt-Mülfort auf behördliche Anordnung zum 18.4.1939 in eine Gemeinschafts-Volksschule (für Mädchen) umgewandelt worden, während die bisherige evangelische Volksschule an der Giesenkirchener Straße in Rheydt-Mülfort seinerzeit eine Gemeinschafts-Volksschule für Jungen wurde.

[219] Die folgenden Angaben beruhen auf der Chronik der (evangelischen) Volksschule (Rheydt-)Mülfort, Bd. 2 – StadtA MG 33/9/21

[220] Die folgenden Angaben beruhen auf der Chronik der (katholischen) Volksschule in Venn, Bd. 3 – StadtA MG 33/14/2

[221] Schreiben vom 8.6.1941 des Schulleiters an den Oberpräsidenten der Rheinprovinz, Abt. für Schulwesen, in Koblenz – HStA D BR 1129 Nr. 267

[222] Schreiben vom 17.9.1944 des Schulleiters an den Oberpräsidenten der Rheinprovinz, Abt. für Schulwesen, in Koblenz – HStA D BR 1129 Nr. 267

[223] Chronik der (katholischen) Volksschule in (Mönchengladbach-) Venn, Bd. 3 – StadtA MG 33/14/2

[224] 75 Jahre o. O. u. J. [1952], S. 26

[225] Chronik der (katholischen) Volksschule in Venn, Bd. 3 – StadtA MG 33/14/2

[226] Ebd.

[227] So wird z. B. von der (damaligen) Volksschule für Jungen in (Mönchengladbach-)Venn im Oktober 1940 berichtet, daß hier im Rahmen des erweiterten Selbstschutzes und unter Leitung des Rektors als Luftschutzleiter aus Schülern bestehende und von Lehrpersonen der Schule geführte Sanitäts- und Feuerwehrtrupps aufgestellt und ausgebildet wurden – ebd.

[228] Schreiben vom 18.6.1940 des Schulleiters an den Oberpräsidenten der Rheinprovinz, Abt. für Schulwesen, in Koblenz – HStA D BR 1129 Nr. 267

[229] Chronik der (katholischen) Volksschule Engelbleck (Mönchengladbach-Neuwerk) – StadtA MG 33/3/1

[230] Chronik der (katholischen) Volksschule in Venn, Bd. 3 – StadtA MG 33/14/2

[231] Chronik der (katholischen) Volksschule Engelbleck (Mönchengladbach-Neuwerk) – StadtA MG 33/3/1

[232] Chronik der (evangelischen) Volksschule in (Rheydt-)Mülfort, Bd. 2, S. 117 – StadtA MG 33/9/2

[233] Ebd.

[234] Ebd., Bd. 2, S. 118 – StadtA MG 33/9/2

[235] Chronik der (katholischen) Volksschule in Venn, Bd. 3 – StadtA MG 33/14/2

[236] Chronik der (evangelischen) Volksschule in (Rheydt-)Mülfort, Bd. 2, S. 118f. – StadtA MG 33/9/2

[237] Chronik der (katholischen) Volksschule Engelbleck (Mönchengladbach-Neuwerk) – StadtA MG 33/3/1

[238] 75 Jahre Mönchengladbach o. O. u. J., S. 21

[239] Chronik der (katholischen) Volksschule in (Mönchengladbach-) Venn, Bd. 3 – StadtA MG 33/14/2

[240] 75 Jahre o. O. u. J. [1952], S. 26

[241] Diese Maßnahme hatte auch den Zweck, eine Verlegung der Schulen zu erzwingen. Sie ist aber in Mönchengladbach-Rheydt offensichtlich nicht überall bzw. nicht sofort durchgeführt worden, wie z. B. eine Klassen- und Schülerverteilung in der Volksschule in (Mönchengladbach-)Venn mit Stand vom 15.11.1944 ausweist. Anscheinend ist in dieser Schule noch zumindest bis Anfang Dezember 1944 Unterricht durchgeführt worden, da ein damaliger Eintrag in der Chronik der Schule besagt, daß in dem für schulfremde Zwecke beanspruchten Schulgebäude seinerzeit *»der Schule* [...] *nur das Amtszimmer des Rektors und der Luftschutzkeller* [verblieben]« – Chronik der (katholischen) Volksschule in (Mönchengladbach-)Venn, Bd. 3 – StadtA MG 33/14/2

[242] S. die entsprechenden Angaben in den Schulchroniken z. B. der (evangelischen) Volksschule in (Rheydt-)Mülfort, Bd. 2, S. 111, 117, 119 – StadtA MG 33/9/2 und der (katholischen) Volksschule Engelbleck (Mönchengladbach-Neuwerk) – StadtA MG 33/3/1

[243] Nach den Angaben in der Chronik der (katholischen) Volksschule in (Mönchengladbach-)Venn, Bd. 3 – StadtA MG 33/14/2

[244] Lt. Angabe in ebd.

[245] Die Einzelheiten dieses Einsatzes wurden im Frühjahr 1943 aufgrund der Anordnung vom 14.4.1943 über den Kriegseinsatz der Jugend zur Sicherstellung der Ernährung des deutschen Volkes des Bevollmächtigten für den Arbeitseinsatz durch einen entsprechenden Erlaß des Reichsjugendführers und Reichsleiters Baldur von Schirach vom 15.4.1943 allgemein festgelegt. Danach oblag die Durchführung und Organisation dieses Einsatzes der Hitlerjugend. Vorgesehen war hauptsächlich ein- bis dreiwöchiger Einsatz während der Sommerferien für Jugendliche über 14 Jahren. Die jüngeren Schulkinder sollten zu Heilkräutersammlungen, zur Kartoffelkäfersuche, zum Ährenlesen, Flachsrupfen, Rübenverziehen, Erbsen- und Bohnenpflücken, Unkrautjäten u. ä eingesetzt werden. Der örtliche Einsatz erfolgte z. T. in Form ganzer Schulklassen, wobei die Arbeit auf den Feldern einige Stunden am Tag umfaßte. Der überörtliche Einsatz wurde von Lagergemeinschaften durchgeführt. Dabei weilten die Arbeitsgruppen nur während der eigentlichen Arbeitszeit bei den Bauern. Daneben gab es auch den überörtlichen, i.d.R. dreiwöchigen Einzeleinsatz. In diesem Fall waren die Jugendlichen bei den Bauern untergebracht und gehörten zu deren Hausgemeinschaft.

[246] S. die diesbezüglichen Angaben in den Schulchroniken z. B. der (evangelischen) Volksschule in (Rheydt-)Mülfort, Bd. 2, S. 115, 117, 119 – StadtA MG 33/9/2 und der (katholischen) Volksschule Engelbleck (Mönchengladbach-Neuwerk) – StadtA MG 33/3/1

[247] Lt. Angabe in der Chronik der (katholischen) Volksschule in (Mönchengladbach-)Venn, Bd. 3 – StadtA MG 33/14/2

[248] Abschrift – HStA D RW 37 Nr. 20. Dieser Erlaß wurde mit Rundverfügung vom 2.11.1939 des Reichsverteidigungskommissars für den Bereich des Wehrkreises VI den staatlichen und politischen Stellen mit dem Bemerken bekanntgemacht, es sei mit dem Kommandeur im Luftgau VI vereinbart worden, *»daß innerhalb des Wehrkreises VI einheitlich nach diesem Erlaß verfahren wird«* – ebd.

[249] Rixen Aug. 1960, S. 574. Nur bei Exequien für gefallene Soldaten gestattete die Gestapo nach einem über Mitternacht hinaus andauernden Fliegeralarm einen früheren Gottesdienstbeginn am anderen Morgen. Doch mußte die Genehmigung hierzu in jedem einzelnen Fall eingeholt werden – ebd.

[250] Der Ortsteil Rheindahlen erlitt jedoch unmittelbar vor der Besetzung noch am Nachmittag des 25.2.1945 einen von zwei größeren Bomberverbänden durchgeführten (taktischen) Luftangriff. Bei dieser nur 40 Sekunden dauernden Bombardierung wurde der Ortskern schwer zerstört und teilweise vernichtet; 124 Menschen kamen dabei ums Leben, die Zahl der Verletzten ging in die Hunderte – Ludwig Hügen: Der Krieg geht zu Ende. Niederrheinische Berichte zur Operation Grenade 1945. Erw. Nachdr. der 2. Aufl. (=3. Aufl.) Kempen 1982 – 4. Aufl. = Nachdr. der 3. Aufl. Viersen 1987, S. 38 (= Schriftenreihe des Kreises Kempen-Krefeld 18). Ein ähnliches Schicksal erlitt auch Wickrath, etwa 5 km südwestlich vom Stadtzentrum von Rheydt. Am Nachmittag des Tages, bevor Rheydt am 27.2.1945 von US-Truppen besetzt wurde, hatte gegen 14.15 Uhr ein amerikanischer Bomberverband den Ort mit einem Bombenteppich belegt. Bei diesem Angriff fanden 28 Zivilisten den Tod, und die alte Wickrather Kirche wurde durch Bombentreffer zerstört. Im Keller des im alten Kreuzherrenkloster gelegenen Pfarrhauses, der als besonders bombensicher galt und deshalb bei vielen Fliegeralarmen aufgesucht wurde, kamen allein 16 Menschen ums Leben. Unter ihnen befanden sich auch der Wickrather Oberpfarrer Dr. Heinrich Lohmann und sein Kaplan Wilhelm Esser – ebd., S. 51; Franz Rixen: Geschichte Odenkirchens.In: Laurentiusbote Nr. 131 (Nov. 1960), II. Bd., S. 585

[251] Middlebrook/Everitt 1985, S. 657

[252] Schadensmeldung Mönchengladbach – StadtA MG 1c/2082

[253] Schadensmeldung Rheydt – StadtA MG 1c/2082

[254] Verwaltungsbericht der Stadt Rheydt für die Zeit vom 1. April 1945 bis zum 31. März 1947, bearb. v. Statistischen Amt (Einleitung) – StadtA MG Hb Wf Rde sowie Rixen Okt. 1960, S. 583

[255] Boberach 1984, Bd. 14, S. 5463, 5698 und 5426

[256] Ebd., S. 5398

[257] Ebd., S. 5360
[258] Kriegstagebuch der Rüstungsinspektion VI (Münster), S. 55f. – BAMA, Best. RW 20-6/10
[259] Boberach 1984, Bd. 14, S. 5462
[260] Abgedr. im Ministerialblatt des Reichs- und Preußischen Ministeriums des Innern, Nr. 27 vom 7.7.1943
[261] Chronik der (katholischen) Volksschule Engelbleck (Mönchengladbach-Neuwerk) – StadtA MG 33/3/1
[262] Chronik der (evangelischen) Volksschule in (Rheydt-)Mülfort, 2. Bd. – StadtA MG 33/9/2
[263] S. zu diesem Vorgang Sollbach-Papeler [3]1992, bes. S. 13-19
[264] Rixen Nov. 1960, S. 587
[265] Am 24.4.1933 wurde Dr. Joseph Goebbels Ehrenbürger der Stadt Mönchengladbach, mit der die Städte Rheydt und Odenkirchen 1929 vereinigt worden waren. Am 16.10.1934 erhielt er von der mit seiner Hilfe zum 1.8.1934 wieder aus Mönchengladbach ausgegliederten und selbständig gewordenen Stadt Rheydt als Dank ebenfalls das Ehrenbürgerrecht verliehen.
[266] Fröhlich 1995, Teil II, Bd. 15, S. 471
[267] Gemeint ist offensichtlich das bescheidene und heute noch stehende Reihenhäuschen in der Dahlener Straße (heutige Nr. 156), das der Vater von Joseph Goebbels erwarb und in das die Familie zog, als Joseph Goebbels drei Jahre alt war. Geboren wurde Joseph Goebbels am 29.10.1897 aber in der ersten Wohnung der Familie in der Odenkirchener Straße (heutige Nr. 202). Doch hat Joseph Goebbels das Haus in der Dahlener Straße stets als sein eigentliches *»Vaterhaus«* angesehen – Ralf Georg Reuth: Goebbels. München/Zürich 1990, S. 13f. (Tb.-Ausgabe: München 1995)
[268] Fröhlich 1995, Teil II, Bd. 15, S. 429
[269] Ebd., S. 471 – (diktierter) Tagebucheintrag vom 11.3.1945
[270] Ebd., S. 627 und 647
[271] Klaus-Dietmar Henke: Die amerikanische Besetzung Deutschlands. München 1995, S. 362f.
[272] Verwaltungsbericht der Stadt M.Gladbach für die Zeit vom 1. April 1945 bis 31. März 1948, bearb. vom Statistischen Amt M.Gladbach [1948] – StadtA MG Hb Wf Moe
[273] Lt. Aufstellung des Ausschusses für Bau- und Wohnungsstatistik der Stadt Mönchengladbach [1950] – StadtA MG 1c/3917
[274] Verwaltungsbericht der Stadt Rheydt für die Zeit vom 1. April 1945 bis zum 31. März 1947, bearb. v. Statistischen Amt (Einleitung) – StadtA MG Hb Wf Rde. Abweichende, offensichtlich aber auf lediglich vorläufigen und wohl nicht vollständigen Zählungen beruhende Angaben werden hierzu im Verwaltungsbericht der Stadt Rheydt für die Zeit von Anfang März 1945 bis Dezember 1945 gemacht (StadtA MG Hb Wf Rhe). Danach waren am 1.4.1945 insgesamt 2 450 Häuser in der Stadt Rheydt zerstört und 2 409 nicht beschädigt.
[275] Statistische Aufstellung des Standesamtes Mönchengladbach-Mitte vom 4.7.1945 – StadtA MG 1c/3915
[276] Verwaltungsbericht der Stadt Rheydt für die Zeit vom 1. April 1945 bis zum 31. März 1947, bearb. v. Statistischen Amt (Einleitung) – StadtA MG Hb Wf Rde

Archiv- und Literaturverzeichnis

Benutzte Archive

Stadtarchiv Mönchengladbach (StadtA MG)
Nordrhein-Westfälisches Hauptstaatsarchiv Düsseldorf (HStA D)
Bundesarchiv – Militärarchiv Freiburg (BAMA)
Public Record Office London (PRO London)
Imperial War Museum London (IWM London)
National Archives Washington/College Park (NA)

Benutzte Literatur

Blank, Ralf: NS-Herrschaft und Kriegsjahre in Hagen. In: Jochen Becker/Hermann Zabel (Hg.): Hagen unterm Hakenkreuz. Hagen 1995, S. 333-368

Boberach, Heinz (Hg.): Meldungen aus dem Reich. Die geheimen Lageberichte des Sicherheitsdienstes der SS 1938–1945. Bd. 14 und 15. Herrsching 1984

Boland, H.: Zivilarbeiter und Kriegsgefangene. Beobachtungen und Erfahrungen in Mönchengladbach und Rheydt. In: Geschichte im Westen, 1. Halbjahr 1993, S. 38-64

Craven, Wesley F./Cate, James Lea: The Army Air Force in World War II. 6 Bde. Chicago 1951

Dabel, Gerhard: KLV. Die erweiterte Kinder-Land-Verschickung. KLV-Lager 1940–1945. Freiburg 1981

Die Wehrmachtberichte 1939–1945. Bd. 2: 1. Januar 1942 bis 31. Dezember 1943. Köln 1989

Erckens, Günter: Rheydt so wie es war 2. Düsseldorf 1980

Freeman, Roger A.: The Mighty Eighth. A History of the U.S. Eighth Army Air Force. London 1986

Fröhlich, Elke (Hg.): Die Tagebücher von Joseph Goebbels. Teil II, Bd. 9: Juli–September 1943. München u. a. 1993; Teil II, Bd. 15: Januar–April 1945. München u. a. 1995

75 Jahre – 1877–1952 – Stift. Human. Gymnasium M.Gladbach (Festschrift). o. O. u. J. [1952]

75 Jahre Mönchengladbach Städtische Realschule für Jungen 1913–1988. Festschrift. o. O. u. J.

Groehler,Olaf: Bombenkrieg gegen Deutschland. Berlin (Ost) 1990

Günther, Wilhelm: Die Schule in der Evakuierung. In: Festschrift des städtischen neusprachlichen Gymnasiums in Rheydt aus Anlaß der Einweihung des wiedererstandenen Schulhauses und zur Erinnerung an das 125jährige Bestehen als höhere Knabenschule (Rheydt 1954)

Hastings, Max: Bomber Command. London 1993

Henke, Klaus-Dietmar: Die amerikanische Besetzung Deutschlands. München 1995

Hölsken, Heinz Dieter: Die V-Waffen. Entstehung – Propaganda – Kriegseinsatz. Stuttgart 1984

Hügen, Ludwig: Der Krieg geht zu Ende. Niederrheinische Berichte zur Operation Grenade 1945. Erw. Nachdr. der 2. Aufl. (=3. Aufl.) Kempen 1982 – 4. Aufl. = Nachdr. der 3. Aufl. Viersen 1987 (= Schriftenreihe des Kreises Kempen-Krefeld 18)

125 Jahre Gymnmasium Odenkirchen 1861–1986. Festschrift, hg. von der Schulgemeinde des Gymnasiums Odenkirchen. Mönchengladbach 1986

Itschert, Ernst: >Feuer frei-Kinder<. Eine mißbrauchte Generation. Flakhelfer im Einsatz. Saarbrücken 1984

Krüger, Norbert: Der Luftangriff auf Mönchengladbach und Rheydt am 30./31.8.1943. In: Rheydter Jahrbuch für Geschichte, Kunst und Heimatkunde 10, 1973, S. 143-159

Lampe, Erich: Der Zivile Luftschutz im Zweiten Weltkrieg. Frankfurt 1963

Middlebrook, Martin/Everitt, Chris: The Bomber Command War Diaries. An Operational Reference Book, 1939–1945. Harmondsworth 1985

Mommsen, Hans/Willems, Susanne (Hg.): Herrschaftsalltag im Dritten Reich. Düsseldorf 1988

Nicolaisen, Hans-Dietrich: Der Einsatz der Luftwaffen- und Marinehelfer im Zweiten Weltkrieg. Büsum 1981

Reuth, Ralf Georg: Goebbels. München/Zürich 1990 (Tb.-Ausgabe: München 1995)

Rixen, Franz: St. Laurentius Odenkirchen 1891–1966. Hg. vom Kath. Parramt St. Laurentius. Odenkirchen o. O. u. J.

Rixen, Franz: Geschichte Odenkirchens. In: Laurentiusbote Nr. 5 (Febr. 1950), I. Bd., S. 62; Nr. 78 (Juni 1956), I. Bd., S. 373; Nr. 128 (Aug. 1960), II. Bd., S. 573-576; Nr. 129 (Sept. 1960), II. Bd., S. 577-579; Nr. 130 (Okt. 1960), II. Bd., S. 581-583; Nr. 131 (Nov. 1960), II. Bd., S. 585-587

Schätz, Ludwig: Schüler-Soldaten. Die Geschichte der Luftwaffenhelfer im Zweiten Weltkrieg. Darmstadt 1974

Scholtz, Harald: Erziehung und Unterricht unterm Hakenkreuz. Göttingen 1985

Schörken, Rolf: Luftwaffenhelfer und Drittes Reich. Die Entstehung eines politischen Bewußtseins. Stuttgart 1981

Sollbach-Papeler, Margrit: Kriegsende 1945 und frühe Besatzungszeit in Mönchengladbach und Rheydt. Mönchengladbach ³1992

Tewes, Ludger: Jugend im Krieg. Von Luftwaffenhelfern und Soldaten. Essen 1989

The Bomber's Baedeker. Guide to the Economic Importance of German Towns and Cities. T. 1 und 2. 1943, ²1944

Von der Evangelischen Volksschule zu Eicken 1861–1986 zur Gemeinschaftsgrundschule Regentenstraße – 125 Jahre. o. O. u. J. [1986]

Webster, Charles/Frankland, Noble: The Strategic Air Offensive against Germany 1939–1945. 4 Bde. London 1961

Abbildungsnachweis

Imperial War Museum, London: Abb. 55, 115
Katholische Kirchengemeinde Odenkirchen: Abb. 148
National Archives, Washington D. C. / College Park: Abb. 60, 112, 116, 129, 130, 139
Privat: Abb. 10, 14, 25, 90, 91, 93, 100, 140, 146, 147, 163
Public Record Office, London: Abb. 7, 28, 135, 136, 141-145, 149, 154-156, 158
Royal Air Force Museum, Hendon: Abb. 157
Stadtarchiv Mönchengladbach: Abb. 1-3, 5, 6, 8, 13, 15, 16, 19-24, 26, 27, 29-43, 45-54, 56, 61-65, 67-80, 82-87, 92, 94-99, 101-111, 113, 114, 117-128, 131-134, 137, 138, 150-154, 159-162

Danksagung

Die Verfasserin dankt den zahlreichen Damen und Herren, die sie auf vielfältige Weise bei der Erstellung der vorliegenden Publikation unterstützt haben. Hier sind an erster Stelle die Mitarbeiter und Mitarbeiterinnen der in- und ausländischen Archive zu nennen. Besonderer Dank gilt dabei Mr. Kenneth Schlessinger in den National Archives in Washington. Ohne seinen sachkundigen Rat und seine tatkräftige Hilfe, vor allem bei der Auswertung des ebenso umfangreichen wie komplizierten U. S. Strategic Bombing Survey-Bestandes einschließlich der Luftbilder, hätte ich diese Arbeit nicht wie geschehen erledigen können. Großen Dank schulde ich aber auch dem Personal im Imperial War Museum und hier vor allem dem überaus hilfsbereiten Mr. Paul Kemp. Auch bei den Mitarbeitern und Mitarbeiterinnen des Stadtarchivs Mönchengladbach möchte ich mich bedanken. Ganz speziell gilt dieser Dank jedoch neben Herrn Hermann Eßers dem Archivleiter, Herrn Dr. Wolfgang Löhr, der mir vor allem bei der Überwindung unerwarteter praktischer Schwierigkeiten große Hilfe geleistet hat. Stellvertretend für die zahlreichen anderen Personen, von denen ich in unterschiedlichstem Ausmaß Hilfe erfahren habe, danke ich der Pfarramtshelferin Annemarie Theißen von der Katholischen Kirchengemeinde St. Laurentius, Mönchengladbach-Odenkirchen.

Zu bedanken habe ich mich aber auch bei dem Referenten des Oberbürgermeisters der Stadt Mönchengladbach, Herrn Herbert Hamacher, der durch seine Bemühungen einen großen Anteil an dem letztlichen Zustandekommen dieser Veröffentlichung hat. Er stand mir in schwierigen Situationen immer mit Rat und Tat zur Seite. Aufgrund seines Einsatzes fanden sich auch Geldgeber, um die Publikation dieses Projekts durch einen finanziellen Zuschuß zu unterstützen. An diese beiden Sponsoren, die Stadtsparkasse Mönchengladbach und die Josef und Hilde Wilberz Stiftung in Mönchengladbach, geht daher ebenfalls ein herzliches Dankeschön.

Nicht zuletzt schulde ich aber auch dem Herrn Oberbürgermeister von Mönchengladbach, Heinz Feldhege, Dank für seine Bereitschaft, das Geleitwort zu diesem Buch zu schreiben.

Mönchengladbach, im März 1997

Margrit Sollbach-Papeler

Bilddokumentation

Die nachfolgend abgedruckten Fotos weisen eine teilweise sehr unterschiedliche Bildqualität auf, da durchweg historische Originalaufnahmen verwendet wurden. Bei diesen handelt es sich um eine Bandbreite von professionellen Fotos bis hin zu z.T. mit minderwertigem Kamera- und Filmmaterial aufgenommenen >Schnappschüssen<.

Abb. 1: Mönchengladbach vor dem 2. Weltkrieg. Blick vom Dach des Gymnasiums über die Innenstadt in Richtung Norden. Im Hintergrund links befindet sich der Wasserturm. Die Kirche mit dem Turm rechts daneben ist die evangelische Christuskirche, der kleine Turm im Hintergrund gehört zur Franziskanerkirche. Am Bildrand rechts ist die Kaiser-Friedrich-Halle zu erkennen.

Abb. 2: Dr. Joseph Goebbels, NS-Reichsminister für Volksaufklärung und Propaganda und am 29. Oktober 1897 in Rheydt geboren, bei einem Besuch seiner Heimatstadt am 23. und 24. März 1933

Abb. 3: Das mit einem Hakenkreuz und einer Hakenkreuzfahne geschmückte elterliche Haus von Dr. Joseph Goebbels in der Dahlener Straße in Rheydt. Diese Aufnahme entstand anläßlich des Besuchs von Dr. Goebbels in seiner Heimatstadt am 23. und 24. März 1933. Die Dahlener Straße wurde seinerzeit in Joseph-Goebbels-Straße umbenannt. Das Haus überstand übrigens den Krieg unversehrt und steht heute noch.

Nun ſpricht das Schwert!

Männer und Frauen der Heimat!

Die deutsche Wehrmacht ist zu einem Kampfe angetreten, dessen siegreiches Ende die Geschichte Großdeutschlands für die nächsten 1000 Jahre formen wird.

Mit des Führers Tagesbefehl: „Nun tut Eure Pflicht!" sind unsere Soldaten im Westen zum Angriff übergegangen. Wir wissen, daß der Kampf schwer wird, aber wir wissen auch, daß er den Sieg bringt.

Der Sieg wird uns nicht geſchenkt!

Er wird Opfer, vielleicht schwerste Opfer kosten. Uns in der Heimat gab der Führer im Kriegshilfswerk für das Deutsche Rote Kreuz die Aufgabe, die Wunden, die dieser Kampf schlägt, zu heilen.

Auch in der Heimat muß nun unſer Einſatz größer werden!

Am kommenden Opfersonntag werden wir der vorwärtsstürmenden Truppe

in einem gewaltigen Heimatſiege Dank ſagen

und ihr starke Zuversicht geben in dem Einsatz von Blut und Leben für Volk und Vaterland.

Großdeutschland Sieg-Heil!

Fernkorn, Kreisamtsleiter. Riem, Kreisleiter, M. d. R.

Abb. 4: Eine Woche nachdem am 10. Mai 1940 mit dem deutschen Überfall auf die Niederlande der Westfeldzug begonnen hatte, erschien in der Rheydter Zeitung/Rheydter Tageblatt am 17. Mai 1940 dieser Aufruf der NSDAP-Kreisleitung Mönchengladbach-Rheydt.

Abb. 5 (o.): Käuferschlangen warten an einer Verkaufsstelle in der Hindenburgstraße zwischen Post- (heute Stephanstraße) und Bismarckstraße in Mönchengladbach. Diese Aufnahme entstand zu Beginn des Krieges. Sofort mit Kriegsbeginn wurden alle lebenswichtigen Güter >kontingentiert< und waren von nun an nur noch auf >Bezugsschein< erhältlich. Lebensmittel z. B. gab es auf den in der Regel für eine vierwöchige Zuteilungsperiode ausgestellten >Lebensmittelkarten<. Die jeweils zu beziehenden Warenmengen wurden zumeist in den Zeitungen bekanntgemacht oder vielmehr >aufgerufen<.

Abb. 6 (u.): Angehörige des Roten Kreuzes nehmen auf dem Hauptbahnhof in Mönchengladbach verwundete deutsche Soldaten in Empfang, 1940.

Abb. 7 (rechte Seite): Diese Luftaufnahme von Mönchengladbach und dem nördlichen Bereich der Stadt Rheydt machte aus knapp 6 000 m Höhe ein RAF-Aufklärer am 6. November 1939. Am linken oberen Bildrand ist der Hauptbahnhof Mönchengladbach mit dem Güterbahnhof zu sehen. Im oberen Drittel rechts befindet sich der Volksgarten. Der weiße Streifen darunter ist eine Wolkenbank. Links unten sind die Bahnanlagen des Personen- sowie des Güterbahnhofs von Rheydt zu erkennen.

A.I.

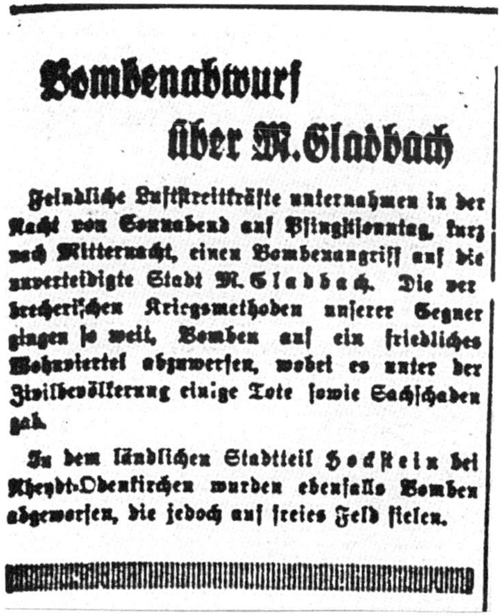

Bombenabwurf über M.Gladbach

Feindliche Luftstreitkräfte unternahmen in der Nacht von Sonnabend auf Pfingstsonntag, kurz nach Mitternacht, einen Bombenangriff auf die unverteidigte Stadt M.Gladbach. Die verbrecherischen Kriegsmethoden unserer Gegner gingen so weit, Bomben auf ein friedliches Wohnviertel abzuwerfen, wobei es unter der Zivilbevölkerung einige Tote sowie Sachschaden gab.

In dem ländlichen Stadtteil Hockstein bei Rheydt-Odenkirchen wurden ebenfalls Bomben abgeworfen, die jedoch auf freies Feld fielen.

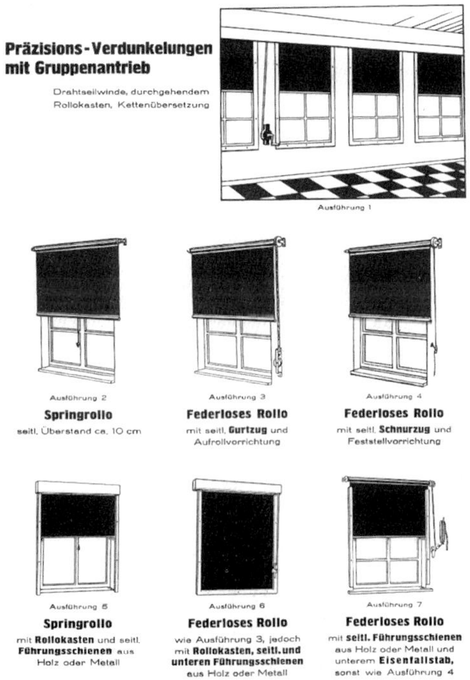

Abb. 8 (o.l.): Die ersten Bomben in Mönchengladbach und Rheydt fielen am frühen Morgen des 12. Mai 1940. Eine Bombe fiel auch in den Garten des Wohnhauses Luisenstraße 181. Dabei entstand ein leichter Gebäudeschaden sowie ein ca. 1,10 m tiefer Bombentrichter. Aufnahme vom 12. Mai 1940

Abb. 9 (o.r.): Den ersten britischen Bombenabwurf auf Mönchengladbach und Rheydt in der Nacht zum Pfingstsonntag (11./12. Mai) 1940 – es waren die ersten alliierten Bomben, die im 2. Weltkrieg auf eine deutsche Stadt fielen –, brachte die Rheinische Landeszeitung – Volksparole – Gladbach-Rheydter Zeitung am Dienstag (14. Mai 1940) lediglich als Kurzmeldung.

Abb. 10 (u.r.): Werbeprospekt für Verdunkelungsrollos, ca. 1940. Die Verdunklung von Häusern während der Nachtstunden war während des Krieges allgemeine Vorschrift. Die Verdunklungszeiten wurden jeweils durch die Zeitungen bekanntgegeben. In den Wintermonaten herrschte daher meist schon von 18.00 Uhr abends eine völlige Dunkelheit, vor allem im Stadtinneren, was u. a. dazu führte, daß fast das gesamte gesellschaftliche Leben zum Erliegen kam.

Abb. 11 (o.): Bombentrichter in einem Garten in Rheydt-Hockstein, der durch den ersten Bombenabwurf auf Mönchengladbach/ Rheydt in der Nacht zum Pfingstsonntag (11./12. Mai) 1940 verursacht wurde. Es handelte sich hierbei um den ersten alliierten Luftangriff auf eine deutsche Stadt. In dem an die Bahnstrecke Rheydt-Aachen grenzenden ländlichen Ortsteil Rheydt-Hockstein fielen die Bomben jedoch auf freies Feld bzw. Hofgelände und richteten hier nur Flur- bzw. leichten Sachschaden an. Diese ersten Bombenabwürfe waren seinerzeit eine Sensation, und am nächsten Tag nutzten zahlreiche Menschen aus der näheren und weiteren Umgebung ihren Pfingstspaziergang dazu, um sich in Hockstein die Bombentrichter auf dem Feld anzusehen. Die Aufnahme entstand am 12. Mai 1940.

Abb. 12 (u.): Bombentrichter auf dem Neuen Städtischen Friedhof an der Viersener Straße in Mönchengladbach, 26. Juli 1940

Front gegen Feuer!

In immer stärkerem Maße verwendet der Feind Brandbomben, um Wohn- und Arbeitsstätten des deutschen Volkes zu vernichten. Die am häufigsten verwendeten Brandbomben haben die Gestalt eines sechseckigen, ungefähr $^1/_2$ m langen Stabes. Diese Brandbomben durchschlagen das Dach, mitunter auch die obere Geschoßdecke, und brennen mit grellweißer Flamme etwa fünfzehn Minuten lang. Jede Brandbombe muß sofort bekämpft, jeder Brand schnellstens gelöscht werden!

Beachte dabei folgende zehn Leitsätze:

1. Löschgeräte und Löschmittel stets einsatzbereit halten!

Im Treppenhaus verteilt aufstellen: Bottiche und Eimer mit Wasser; Kisten, Eimer oder Tüten (3—5 kg) mit Sand; Feuerpatschen u. a.
Im Luftschutzraum bereithalten: Luftschutzhandspritzen, Einreißhaken, Schaufeln oder Spaten, Äxte oder Beile usw.

2. Kontrollgänge während des Luftangriffs durch das Haus machen!

Der Abwurf von Brandbomben ist im Luftschutzraum unter Umständen nicht wahrzunehmen. Der Luftschutzwart oder von ihm beauftragte Hausbewohner müssen daher während des Luftangriffs alle Gebäudeteile von Zeit zu Zeit auf Brandbomben und Brände kontrollieren. Hierbei sind besonders auch Verschalungen und andere unübersichtliche Stellen gründlich abzusuchen.

3. Auch die Umgebung des Hauses nach Brandbomben absuchen!

Feuerschein dient dem Angreifer als Bombenziel. Deshalb Brandbomben im Freien sofort mit Sand oder Asche bedecken. Liegen Brandbomben in der Nähe des Hauses, sind sie wahrscheinlich auch in das Haus selbst eingeschlagen.

4. Brandbomben müssen sofort bekämpft werden!

Bei rascher Brandausbreitung zuerst Entstehungsbrand mit Wasser bekämpfen. Die Brandbombe selbst kann mit Wasser oder auch mit Sand unschädlich gemacht werden.

5. Gegen Splitter, Knallwirkung u. dergl. ständig Deckung nehmen!

Als Schutzschilde sind hölzerne Deckel von Waschkesseln, größeren Kisten usw. geeignet. Beim Vorgehen gegen Brandbomben auch Türen, Mauervorsprünge, Schornsteine als Deckung ausnutzen.

6. Auch bei der Brandbekämpfung die Gasmaske aufsetzen!

Sie erleichtert das Vorgehen in verqualmten Räumen. Stets kriechend oder gebückt gegen den Brandherd vorgehen.

7. Nicht nachlassen in der Brandbekämpfung!

Auch größere Brände können mit einfachen Löschgeräten erfolgreich bekämpft werden. An jeder Mauer, an jeder Tür muß dem Feuer Widerstand geleistet werden.

8. Brandreste sorgfältig entfernen!

Die mit Sand abgedeckten Brandbomben sind mit Schaufeln oder Eimern ins Freie zu bringen. Angekohlte Stellen sind mit Wasser abzukühlen und bis zum völligen Erkalten zu beobachten.

9. Nicht auf fremde Hilfe warten!

Jeder kämpfe selbst für sein Hab und Gut. Hilfe bei den Nachbarn oder beim Luftschutzrevier fordert nur der Luftschutzwart an.

10. Nur ein sich selbst überlassenes Feuer wächst sich zu einer Feuersbrunst aus!

Darum handle jeder so, als ob der Erfolg nur von ihm allein abhinge!

Herausgegeben vom Reichsluftfahrtministerium — 5. 41 — H/0635

Abb. 13 (o.): Über Mönchengladbach-Rheindahlen abgeworfene aber nicht gezündete Stabbrandbomben, 18. Juni 1940
Abb. 14 (r.): Hinweise des Reichsluftfahrtministeriums für den zivilen Luftschutz zur Bekämpfung von durch Brandbombenabwurf ausgelösten Bränden, etwa Mai 1941

Abb. 15 (o.) und 16 (u.): Arbeiten zur Sprengung eines Blindgängers am Pilgramsweg in Mönchengladbach am 10. August 1940 um 17.45 Uhr

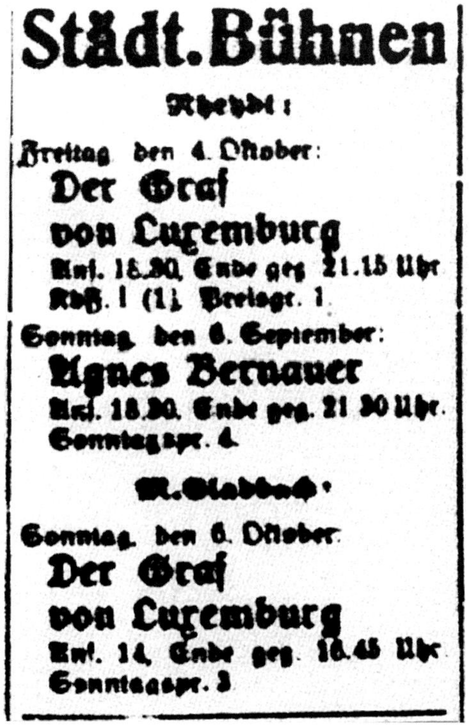

Abb. 17 (o.): Als ein >Bomben-Lustspiel< kündigte das Union-Theater in Rheydt in der Rheydter Zeitung/Rheydter Tageblatt vom 14. Oktober 1940 die Filmkomödie >Was wird hier gespielt?< mit Theo Lingen und anderen großen deutschen Filmstars jener Zeit an. Derartige witzig gemeinte Anspielungen auf das aktuelle Kriegsgeschehen hörten mit dem Einsetzen der schweren Flächenbombardierungen ab Frühjahr 1942 auf.

Abb. 18 (o./r.): Auch für die gehobenere Unterhaltung wurde während des Krieges nach Möglichkeit gesorgt. Neben Operetten und Schauspielen gab es auch Konzerte, wie diese Ankündigungen in der Rheydter Zeitung/ Rheydter Tageblatt vom 4. Oktober 1940 zeigen.

Abb. 19 (o.): Parteivertreter, Polizeibeamte und Zivilisten vor dem beim Bombenabwurf am 7. Dezember 1940 schwer beschädigten Haus Martinstraße 65 in Mönchengladbach

Abb. 21 (u.): Ein Blindgänger schlug in der Nacht vom 25. zum 26. Februar 1941 in das Betriebsgebäude der Brennerei J. Grass in Mönchengladbach-Rheindahlen, Gladbacher Straße 95, ein.

Abb. 20 (o.): Beim Bombenabwurf am 7. Dezember 1940 auf Mönchengladbach wurde diese Wohnung in der Bebericher Straße beschädigt.

Abb. 22 (u.): Das durch Bombenabwurf in der Nacht vom 25. zum 26. Februar 1941 zerstörte Hofgebäude des Landwirts Heinrich Theelen in Mönchengladbach-Rheindahlen, Gladbacher Straße 96

Abb. 23 (o.l.): Das zerstörte Hauptgebäude der Feuerschutzpolizei in Mönchengladbach, Fliethstraße 86, 8. Juli 1941. Vielfach standen die Löschtrupps den durch massenhaften Brandbomben- und Phosphorkanisterabwurf ausgelösten Großbränden weitgehend machtlos gegenüber.
Abb. 24 (u.l.): Bewohner von Mönchengladbach füllen Sandsäcke, die als Splitterschutz vor Kellerfenstern dienen sollen.
Abb. 25 (r.): Luftschutzmerkblatt des Reichsluftschutzbundes, Berlin, für die Bevölkerung, Spätsommer 1939

Auf starke Pappe aufkleben und gut sichtbar aufhängen!

Luftschutzmerkblatt für die Bevölkerung

Verhalten nach Aufruf des zivilen Luftschutzes:

Der Aufruf des zivilen Luftschutzes wird öffentlich bekanntgegeben. Das gewohnte Leben geht weiter, die Vorbereitungen für den Luftschutz im Hause werden abgeschlossen.
Allen Anordnungen des Luftschutzwarts Folge leisten.
Luftschutzraum gebrauchsfähig herrichten.
Selbstschutzgeräte bereitstellen.
Wasser in Eimern, Bottichen usw. zum Trinken, Kochen, Löschen dauernd bereithalten.
Dachboden endgültig entrümpeln.
Stallungen von Großvieh vorschriftsmäßig gas- und splittersicher herrichten.
Verdunklungseinrichtungen anbringen.
Lebensmittel, möglichst auch Futtermittel, nur noch verpackt oder in gut schließenden Schränken oder sonstigen Behältern aufbewahren. Lebens- und Futtermittel bei Lagerung im Freien und auf Transporten nach Möglichkeit abdecken.
Gasmaske stets griffbereit halten und auf der Straße mitführen.
Luftschutzraumgepäck bereithalten (Gasmaske, warme Kleidung, Decken, Kissen, Taschenlampen, Lebensmittel, für Kinder und Kranke Thermosflaschen mit Getränk, Kinderspielzeug, wichtige Papiere).

Verhalten bei Fliegeralarm: Ruhe bewahren!

I. Im Hause:

Türen und Fensterläden zu, Haustür offen lassen, dabei Verdunklungspflicht beachten.
Gas und Strom in der Wohnung abstellen. Luftschutzwart stellt Hauptgashahn ab.
Luftschutzraum mit Luftschutzraumgepäck aufsuchen. Keine Tiere, außer Blinden- und Diensthunden, mitnehmen.
Im Luftschutzraum nicht rauchen, kein offenes Licht benutzen. Bei Kampfstoffgeruch oder Reizwirkung Gasmasken aufsetzen, notfalls feuchtes Tuch vor Mund und Nase. Undicht gewordene Stellen des Luftschutzraumes abdichten. Luftschutzraum nur auf Anordnung des Luftschutzwarts verlassen.

II. Auf der Straße:

Sofort Straße räumen.
Nächsten Luftschutzraum aufsuchen.
Fahrzeuge so abstellen, daß Durchfahrt nicht behindert wird.
Zugtiere ausspannen und anbinden.
Im unbebauten Gelände jede Deckung ausnutzen und hinlegen.
Die gleichen Gebote gelten auch bei überraschendem Luftangriff.
Bei Kampfstoffgeruch oder Reizwirkung (nicht Leuchtgas) Gasmaske aufsetzen, notfalls feuchtes Tuch vor Mund und Nase, ruhig atmen, nicht laufen. Stellen mit öligen Spritzern meiden. Bei Feststellung flüssiger Kampfstoffe auf Haut oder Kleidung nächste Rettungsstelle oder Laienhelferin aufsuchen. Wenn dies nicht möglich, schnellstens vergiftete Kleidungsstücke ablegen und gründliche Körperreinigung mit Seife und warmem Wasser.

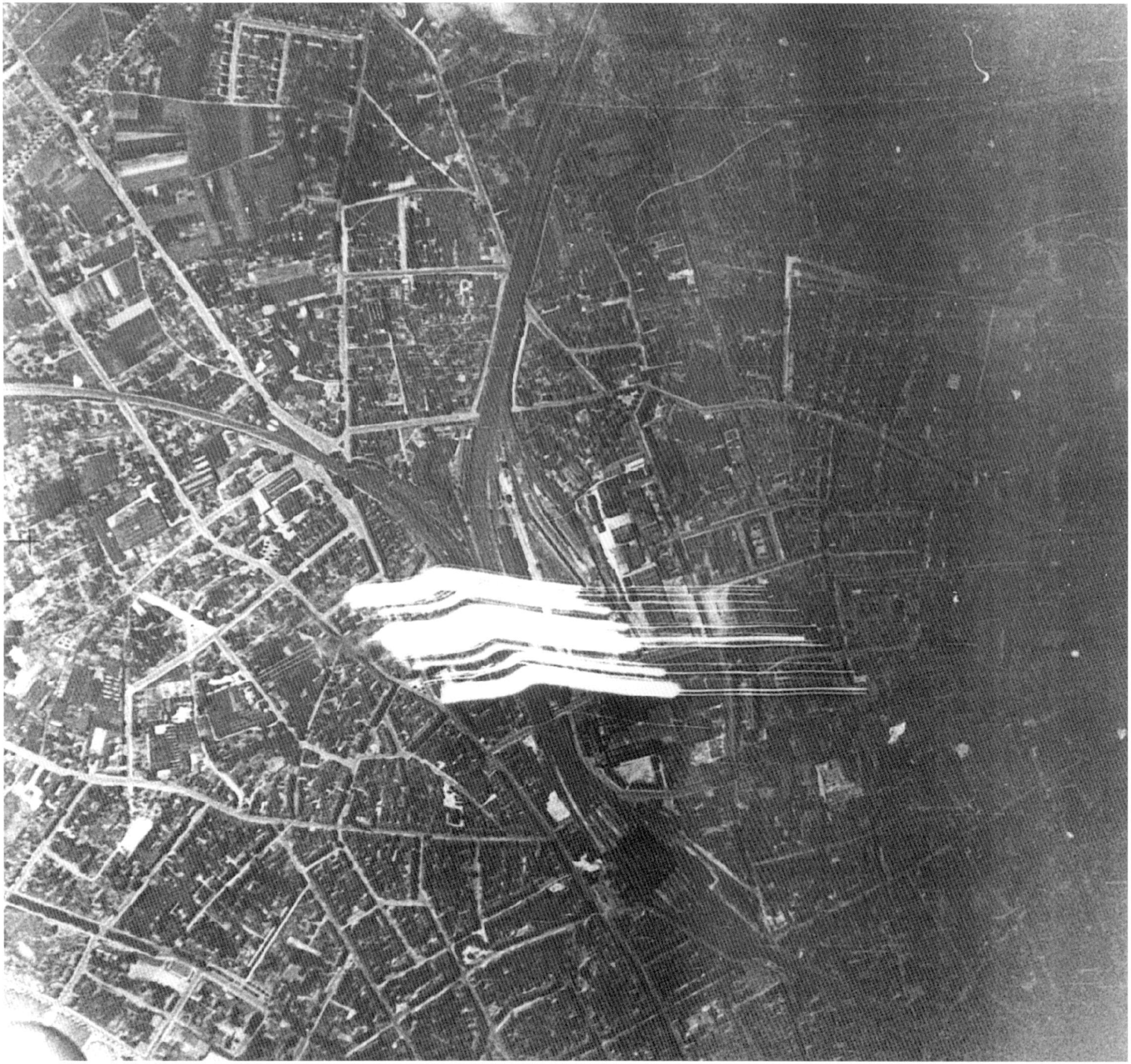

Abb. 26 (vorige Seite): In der Nacht zum 8. Juli 1941 gehen von Flugzeugen der RAF abgeworfene Markierungsbomben zur Zielidentifizierung für den Bomberverband im Bereich des Hauptbahnhofs Mönchengladbach nieder.

Abb. 27 (o.): Bei einem Luftangriff auf die Bahnstrecke Mönchengladbach-Aachen in der Nacht zum 8. Juli 1941 wurden ein Güterzug und zehn beladene Waggons zum Entgleisen gebracht. Der Heizer des Güterzugs fand dabei den Tod, der Lokführer erlitt schwere Verletzungen, ein 16jähriger Junge wurde durch herabfallende Schuttmassen außerhalb des Schutzraumes getötet.
Abb. 28 (u.): Mehrere Waggons wurden bei dem Luftangriff durch den Luftdruck bis auf die Dächer der Häuser Dessauer Straße 33–37, die direkt am Bahndamm standen, geschleudert; 8. Juli 1941.

Abb. 29: Ferntrauung im Trauzimmer des Standesamtes Mönchengladbach am 18. Juli 1940. Der Bräutigam, der sich bei der Wehrmacht befindet, ist symbolisch durch sein auf dem Tisch aufgestelltes Foto und einen Stahlhelm vertreten.

Abb. 30 (o.): Luftschutzbau am Kapuzinerplatz in Mönchengladbach, August 1941

Abb. 31 (u.): Luftschutzbau am Kapuzinerplatz in Mönchengladbach, September 1941. Nach Kriegsausbruch begann man auch in Mönchengladbach und Rheydt mit einem massiven Programm zum Bau von öffentlichen Luftschutzräumen. In der Stadt Mönchengladbach wurden in diesem Zusammenhang von 1940 bis Anfang 1944 insgesamt elf Bunker (einschließlich Bahnhofs- und Krankenhausbunker) errichtet. Sie boten im Normalfall 6 500 Personen Schutz. Bei großer Gefahr konnten darin jedoch bis zu 20 000 Menschen unterkommen.

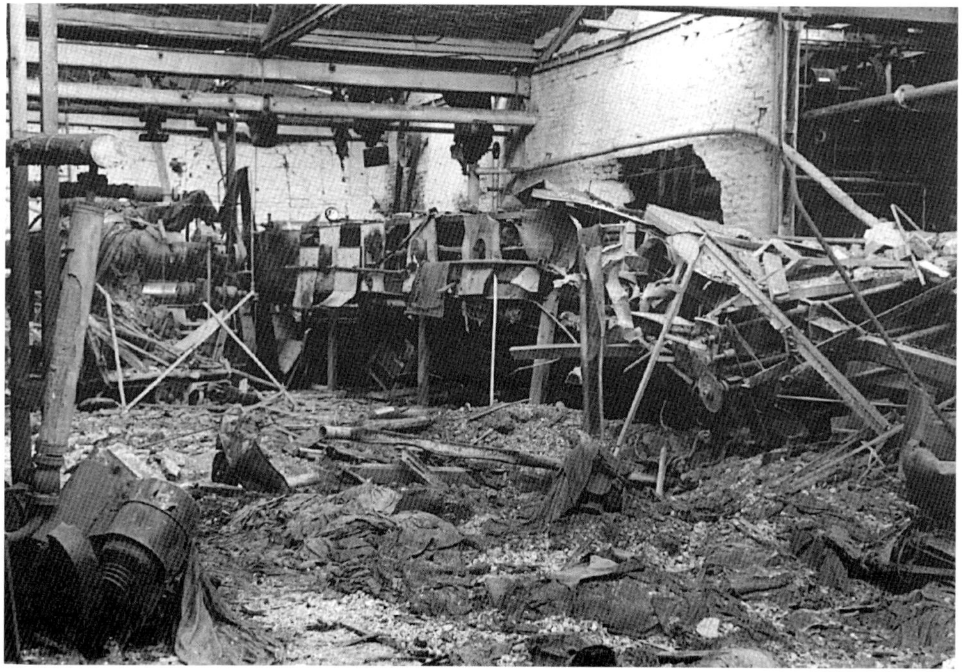

Abb. 32 (o.): Der Luftschutzbunker Schlageter (heute Erzbergerstraße) nach der Fertigstellung im Oktober 1941. Anfang 1944 waren noch vier neue Bunkerbauten geplant bzw. zum Teil schon in Angriff genommen worden. Doch konnten sie bis Kriegsende nicht mehr alle realisiert bzw. vollendet werden.
Abb. 33 (u.): Durch Bombentreffer wurde das Rumpuswerk in Mönchengladbach, Ohlerkirchweg 35, schwer getroffen; Innenansicht. Die Aufnahme entstand am 3. Oktober 1941.

Abb. 34 (o.): Trümmer des Wohnhauses Ahrstraße 9 in Mönchengladbach. Das Haus erhielt am 14. Februar 1942 morgens um 5.40 Uhr einen Volltreffer durch eine Sprengbombe, wobei vier Personen außerhalb des Luftschutzraumes ums Leben kamen.

Abb. 35 (u.): Alter Markt in Mönchengladbach, Februar 1942. Der Winter 1941/42 war besonders streng und schneereich. Wegen der großen Kälte und des Kohlenmangels mußte Anfang 1942 in verschiedenen Schulen in Rheydt der Unterricht teilweise mehrere Wochen ausgesetzt werden.

Abb. 36 (o.l.): Der Alte Markt in Mönchengladbach im strengen Kriegswinter, Januar/Februar 1942

Abb. 37 (o.r.): Kriegsgefangene Franzosen beim Schneeräumen am Hauptbahnhof in Mönchengladbach, Januar/Februar 1942. Am 15. Februar 1943 waren insgesamt 2 728 Kriegsgefangene in Mönchengladbach-Rheydt im Arbeitseinsatz.

Abb. 38 (u.r.): In der Nähstube der NSDAP-Ortsgruppe Mönchengladbach-Süd arbeiten Frauen die während der Woll- und Wintersachensammlung für die Soldaten an der Ostfront vom 28. Dezember 1941 bis zum 18. Januar 1942 eingegangenen Kleidungsstücke um.

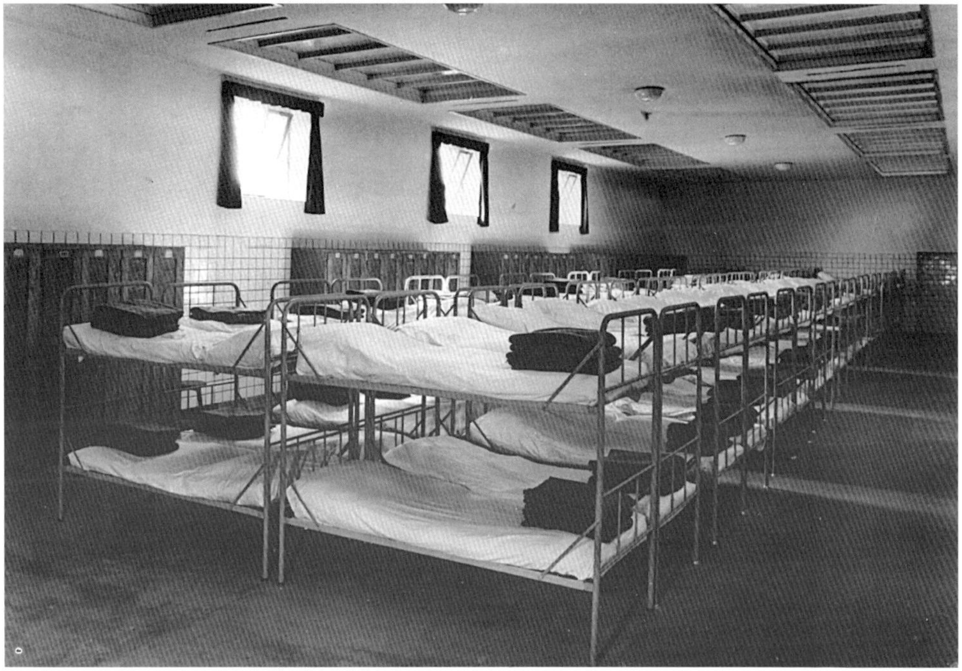

Abb. 39 (o.): Schlafraum von polnischen Zwangsarbeitern des Betriebs Gladbacher Wollindustrie AG, Tuchfabrik, in Mönchengladbach, vor Oktober 1944. Das Werk I befand sich auf der Rudolfstraße 1, während das Werk II auf der Burggrafenstraße 35 lag. Bei dieser Aufnahme ist jedoch zu berücksichtigen, daß es sich um ein offizielles Foto handelt, das nicht unbedingt die Alltagswirklichkeit wiedergibt. In Mönchengladbach hatten 15 Firmen und Dienststellen, in Rheydt 14 Fremdarbeiterlager.

Abb. 40 (u.): Küche des Lagers der russischen Zwangsarbeiter im Betrieb der Gladbacher Wollindustrie AG, Tuchfabrik, in Mönchengladbach, vor Oktober 1944. Auch bei dieser Aufnahme handelt es sich um ein offizielles Werksfoto, was bei dessen Aussagekraft zu berücksichtigen ist. Im Dezember 1943 waren in Mönchengladbach-Rheydt insgesamt 8 531 Fremdarbeiterinnen und Fremdarbeiter im Arbeitseinsatz.

Abb. 41 (o.): Der Marienplatz in Rheydt vor dem 2. Weltkrieg. 1938 bis 1945 hieß er >Platz der SA<. Das flache, runde Bauwerk im Vordergrund links ist der sogenannte, heute nicht mehr vorhandene >Kuchenteller<.

Abb. 42 (u.): Trotz Krieg ging das Leben weiter: Vor dem Einzug in die Kirche posiert das Brautpaar für den Fotografen auf dem Marienplatz in Rheydt, um 1942.

Abb. 43: Blick aus der Bahnhofstraße in Rheydt auf den Marienplatz. Vorne rechts trifft die Odenkirchener Straße auf die Bahnhofstraße.

Palast -Theater

Nur bis einschl. Donnerstag bringen wir den großen Roman-Film der UFA

Der Jäger von Fall

nach dem gleichnamigen Roman von LUDWIG GANGHOFER

In den Hauptrollen:
Paul Richter — Georgia Holl
Betty Sedlmayer — Hans A. Schlettow
Rolf Pinegger — Gustl St. Gstettenbauer
Josef Eichheim u. a.

Den Hintergrund dieses spannenden Films bilden herrliche Naturaufnahmen.

Kulturfilm Wochenschau

Aufführungszeiten:
2.30, 4.35, 6.45 Uhr.

Odeon -Theater

Nur noch bis einschl. Donnerstag: das mit außergewöhnlichem Beifall aufgenommenen neuesten Rühmann-Lustspiels

Quax der Bruchpilot

mit

Heinz Rühmann

Harry Liedtke, Elga Brink, Leo Peukert
Beppo Brehm, Karl Ettlinger
Wilhelm Bendow, Gertrud Wolle
Gerhard Dammann, Lothar Firmans u. a.

Ein Bomben-Lustspiel!

Weichsel Kulturfilm. **Neueste Wochenschau.**

Neue Aufführungszeiten:
2.30, 4.35, 7.00 Uhr. Sonntags ab 1.45 Uhr.

Trauer-Drucksachen sofort
Buchdruckerei Otto Bergen, Rheydt, Mühlenstr. 59

Abb. 44: Aus: Rheydter Zeitung/Rheydter Tageblatt vom 17. Februar 1942. Trotz oder gerade wegen der schrecklichen Kriegsverhältnisse wollten sich die Menschen wenigstens ab und zu einmal vergnügen. Während des gesamten Krieges wurde, soweit möglich, Kinounterhaltung für die Bevölkerung geboten. Als nach dem schweren Luftangriff am 31. August 1943 in Rheydt fast alle Kinos ausgebombt waren, sorgte Dr. Joseph Goebbels dafür, daß in seiner Heimatstadt schnellstens wieder in provisorischen Räumlichkeiten Filmveranstaltungen durchgeführt werden konnten. Diese dienten nicht nur dazu, den unmittelbar durch die immer schlimmer werdenden Luftangriffe in vielfacher Weise bedrückten Menschen zumindest für ein paar Stunden die Möglichkeit zum Abschalten zu bieten. Außerdem sollten die Kinofilme auch propagandistisch im Sinne des NS-Regimes wirken, nicht zuletzt durch die vor dem Hauptfilm jeweils gezeigten neuesten Ausgaben der >Deutschen Wochenschau< mit Nachrichten über den Kriegsverlauf.

Abb. 45 (o.): Kriegsalltag auf dem Land in Mönchengladbach. Die Pferde dieses Landwirts waren bei Kriegsausbruch von der Deutschen Wehrmacht requiriert worden. An deren Stelle mußte fortan ein Ochsengespann die Arbeit verrichten. Wie diesem Bauern ging es zahlreichen Pferdebesitzern während des 2. Weltkriegs.
Abb. 46 (u.): Schüler der Volksschule in Mönchengladbach-Venn helfen im Rahmen des staatlich angeordneten Kriegseinsatzes der Jugend im Sommer 1942 bei der Flachsernte.

Eine Botschaft des Oberbefehlshabers der Britischen Kampfflugzeuge an das deutsche Volk

NOCH nie hat der Mann, der die Bombenangriffe auf eine Land leitet, eine Botschaft an die Bevölkerung dieses Landes gerichtet. Ich, Luftmarschall Harris, Oberbefehlshaber der britischen Kampfflugzeuge, die Deutschland angreifen, habe mich entschlossen, diese Botschaft an das deutsche Volk zu richten.

Wir in England haben zur Genüge erfahren, was Luftangriffe bedeuten. Zehn Monate hindurch hat uns eure Luftwaffe mit Bomben belegt. Zuerst bei Tage. Als wir das abgestellt hatten, kam sie bei Nacht. Ihr hattet damals eine starke Luftwaffe. Eure Flieger schlugen sich gut. Zweiundneunzig Nächte hintereinander haben sie London gebombt; Coventry, Plymouth, Liverpool und andere britische Städte haben sie schwer angegriffen. Der Schaden, den sie anrichteten, war beträchtlich; 43 000 britische Männer, Frauen und Kinder sind dabei ums Leben gekommen; viele historische Bauten, die uns lieb und teuer waren, sind zerstört.

Damals glaubtet ihr, — denn Göring hatte es euch versprochen — das ihr selber vor Bomben sicher seid. Und tatsächlich konnten wir nur mit wenigen Flugzeugen antworten. Jetzt sind die Rollen vertauscht. Jetzt kommen nur ab und zu ein paar deutsche Maschinen zu uns; und wir bomben Deutschland nach Noten.

Warum wir das tun? Nicht aus Rachsucht — obwohl wir Warschau, Rotterdam, Belgrad, London, Plymouth Coventry nicht vergessen. Wir bomben Deutschland, eine Stadt nach der andern, immer schwerer, um euch die Fortführung des Krieges unmöglich zu machen. Das ist unser Ziel. Wir werden es unerbittlich verfolgen. Stadt für Stadt: Lübeck, Rostock, Köln, Emden, Bremen, Wilhelmshaven, Duisburg, Hamburg,— und die Liste wird immer länger. Lasst euch von den Nazis mit ins Verderben reissen, wenn ihr wollt. Das ist eure Sache.

* * *

IST das Wetter gut, dann kommen wir bei Nacht. Schon jetzt fliegen tausend Bomber eine Stadt wie Köln an und zerstören innerhalb einer Stunde ein Drittel von ihr. Wir wissen das, denn wir haben die Luftaufnahmen. Ist der Himmel bewölkt, so kommen wir bei Tag und bomben eure Fabriken und Docks; Danzig, so weit entfernt es auch ist, weiss Bescheid. Wir kommen bei Tag und bei Nacht; kein Teil des Reiches ist sicher.

In Köln, im Ruhrgebiet, in Rostock, Lübeck oder Emden mag man der Ansicht sein, dass wir mit unsern Bombern schon allerhand geleistet haben. Wir sind anderer Ansicht. Was ihr bisher erlebt habt, wird nicht zu vergleichen sein mit dem was kommt, sobald unsere Produktion von Bombenflugzeugen erst zu einem Strom anschwillt und die amerikanische sich verdoppelt und vervierfacht.

Ich möchte ganz offen darüber sprechen, ob wir einzelne militärische Ziele angreifen oder ganze Städte. Selbstverständlich bomben wir lieber eure Fabriken, Docks und Eisenbahnen; das trifft Hitlers Kriegsmaschine am schwersten. Aber die Arbeiter, die in diesen Werken beschäftigt sind, wohnen dicht um sie herum. Deshalb fallen unsere Bomben auf eure Wohnhäuser und — auf euch.

Wir bedauern, dass das notwendig ist. Die Arbeiter des Dieselmotorenwerks Humboldt-Deutz in Köln z.B., von denen eine Anzahl in der Nacht des 30. Mai umkam, mussten die Gefahren des totalen Kriegs auf sich nehmen, genau wie die Seeleute unserer Handelsflotte, gegen welche die (mit Motoren von Humboldt-Deutz ausgerüsteten) U-Boote ihre Torpedos abgefeuert hätten. Waren die Arbeiter der Flugzeugwerke von Coventry, ihre Frauen, ihre Kinder nicht auch „Zivilbevölkerung" ganz wie die Arbeiter der Rostocker Flugzeugwerke und deren Familien? Aber Hitler hat es so gewollt!

* * *

ES stimmt, dass eure Abwehr unseren Bombern Verluste zufügt. Eure Führer erzählen euch zu eurem Trost, diese Verluste seien so schwer, dass wir unsere Luftangriffe bald nicht mehr würden fortsetzen können. Wer das glaubt, wird bitter enttäuscht werden. Ich, der die britischen Kampfflugzeuge befehligt, will euch sagen, wie gross unsere Verluste sind: nicht einmal 5 v. H. der Bomber, die wir über Deutschland schicken, gehen verloren. Eine solche Verlustrate kann kaum den ständigen Zuwachs verzögern, der durch die steigende Produktion unserer eigenen und der amerikanischen Fabriken sichergestellt ist.

* * *

AMERIKA greift erst jetzt in Europa ein. Die ersten Geschwader, Vorläufer einer ganzen Luftflotte, sind aus U.S.A. in England eingetroffen. Ist es euch klar, was es bedeutet, wenn die auch Deutschland angreifen? Allein aus einem einzigen amerikanischen Betrieb, den neuen Fordwerken in Willow Run, Detroit, rollt schon jetzt alle zwei Stunden ein neuer viermotoriger Bomber heraus, der vier Tonnen Bomben nach jeder deutschen Stadt tragen kann. Und Willow Run ist nur ein Betrieb unter Dutzenden. An diese Anlagen könnt ihr nicht heran. Auch eure U-Boote können die amerikanischen Bomber nicht am Herüberkommen verhindern; denn die *fliegen* über den Atlantik.

Bald werden wir jeden Tag und jede Nacht erscheinen bei Regen, Sturm und Schnee — wir und die Amerikaner. Ich war gerade acht Monate drüben, und so weiss ich genau, was bevorsteht. Wenn ihr uns dazu zwingt, werden wir das Dritte Reich von einem Ende zum andern heimsuchen. Ihr könnt uns nicht hindern, und ihr wisst das.

Ihr habt keine Chance. Ihr habt uns 1940 nicht schlagen können, als wir waffenlos waren und allein standen. Eure Führer waren dann so verrückt, auch noch Russland und Amerika anzugreifen (aber eure Führer *sind* eben verrückt — das weiss die ganze Welt, ausser Italien). Wie könnt ihr jetzt auf einen Sieg hoffen, da wir, mit Russland und Amerika, immer stärker werden, während euch die Kraft mehr und mehr ausgeht? Nein, ihr habt keine Chance.

* * *

VERGESST Eines nicht: wie weit eure Armeen auch vormarschieren, sie können nie bis nach England kommen. Sie konnten schon nicht herkommen, als wir waffenlos waren. Sie können siegen, soviel sie wollen, — den Luftkrieg müsst ihr dann immer noch mit uns und den Amerikanern ausfechten. Den könnt ihr nie gewinnen — aber wir gewinnen ihn bereits.

Und nun noch ein letztes Wort:

Es steht bei euch, mit Krieg und Bomberei Schluss zu machen. Stürzt die Nazis, und ihr habt Frieden! Es ist nicht wahr, dass wir einen Rachefrieden planen. Das ist eine deutsche Propagandalüge. Aber wir werden es ganz gewiss jeder deutschen Regierung unmöglich machen, noch einmal einen totalen Krieg anzufangen. Ist das nicht ebenso euer Interesse wie das unsere?

A. T. Harris Air Marshal RAF.

Abb. 47: Britisches Propagandaflugblatt mit Faksimile-Unterschrift des Chefs des Britischen Bomberkommandos, Luftmarschall A. T. Harris, das im Sommer 1942 über Mönchengladbach und Rheydt abgeworfen wurde (Vorder- und Rückseite).

Abb. 48 (o.): Bewohner bergen Hausrat aus ihren zerstörten Wohnungen in der Friedensstraße in Rheydt, 27. Januar 1943. Das zerstörte Schaufenster vorne rechts gehört zu der Lebensmittelhandlung von Paul Kamphausen, Friedensstraße 114.

Abb. 49 (u.): Sanitätstrupp vor der Volksschule in Rheydt-Bell. In diesem Schulgebäude war während des Krieges eine Rettungsstelle eingerichtet, in der die Opfer von Luftangriffen Erste Hilfe erhielten, um 1943.

Abb. 50 (o.l.): Zu den zahlreichen durch Luftangriffe ganz oder teilweise vernichteten Industriebetrieben gehörten auch die Schorch-Werke AG in Rheydt, Ludwig-Knickmann-Straße 131 (heute Breite Straße). Der Betrieb stellte Elektromaterial und elektrische Anlagen, insbesondere Dynamos, her.

Abb. 51 (o.r.): Angehörige einer Flakeinheit posieren auf dem Schulhof der damaligen Volksschule für Jungen in Rheydt-Mülfort zusammen mit dem Hausmeister der Schule für ein Foto. Das Schulgebäude wurde, wie viele andere Schulen auch, während des Krieges wiederholt für schulfremde, insbesondere militärische Zwecke, ganz oder teilweise beschlagnahmt. Bereits am 14. November 1939 erfolgte die erste Beschlagnahme des Schulgebäudes durch die Deutsche Wehrmacht. Nach dem ersten Großangriff auf Rheydt am 31. August 1943 diente es auch vorübergehend als Obdachlosen-, Sammel- und Verpflegungsstelle.

Abb. 52 (u.r.): Das durch Bombentreffer völlig zerstörte Haus Hackesstraße 109 d in Mönchengladbach-Neuwerk, 25. Februar 1943

Abb. 53 (o.): Aufräumungsarbeiten im Reichsbahntriebswerk in Mönchengladbach (Güterbahnhof) nach dem Bombenangriff am 9. April 1943. Sechs Angehörige der Reichsbahn wurden bei dem Angriff getötet, einer wurde verletzt.

Abb. 54 (u.): Aufräumungsarbeiten im Reichsbahnbetriebswerk (Güterbahnhof) in der Kranstraße in Mönchengladbach nach dem Bombenangriff am 9. April 1943

Abb. 55: Anfang März 1943 werden auf einem südenglischen Flugplatz 4 000 Pfund (lb) schwere Minenbomben zu einem für den Einsatz gegen Deutschland startklar gemachten Avro Lancaster-Bomber des Britischen Bomberkommandos gebracht. Die auch als >block busters< (Wohnblockknacker) bezeichneten hochexplosiven 4 000-Pfund-Sprengbomben gehörten ab 1942/43 zur Standardmunition des Britischen Bomberkommandos für Flächenangriffe. Ihr bei der Explosion ausgelöster gewaltiger Luftdruck konnte ganze Häuserreihen zum Einsturz bringen.

Abb. 56: Am Morgen nach dem ersten Großangriff auf Mönchengladbach-Rheydt in der Nacht vom 30. auf den 31. August 1943 ziehen am anderen Morgen noch dichte Rauchwolken, die von den zahlreichen Bränden herrühren, über die Innenstadt von Mönchengladbach. Die Aufnahme zeigt den Bereich Burggrafen-, Rudolf- und Hehner Straße in Mönchengladbach.

Terrorangriff auf M.Gladbach und Rheydt

25 britische Bomber abgeschossen / Die erbitterten Kämpfe an der Ostfront halten an

Aus dem Führerhauptquartier, 31. 8. Das Oberkommando der Wehrmacht gibt bekannt:

Der Feind setzte seine Angriffe gegen den südlichen und mittleren Abschnitt der Ostfront auch gestern mit unverminderter Heftigkeit fort. Die erbitterten Kämpfe sind noch im Gange. 91 Sowjetpanzer wurden abgeschossen.

Im Seegebiet westlich Taganrog versenkten leichte deutsche Seestreitkräfte zwei von sechs feindlichen Motorkanonenbooten, schossen zwei Zerstörer und vier Transportsegler. Sie torpedierten ferner einen Tanker von 10 000 BRT. und schossen über dem Atlantik vier feindliche Flugzeuge ab. Im Schwarzen Meer vernichteten Unterseeboote zwei sowjetische Bewacher und einen Seeschlepper mit drei Fahrzeugen.

*

In den seit acht Wochen fast ohne Unterbrechung anhaltenden schweren Schlachten an der Ostfront sind die Bolschewisten trotz ihrer zahlenmäßigen Überlegenheit an Waffen und Menschen immer

Mannschaften. Regimentskommandeure setzten sich, als dem Feind Einbrüche gelungen waren, an die Spitze rasch zusammengeraffter Reserven und meisterten die Lage in wuchtigen Gegenstößen. Ein Bataillonskommandeur bahnte dem Gegenstoß seiner Kampfgruppe den Weg, indem er durch Einsatz eines erbeuteten Sowjetpanzers mehrere feindliche Panzerkampfwagen zusammenschoß. Der Kommandeur einer schweren Artillerieabteilung verteidigte eine durch eingebrochene feindliche Kräfte abgeschnittene Beobachtungsstelle 24 Stunden lang gegen fortgesetzte feindliche Angriffe und leitete trotz ver-

RHINELAND RAIDED

On Monday night the R.A.F. raided München-Gladbach-Rheydt, which lies less than 20 miles west of Düsseldorf, and is not only an important railway centre but the home of a number of heavy industries and other war factories.

The Air Ministry report of the night's activity was:—

Our bombers made a heavy and concentrated attack on the industrial area of München-Gladbach-Rheydt in the Rhineland. Mosquitoes attacked objectives in Duisburg.

Airfields and other targets in France and the Low Countries were also attacked during the night.

Twenty-eight of our bombers are missing.

Abb. 57 (o.) und 58 (u. Mitte): Ein Ereignis – zwei unterschiedliche Meldungen. Den ersten Großangriff auf Mönchengladbach-Rheydt in der Nacht vom 30. zum 31. August 1943 meldete die Rheinische Landeszeitung – Volksparole – Gladbach-Rheydter Zeitung in ihrer Ausgabe am 1. September 1943 unter der Überschrift >Terrorangriff auf M.Gladbach und Rheydt<. Die Londoner >Times< berichtete am selben Tag von diesem Angriff unter der rein sachlichen Überschrift >Rhineland raided< (Rheinland angegriffen).

Abb. 59 (u.r.): Aus: Rheinische Landeszeitung – Volksparole – Gladbach-Rheydter Zeitung vom 4. September 1943

M.Gladbach

Unverzüglich an die Arbeit

Die werktätigen Gefolgschaftsmitglieder werden aufgefordert, unverzüglich ihre Arbeit an ihrem bisherigen Arbeitsplatz wieder aufzunehmen.

Falls infolge Beschädigung des Betriebes eine Arbeitsaufnahme nicht möglich ist, haben sie sich beim Arbeitsamt Gladbach-Rheydt

Hauptamt M.Gladbach, Emmichstr. (Hansahaus),

Nebenstelle Rheydt, Hindenburgwall 127

zu melden.

Bei Nichtbefolgung dieser Anordnung haben die Gefolgschaftsmitglieder entsprechende Maßnahmen zu erwarten.

M.Gladbach, den 4. September 1943.

Der Leiter des Arbeitsamtes
Gladbach-Rheydt
Deutsche Arbeitsfront

Wehrpflichtige!

Alle in Wehrüberwachung stehenden Wehrpflichtigen haben ihre geänderten Adressen sofort dem zuständigen Wehrmeldeamt zu melden.

Der Wehrmachtstandortälteste
von M.Gladbach.

Abb. 60: Nach dem ersten Großangriff auf Mönchengladbach und Rheydt in der Nacht zum 31. August 1943 fertigte ein hochfliegender RAF-Aufklärer zur Feststellung des Schadensausmaßes u. a. diese Aufnahme vom Stadtzentrum an. Unten rechts befindet sich der Hauptbahnhof, weiter oberhalb links ist das Gelände des Güterbahnhofs. Rechts davon geht die Strecke nach Düsseldorf, links nach Krefeld ab. Am oberen Bildrand rechts ist der Volksgarten zu erkennen, am unteren Bildrand links kann man einen Teil des Kaiserparks (heute Bunter Garten) mit der Kaiser-Friedrich-Halle ausmachen. Die Aufnahme zeigt, daß sich die Zerstörungen vor allem zwischen der Bismarckstraße und dem Bereich in Richtung Alter Markt (rechte untere Bildecke) konzentrierten.

Abb. 61 (o.): Ruinenlandschaft an der Ecke Lüpertzender-/Stepgesstraße in Mönchengladbach nach dem Angriff am 31. August 1943

Abb. 62 (u.): Die Rathausstraße mit dem ausgebrannten Rathausgebäude im Abteikomplex in Mönchengladbach nach dem Angriff am 31. August 1943; im Vordergrund das Balderich-Denkmal

Abb. 63: Blick vom Münster in Mönchengladbach auf Zerstörungen am Rathaus und der Hauptpfarrkirche nach dem Angriff am 31. August 1943

Abb. 64: Zerstörtes Rathaus in Mönchengladbach, Innenhof, Ost- und Südseite nach dem Angriff am 31. August 1943

Abb. 65: Hausruinen an der Ostseite des Alten Marktes in Mönchengladbach nach dem Angriff am 31. August 1943

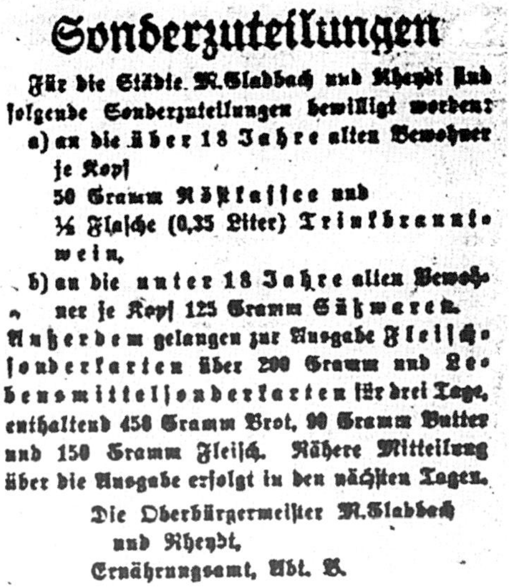

Sonderzuteilungen

Für die Städte M.Gladbach und Rheydt sind folgende Sonderzuteilungen bewilligt worden:

a) an die über 18 Jahre alten Bewohner
je Kopf
50 Gramm Röstkaffee und
½ Flasche (0,35 Liter) Trinkbranntwein,

b) an die unter 18 Jahre alten Bewohner je Kopf 125 Gramm Süßwaren.

Außerdem gelangen zur Ausgabe Fleischsonderkarten über 200 Gramm und Lebensmittelsonderkarten für drei Tage, enthaltend 450 Gramm Brot, 90 Gramm Butter und 150 Gramm Fleisch. Nähere Mitteilung über die Ausgabe erfolgt in den nächsten Tagen.

Die Oberbürgermeister M.Gladbach
und Rheydt,
Ernährungsamt, Abt. B.

Abb. 66 (o.): Aus: Rheinische Landeszeitung – Volksparole – Gladbach-Rheydter Zeitung vom 8. September 1943. Nach schweren Luftangriffen erhielt die betroffene Bevölkerung Sonderzuteilungen, besonders von Luxusgütern, wie z. B. Bohnenkaffee, Alkohol, Zigaretten und für die Kinder Süßwaren.

Abb. 67 (r.): Durch den Sicherheits- und Hilfsdienst ausgeführte Aufräumungsarbeiten an den zerstörten Anbauten der Wohnhäuser Dessauer Straße 19 – 21 in Mönchengladbach. Drei Personen waren verschüttet und konnten nur noch als Leichen geborgen werden.

Abb. 68: Die nach dem ersten schweren Luftangriff auf Mönchengladbach-Rheydt am 31. August 1943 notdürftig von Trümmern geräumte Schlageterstraße (heute Erzbergerstraße), Blick in Richtung Hardterbroich

Abb. 69 (o.): Die zerstörte Croonsallee in Mönchengladbach, von der Hindenburgstraße aus gesehen, nach dem Angriff am 31. August 1943
Abb. 70 (u.): Der gerettete Hausrat von Ausgebombten ist auf der Goethestraße zum Abtransport abgestellt. Blick von Humboldt- in Richtung Eickener Straße aus (nach dem Angriff am 31. August 1943)

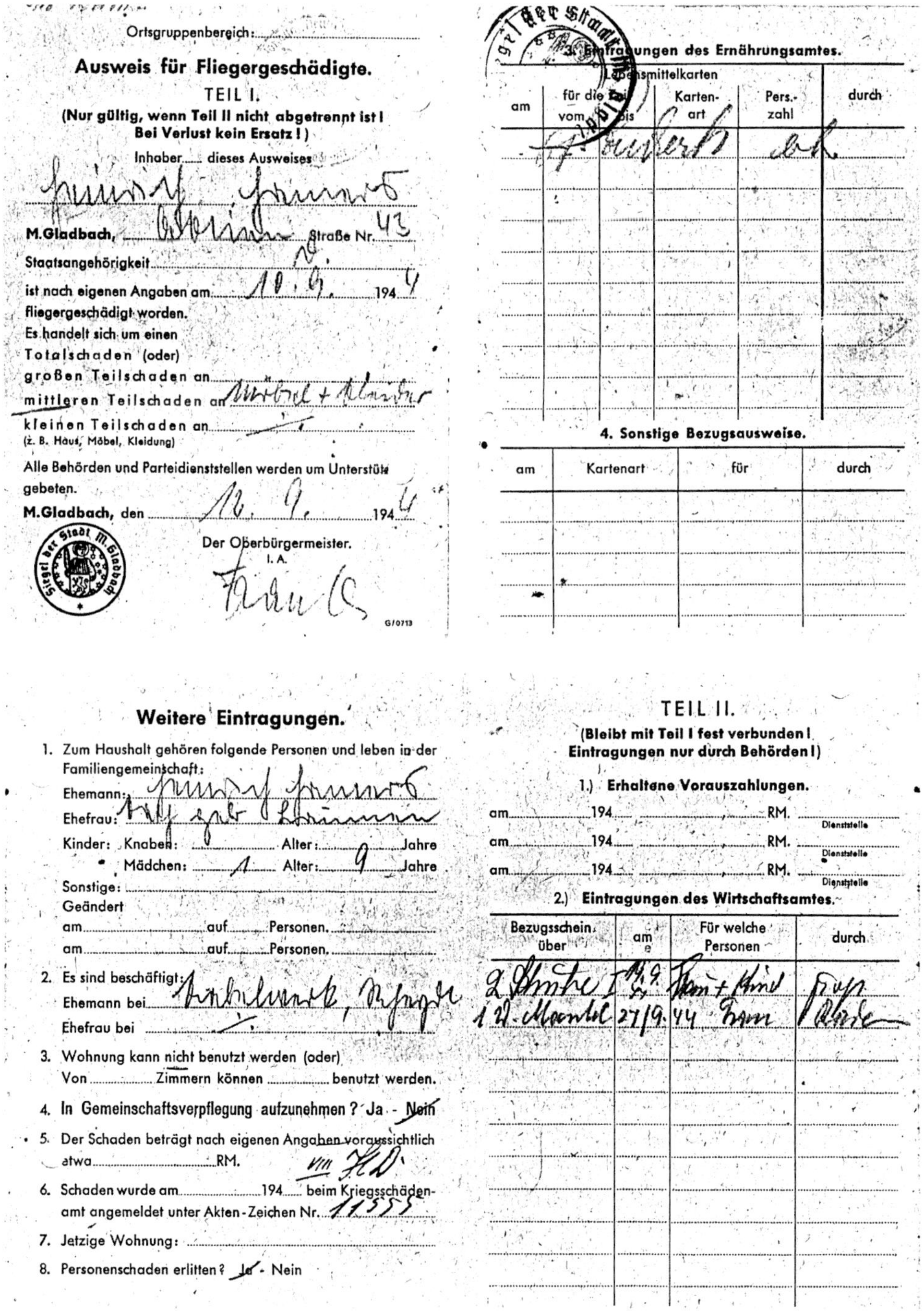

Ortsgruppenbereich: ....

Ausweis für Fliegergeschädigte.

TEIL I.

(Nur gültig, wenn Teil II nicht abgetrennt ist!
Bei Verlust kein Ersatz!)

Inhaber..... dieses Ausweises: [illegible]

M.Gladbach, [illegible] Straße Nr. 43

Staatsangehörigkeit: D.

ist nach eigenen Angaben am 10.9. 1944

fliegergeschädigt worden.

Es handelt sich um einen

Totalschaden (oder)

großen Teilschaden an ....

mittleren Teilschaden an [illegible]

kleinen Teilschaden an ....

(z. B. Haus, Möbel, Kleidung)

Alle Behörden und Parteidienststellen werden um Unterstützung gebeten.

M.Gladbach, den 11. 9. 1944

Der Oberbürgermeister.
I. A.
[illegible]

Siegel der Stadt M. Gladbach

G/0713

3. Eintragungen des Ernährungsamtes.

am	Lebensmittelkarten für die Zeit vom	bis	Kartenart	Pers.-zahl	durch
	[illegible]				[illegible]

4. Sonstige Bezugsausweise.

am	Kartenart	für	durch

Weitere Eintragungen.

1. Zum Haushalt gehören folgende Personen und leben in der Familiengemeinschaft:
   Ehemann: [illegible]
   Ehefrau: [illegible]
   Kinder: Knaben: .... Alter: .... Jahre
   Mädchen: 1 Alter: 9 Jahre
   Sonstige: ....
   Geändert
   am .... auf .... Personen.
   am .... auf .... Personen.
2. Es sind beschäftigt:
   Ehemann bei [illegible]
   Ehefrau bei ....
3. Wohnung kann nicht benutzt werden (oder)
   Von .... Zimmern können .... benutzt werden.
4. In Gemeinschaftsverpflegung aufzunehmen? Ja - ~~Nein~~
5. Der Schaden beträgt nach eigenen Angaben voraussichtlich etwa .... RM.
6. Schaden wurde am .... 194..... beim Kriegsschädenamt angemeldet unter Akten-Zeichen Nr. 11555
7. Jetzige Wohnung: ....
8. Personenschaden erlitten? ~~Ja~~ - Nein

TEIL II.

(Bleibt mit Teil I fest verbunden!
Eintragungen nur durch Behörden!)

1.) **Erhaltene Vorauszahlungen.**

am .... 194..... .... RM. .... Dienststelle
am .... 194..... .... RM. .... Dienststelle
am .... 194..... .... RM. .... Dienststelle

2.) **Eintragungen des Wirtschaftsamtes.**

Bezugsschein über	am	Für welche Personen	durch
2 [illegible]	11.9.	[illegible] + Kind	[illegible]
1 D. Mantel	27/9.44	[illegible]	[illegible]

Abb. 71: Nach dem Großangriff am 10. September 1944 ausgestellter Ausweis für einen fliegergeschädigten Einwohner (Außenblatt – oben – und Innenseiten – unten). Dieser Ausweis berechtigte zu Unterstützungsleistungen durch Behörden und Parteidienststellen, so u. a. zum Bezug von Kleidung und Hausrat.

Abb. 72 (o.): Aufräumungsarbeiten auf der Hindenburgstraße/Ecke Wall- und Abteistraße in Mönchengladbach nach dem ersten Großangriff am 31. August 1943
Abb. 73 (u.): Verkehrsregelung an der Ecke Hindenburg- und Bismarckstraße in Mönchengladbach nach dem Großangriff am 31. August 1943

Abb. 74 (rechte Seite, o.l.): Die Hindenburgstraße in Mönchengladbach nach dem Großangriff am 31. August 1943 in der Nähe der Friedrichstraße
Abb. 75 (rechte Seite, u.l.): Die obere Hindenburgstraße/Ecke Markteingang in Mönchengladbach nach dem Angriff am 31. August 1943

Straßenbahnverkehr M.-Gladbach — Rheydt

Es verkehren:

Linie 1 von M.-Gladbach Hbf. nach Odenkirchen;
Linie 2 von M.-Gladbach Hbf. nach Rheydt, Platz der SA. (durch Einsatz von Omnibussen im 15-Minuten-Verkehr);
Linie 3 ab Grünewald—Waldniel im 30-Min.-Verkehr und zeitweise 10-Min.-Verkehr bis Poeth;
Linie 4 vorläufig eingestellt;
Linie 5 der Verkehr wird in Kürze wieder teilweise aufgenommen;
Linie 6 vorläufig eingestellt;
Linie 7 ab Postamt 5 bis Rheindahlen im 20-Minuten-Verkehr;
Linie 7 M.-Gladbach Hbf.—Neersen Hbf. im 20-Min.-Verkehr (ab Postamt 5 bis Fürsorgeanstalt im 10-Min.-Verkehr;
Linie 9 ab Wasserturm M.-Gladbach—Süchteln im 20-Minuten-Betrieb;
Linie 9 ab Hbf. M.-Gladbach—Lürrip im 10-Minuten-Betrieb;
Linie 11 Dülken bis Viersen Bhf. im 20-Min.-Verkehr wie bisher;
Linie 14 M.-Gladbach Hbf.—Krefeld im 60-Min.-Verkehr.

Mit weiteren Verkehrsverbesserungen und Aufnahme der stillgelegeten Omnibuslinien ist in Kürze zu rechnen.

M.-Gladbach, den 2. September 1943.

Städt. Versorgungs- und Verkehrsbetriebe M.-Gladbach (V. u. V.) — Verkehrsbetriebe.

Abb. 76 (o.r.): Aus: Rheinische Landeszeitung – Volksparole – Gladbach-Rheydter Zeitung vom 3.9.1943. Nach dem schweren Luftangriff am 31.8.1943, bei dem auch schwere Schäden am Schienen- und Oberleitungsnetz der Straßenbahn in Mönchengladbach entstanden, war der Straßenbahnverkehr nur zwei Tage völlig lahmgelegt. Bereits am 2.9.1943 war es möglich, die Außenlinien bis zur Stadtgrenze fahren zu lassen. Nach 14 Tagen wurde bereits der Durchgangsverkehr von Mönchengladbach nach Rheydt aufgenommen. Ab dem 25. September war dann das Gesamtnetz der Straßenbahn in Mönchengladbach, mit Ausnahme einiger unbedeutender Teilstrecken, wieder in Betrieb.

Abb. 77 (o.): Die untere Hindenburgstraße in Mönchengladbach, von der Eickenerstraße aus gesehen, nach dem Angriff am 31. August 1943
Abb. 78 (u.): In der Hindenburgstraße/Am Bour in Mönchengladbach ist nach dem ersten Großangriff auf Mönchengladbach am 30./31. August 1943 die gerettete Habe auf dem Bürgersteig vorläufig abgestellt.

Abb. 79 (rechte Seite, o.l.): Bewohner suchen im Trümmerschutt vor dem zerstörten Kaufhof in Mönchengladbach, Hindenburgstraße, nach noch zu rettenden Gegenständen. Die Aufnahme entstand von der Stephanstraße aus.
Abb. 80 (rechte Seite, o.r.): Das völlig ausgebrannte Gebäude des Textilgeschäftes Hettlage, Hindenburgstraße 4, in Mönchengladbach
Abb. 81 (rechte Seite, u.l.): Aus: Rheinische Landeszeitung – Volksparole – Gladbach-Rheydter Zeitung vom 17. September 1943. Total Ausgebombte erhielten u. a. sogenannte Zusatzkleiderkarten, um sich mit den notwendigsten Kleidungsstücken versorgen zu können.
Abb. 82 (rechte Seite, u.r.): Beim ersten Großangriff auf Mönchengladbach in der Nacht vom 30. zum 31. August 1943 wurde auch das Finanzamt am Kaiserplatz (heute Adenauerplatz) zerstört.

Ausgabe von Zusatzkleiderkarten

An total- und schwerfliegergeschädigte Personen

werden Zusatzkleiderkarten mit 50 sofort gültigen Wertabschnitten ausgegeben:

in M.Gladbach bei den bekannten Bezirksstellen des Wirtschaftsamtes,

in Rheydt im Wirtschaftsamt Schule Wilhelm-Strauß-Straße,

in Odenkirchen im Rathaus,

in Giesenkirchen im Rathaus, und zwar am Freitag, dem 17. d. M., an Personen mit den Familienanfangsbuchstaben A—G,

Samstag, den 18. 9., H—O,

Montag, den 20. 9., P—S,

Dienstag, den 21. 9., T—Z.

Die Ausgabe erfolgt in der Bezirksstelle, die für die frühere Wohnung zuständig war, und nur in der obigen Reihenfolge von 8 bis 12 Uhr vormittags. Die Kleiderkarte ist vorzulegen.

Die Ausgabe der Sonderbezugscheine (2. Hilfe) für Kleidung und persönliche Wäsche und Bettwäsche erfolgt in einigen Tagen. Die Abholtage werden noch bekanntgegeben.

M.Gladbach und Rheydt, 16. 9. 1943.

Die Oberbürgermeister.
Wirtschaftsämter.

Abb. 83 (o.l.): Das ausgebrannte Mittelschiff der katholischen Hauptpfarrkiche St. Mariä Himmelfahrt in Mönchengladbach nach dem Angriff am 31. August 1943
Abb. 84 (o.r.): Voller Trümmer lag der Kaiserplatz (heute Adenauerplatz)/Ecke Yorckstraße in Mönchengladbach nach dem schweren Luftangriff auf die Stadt am Morgen des 31. August 1943
Abb. 85 (u.r.): Blick auf den Alten Markt Ecke Neu- bis Waldhausenerstraße nach dem Angriff am 31. August 1943

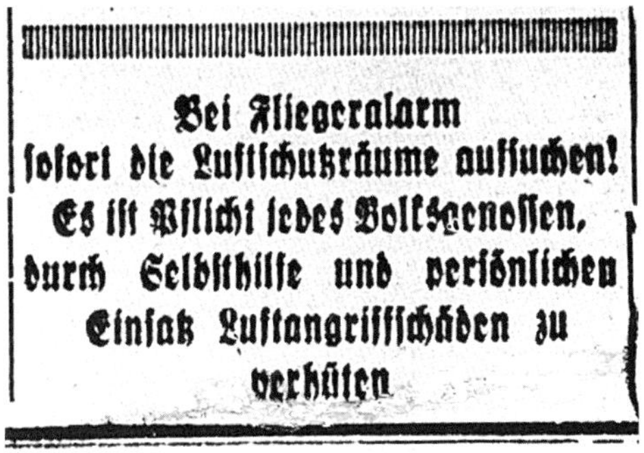

Bei Fliegeralarm
sofort die Luftschutzräume aufsuchen!
Es ist Pflicht jedes Volksgenossen,
durch Selbsthilfe und persönlichen
Einsatz Luftangriffschäden zu
verhüten

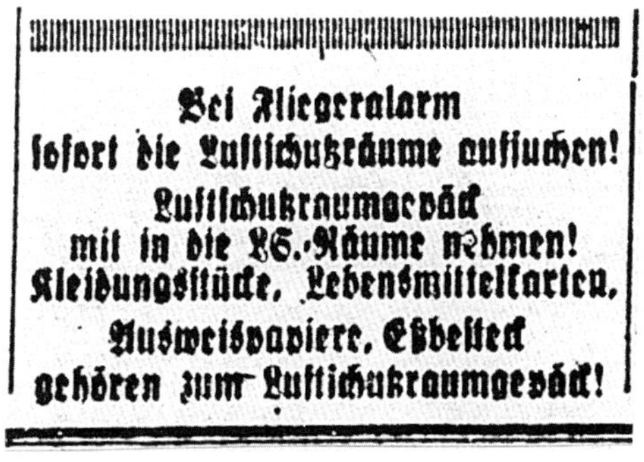

Bei Fliegeralarm
sofort die Luftschutzräume aufsuchen!
Luftschutzraumgepäck
mit in die LS.-Räume nehmen!
Kleidungsstücke, Lebensmittelkarten,
Ausweispapiere, Eßbesteck
gehören zum Luftschutzraumgepäck!

Abb. 86 (o.l.): Die zerstörte evangelische Christuskirche, Kapuzinerstraße 46, in Mönchengladbach nach dem Angriff am 31. August 1943

Abb. 87 (o.r.): Zerstörungen im Bereich des Hochbunkers am Kapuzinerplatz in Mönchengladbach durch den ersten Großangriff auf Mönchengladbach am 31. August 1943.

Abb. 88 (Mitte l.): Aus: Rheinische Landeszeitung – Volksparole – Gladbach-Rheydter Zeitung vom 6. September 1943

Abb. 89 (u.l.): Aus: Rheinische Landeszeitung – Volksparole – Gladbach-Rheydter Zeitung vom 15. September 1943

Abb. 90: Werbeprospekt für nach den Richtlinien des Reichsluftfahrtministeriums hergestellte Luftschutzhelme, ca. 1940

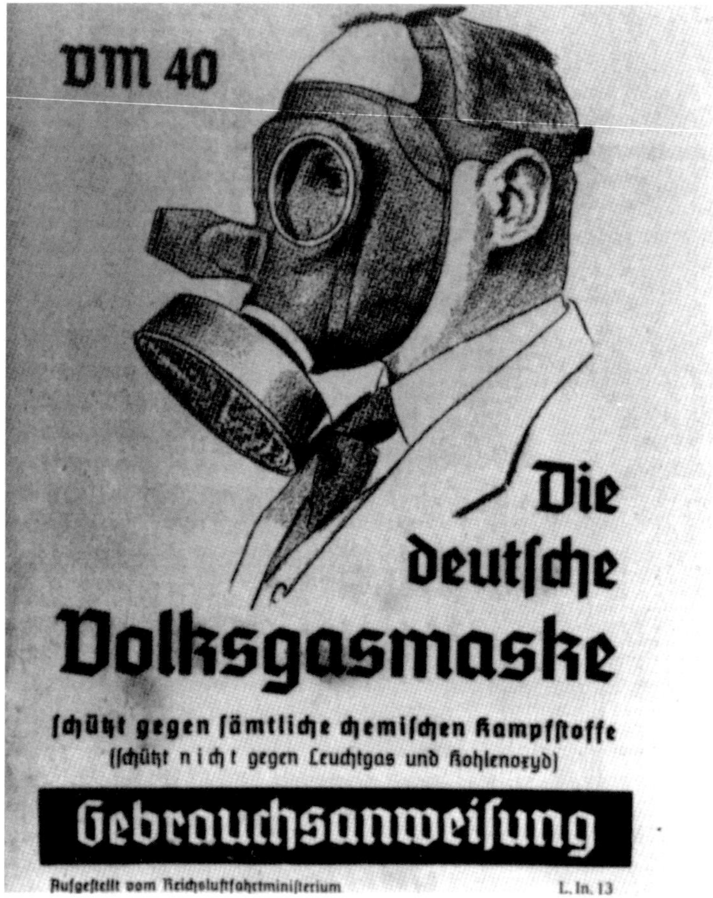

Abb. 91: Vom Reichsluftfahrtministerium erstellte Gebrauchsanweisung für die Volksgasmaske, ca. 1940 (Titelblatt). Die Volksgasmaske gehörte ebenso wie der Luftschutzhelm zur Grundausstattung der zumeist im Reichsluftschutzbund organisierten Zivilkräfte.

Abb. 92: Die Bewohner eines Hauses in Mönchengladbach haben sich während eines der ersten Luftangriffe im Luftschutzkeller in Sicherheit gebracht. Dieses von einem Bildreporter für Archivzwecke gemachte Foto zeigt einen vorbildlich ausgestatteten Luftschutzkeller: Zu dieser Ausrüstung gehörte auch der bereitstehende Eimer (links) mit Löschwasser.

Ausstattungsvorschlag

für die Luftschutzgemeinschaft mit Feuerlöschgerät

Gegenstand	Anzahl	Bemerkungen
Axt	2	Handelsübliche Zimmermannsaxt für Einreißarbeiten und zum Freilegen von Brandherden.
Einreißhaken	1	Mit Stahlhaken versehene Holzstange.
Feuerpatsche	1	Mit fächerartigem Stoff versehener Stock zum Ausschlagen von Flammen und zum Bekämpfen schwer erreichbarer Brandherde.
Leine	1	20 m lange handelsübliche kräftige Leine von etwa 8 mm Durchmesser auf Holzwolle gewickelt, zum Hochziehen und Befestigen von Gegenständen.
Einstellspritze	1	Wichtiges Löschgerät des Selbstschutzes. Es sollen nur solche Spritzen verwendet werden, die vom Feuerwehr-Beirat geprüft sind.
Sandkiste	1	Kiste mit etwa 1/4 cbm Sand oder Erde und einfacher Handschaufel (Kohlenschippe).
Schaufel	2	Handelsübliche Flachschaufel (280 mm Blattlänge und 260 mm Blattbreite).
Wassereimer	6	Handelsübliche Haushaltseimer.
Wasserfaß	1	Faß, Bottich oder dergl. mit etwa 100 l Wasser.

Abb. 93 (o.): Vom Präsidium des Reichsluftschutzbundes in Berlin im Spätsommer 1939 herausgegebene Empfehlung für die Ausstattung von privaten Luftschutzräumen
Abb. 94 (u.): Luftschutzraum im Haus Hindenburgstraße 3 in Mönchengladbach. Die Aufnahme entstand zu Beginn des Krieges. Der Ausbau von Luftschutzräumen bzw. -kellern in Privathäusern wurde seit Kriegsbeginn mit staatlicher finanzieller Unterstützung gefördert. Angestrebt war, möglichst in jedem Wohnhaus der Stadt einen Luftschutzraum einzurichten. Anfang 1944 gab es in Mönchengladbach 10 422 als Luftschutzräume ausgebaute Keller, die Platz für 88 530 Personen boten.

Abb. 95 (o.): Das beim Großangriff am 31. August 1943 zerstörte Haus Ludendorffstraße (heute Albertusstraße) 14 in Mönchengladbach. Im Keller des Hauses befand sich ein öffentlicher Luftschutzraum, dessen Zugang durch die Trümmer teilweise verschüttet wurde. Der Luftschutzraum selbst blieb aber unversehrt, da die Decke der Sprengbombe und den auf sie herabgestürzten Trümmern standgehalten hatte. Alle Personen, die sich darin befanden, konnten unverletzt herausgeholt werden.
Abb. 96 (u.): Blick von der Lüpertzender Straße aus auf den Fliescherberg und das Gebäude des Städtischen Gymnasiums in Mönchengladbach nach dem Angriff am 31. August 1943

Abb. 97 (o.): Das völlig ausgebrannte >Haus der Jugend< in der Lüpertzender Straße in Mönchengladbach nach dem Angriff am 31. August 1943
Abb. 98 (u.): Ecke Lüpertzender-/Viktoriastraße nach dem ersten Großangriff auf Mönchengladbach am 31. August 1943

Abb. 99: Auf der Hauswand des beim Angriff am 31. August 1943 ausgebrannten Hauses Lüpertzender Straße 109 in Mönchengladbach haben frühere Bewohner Nachrichten über ihr Schicksal und ihren gegenwärtigen Aufenthalt für Verwandte und Bekannte hinterlassen. Am rechten Mauerstück teilt die Familie des Musiklehrers Franz Putscher mit, daß sie sich jetzt bei der Familie Fritz Deuring, Bökelstraße 58, befindet.

Abb. 100: Plakat vom Frühjahr 1944, mit dem für die Aufnahme von Evakuierten und ausgebombten Obdachlosen geworben wurde.

Abb. 101: Die verheerende Wirkung von Bombenabwürfen beim ersten schweren Luftangriff auf Mönchengladbach am 31. August 1943 wird hier in der Marktfeldstraße sichtbar.

Abb. 102: Nach dem Großangriff in der Nacht zum 31. August 1943 ist die Stepgesstraße in Mönchengladbach am anderen Tag teilweise abgesperrt.

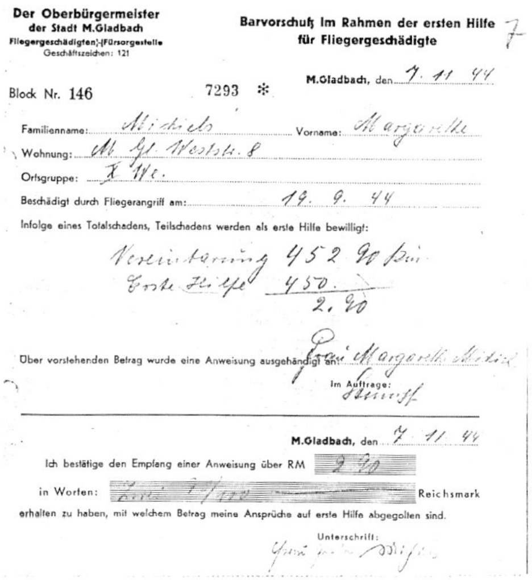

Der Oberbürgermeister der Stadt M.Gladbach
Fliegergeschädigten-Fürsorgestelle
Geschäftszeichen: 121

Barvorschuß im Rahmen der ersten Hilfe für Fliegergeschädigte 7

Block Nr. 146 7293 * M.Gladbach, den 7. 11. 44

Familienname: Michels Vorname: Margarethe

Wohnung: M. Gl. Weststr. 8

Ortsgruppe: X We.

Beschädigt durch Fliegerangriff am: 19. 9. 44

Infolge eines Totalschadens, Teilschadens werden als erste Hilfe bewilligt:

Verrechnung 452 90 [illegible]
Erste Hilfe 450.
2.90

Über vorstehenden Betrag wurde eine Anweisung ausgehändigt an: Frau Margarethe Michels

Im Auftrage: [illegible]

M.Gladbach, den 7. 11. 44

Ich bestätige den Empfang einer Anweisung über RM 2.90

in Worten: [illegible] Reichsmark

erhalten zu haben, mit welchem Betrag meine Ansprüche auf erste Hilfe abgegolten sind.

Unterschrift: [illegible]

Abb. 103 (o.l.): Bewilligungsbescheid vom 7. November 1944 der Fliegergeschädigten-Fürsorgestelle in Mönchengladbach über einen Barvorschuß im Rahmen der ersten Hilfe für Fliegergeschädigte
Abb. 104 (o.r.): Das beim Großangriff am 31. August 1943 schwer beschädigte Gebäude des Städtischen Ernährungsamtes in Mönchengladbach in der Stepgesstraße
Abb. 105 (u.r.): Nach dem ersten schweren Flächenangriff auf Mönchengladbach am 31. August 1943 waren manche Straßenzüge so von Schuttbergen bedeckt, daß sich die Räumungsmannschaften vielfach auf die Freilegung eines schmalen Durchgangspfads beschränkten. Das Bild zeigt die Stepgesstraße.

Abb. 106 (l.): Durch die gewaltigen Schuttmassen war die Wilhelmstraße in Mönchengladbach nach dem ersten Großangriff auf Mönchengladbach am 31. August 1943 an vielen Stellen unpassierbar. In dieser Straße überstand lediglich ein einziges Haus den Angriff.
Abb. 107 (o.): Bergung von Verschütteten in Mönchengladbach-Windberg. Dieses Foto wurde vermutlich nach dem ersten Großangriff auf Mönchengladbach am 31. August 1943 gemacht.

Abb. 108 (o.): Blick vom Krankenhaus Maria Hilf über das Stadtzentrum in Mönchengladbach; im Hintergrund der Turm der ausgebrannten Abteikirche, nach dem Angriff am 31. August 1943
Abb. 109 (u.): Blick über das beim ersten Großangriff auf Mönchengladbach am 31. August 1943 schwer getroffene Krankenhaus Maria Hilf

Abb. 110: Durch Brandbomben entstandene Verwüstungen im Krankenhaus Maria Hilf in Mönchengladbach. Durch den erheblichen Ausfall an Krankenhausbetten wurde die Bettennot in den Krankenhäusern der Stadt so groß, daß in den folgenden Monaten sogar Patienten, die dringend einer Krankenhausbehandlung bedurften, abgewiesen werden mußten. Die Aufnahme entstand nach dem Angriff am 31. August 1943.

Abb. 111: Durch Brandbomben zerstörter Stall und Scheune in Mönchengladbach, Hehnerholt 188, 10. September 1943

Abb. 112 (rechte Seite): Luftaufnahme vom 5. September 1943 des südlichen Teilbereichs der Stadt Rheydt. In der linken Bildhälfte ist die Eisenbahnstrecke Aachen-Mönchengladbach zu sehen. Oberhalb be-

findet sich der Verschiebebahnhof. Rechts neben der Bahnanlage verläuft die Wickrather Straße. Am rechten Bildrand liegt der Ortsteil Rheydt-Geistenbeck, links der Bahnlinie Rheydt-Hockstein. Die links nach schräg oben verlaufende Straße ist die Hubertusstraße.

Abb. 113 (o.l.): Die freigeräumte und zum Teil gesperrte obere Hauptstraße in Rheydt mit Blick auf die evangelische Hauptkirche am Markt gegen Ende des Krieges

Abb. 114 (o.r.): So sah die untere Hauptstraße nach den schweren Luftangriffen auf Rheydt aus. Die Aufnahme wurde von der Limitenstraße aus gemacht. Die Straßenbahnschienen führen in Richtung Giesenkirchen.

Abb. 115 (u.r.): Ein britischer Halifax-Bomber nimmt vor einem Einsatz gegen Ziele in Deutschland im April 1943 auf einem Flugplatz in Südengland seine Bombenladung an Bord.

Abb. 116 (rechte Seite): Nach dem ersten Großangriff am 31. August 1943 machte ein britischer Aufklärer am 5. September 1943 auch diese Aufnahme von der Stadt Rheydt. Rechts unten befindet sich der Hauptbahnhof, links davon der Güterbahnhof. Rechts neben dem Hauptbahnhof verläuft die Bahnhofstraße, die weiter oben in die Odenkirchener Straße mündet. Weiter oberhalb kommt von rechts die Straße der SA (heute Stresemannstraße). An der Ecke befindet sich der Platz der SA (heute Marienplatz) mit dem sog. Kuchenteller. Nach links führt die Josef-Goebbels-Straße (heute Dahlener Straße) in Richtung Rheindahlen. Der Eisenbahnlinie folgend verläuft nach Norden

die Horst-Wessel-Straße (heute Friedrich-Ebert-Straße) in Richtung Mönchengladbach. Deutlich lassen sich zwischen Bahnbereich und der schräg zum rechten Bildrand in der Mitte verlaufenden Limitenstraße zahlreiche dachlose und ausgebrannte Häuserzeilen ausmachen. Am linken Bildrand befindet sich in der unteren Ecke der Städtische Friedhof. Das am Baumbestand erkennbare Gelände des (ehemaligen) Rheydter Krankenhauses ist das rechteckige in der Bildmitte entlang der Personenstrecke nach Mönchengladbach gelegene.

Abb. 117 (o.): Diese kurz nach Kriegsende entstandene Luftaufnahme des Stadtzentrums von Rheydt zeigt den Marktplatz mit der ausgebrannten Ruine der evangelischen Hauptkirche. In der Bildmitte verläuft senkrecht die Hauptstraße, die eine der am meisten zerstörten Straßen von Rheydt war. Bereits beim ersten Großangriff in der Nacht vom 30. zum 31. August 1943 wurde der Stadtkern von Rheydt weitgehend vernichtet. In der Stadt waren bei Kriegsende fast ein Viertel aller Wohnhäuser zerstört oder so stark beschädigt, daß sie nicht mehr bewohnt werden konnten.

Abb. 118 (u.): Blick über den Marktplatz in Rheydt mit der evangelischen Hauptkirche (links) und dem Rathaus (rechts). Die Zerstörungen sind überwiegend Folge des ersten Großangriffs vom 30./31. August 1943.

Abb. 119 (o.): Ein Bild aus >besseren< Tagen: Am Nachmittag des 24. März 1933 steht eine riesige Menschenmenge dichtgedrängt auf dem Marktplatz in Rheydt (damals hieß er Adolf-Hitler-Platz) vor dem Rathaus, von dessen Freitreppe der gebürtige Rheydter Dr. Joseph Goebbels eine Ansprache hält. Dr. Goebbels, dem an diesem Tag die Ehrenbürgerschaft von Gladbach-Rheydt verliehen worden war, gab bei seiner Rede die Versicherung ab, daß seine Geburtstadt Rheydt, die 1929 mit Mönchengladbach vereinigt worden war, ihre kommunale Selbständigkeit wiedererhalten würde, was dann auch zum 1. August 1933 geschah. Am 16. Oktober 1934 verlieh dann auch die Stadt Rheydt Dr. Goebbels die Ehrenbürgerschaft. Diese wurde ihm jedoch nach dem Krieg durch einen Beschluß des Ausschusses der Vertrauensmänner der Stadt Rheydt vom 14. Juni 1945 wieder aberkannt.

Abb. 120 (u.): Blick aus der Friedhofstraße auf den Marktplatz in Rheydt und auf die Ruine der evangelischen Hauptkirche, Aufnahme vom Ende des Krieges

Abb. 121 (o.): Ruinen und Trümmerberge auch in der Steubenstraße in Rheydt. Die Aufnahme wurde aus der damaligen Adolf-Hitler-Allee (heute Brucknerallee) ca. 1944 gemacht.
Abb. 122 (u.): Der Bahnhofsvorplatz mit dem ausgebrannten Empfangsgebäude des Hauptbahnhofs Rheydt, von der Ecke Vierhausstraße und Wickrather Straße gesehen, ca. 1944

Abb. 123 (o.): Ausgebrannte Häuserruinen in der Odenkirchener Straße in Rheydt nach dem ersten Großangriff am 31. August 1943. Wie die stehengebliebene Uhr am Uhrengeschäft Hemmersbach, Haus Nr. 165, zeigt, wurde das Haus um 3.25 Uhr morgens getroffen.
Abb. 124 (u.): Die zerstörte Hoemenstraße in Rheydt-Odenkirchen während des Krieges

Abb. 125 (o.): Die Ruhrfelderstraße in Rheydt-Odenkirchen gegen Ende des Krieges
Abb. 126 (u.): Beim Angriff am 31. August 1943 wurde auch das Gebäude der Oberschule für Jungen in Rheydt-Odenkirchen (früher Reform-Realgymnasium / Städtisches Gymnasium) am Pixbusch sehr stark beschädigt. Der Dachstuhl brannte dabei vollständig aus, und die Aula wurde total zerstört. In den unversehrt gebliebenen Teilen des Gebäudes brachte man vorübergehend Ausgebombte und Obdachlose unter, so daß für den Unterricht lediglich die Kellerräume zur Verfügung standen. Ende Januar 1944 erlitt der Südflügel des Gebäudes weitere Schäden.

Abb. 128: Flakstellung am Flugplatz in Mönchengladbach-Wolfsittart/Holt mit 2-cm-Vierlingsflak. An der Flak taten auch jugendliche Flakhelfer Dienst, 1943/1944.

Abb. 127: Vereidigung von Luftwaffenhelfern auf dem Hof des HJ-Heims in Mönchengladbach, Am Steinberg, ca. Ende 1944

Abb. 129: Nach dem zweiten Großangriff auf Mönchengladbach in der Nacht zum 10. September 1944 wurde am anderen Morgen um 9.30 Uhr diese Aufnahme von einem RAF-Aufklärer gemacht. Mit Ausnahme der nördlichen Stadtteile ist fast das gesamte Stadtgebiet von mächtigen Rauchwolken verdeckt. Sie rühren von den immer noch lodernden zahlreichen Bränden her. 2 000 abgeworfene Stabbrandbomben, 8 000 Phosphorbrandbomben sowie 15 000 sog. Flammenstrahlbomben zählte die Luftschutzpolizei in Mönchengladbach nach dem Angriff. Durch sie wurden in der Stadt nach amtlichen Angaben 26 Groß- und 196 mittelgroße Brände ausgelöst.

Abb. 130: Diese am 13. September 1944 gemachte Luftaufnahme eines RAF-Aufklärers von Mönchengladbach zeigt die weiteren, nach dem zweiten Großangriff in der Nacht zum 10. September 1944 angerichteten Schäden im Bereich des Stadtkerns. Wiederum konzentrierten sie sich vor allem auf die Umgebung des Hauptbahnhofs (Bildmitte) und den südlichen Stadtbereich.

Abb. 131: Nach einem Luftangriff in der Nacht rauchen in der schuttübersäten Bebericher Straße in Mönchengladbach noch Trümmer von zerstörten Wohnhäusern.

I. Durchschrift
für Ernährungs- und Wirtschaftsamt

Abschnitt Ernährungsamt der Fl.-Abreisebescheinigung

A

Vordruck für Schadensfall	I a)	Die Lebensmittelkarten sind den im Stammabschnitt genannten Personen belassen worden. Die bestellscheingebundenen, nicht belieferten Abschnitte tauschen die Ernährungsämter im Aufnahmegau gegen RGM, Lebensmittelmarken oder Berechtigungsscheine um.
	b)	Für verlorengegangene Lebensmittelkarten sind Lebensmittelbedarfsnachweise bis zu dem unter B eingetragenen Tag einschließlich ausgegeben.
Vordruck für Fall vorsorglicher Umquartierung	II	Die Lebensmittelkarten für die im Stammabschnitt genannten Personen sind zurückgegeben worden. Für die Versorgung in der Übergangszeit sind Lebensmittelbedarfsnachweise bis zu dem unter B eingetragenen Tag einschließlich ausgegeben.

B

Lebensmittelbedarfsnachweise sind ausgegeben

f.d. Personen z. Ziffer d. Seite 2	bis zum	Ausgabestelle. Ernährungsamt:

Durchschrift für die Kartenstelle der Heimatgemeinde.

Die weitere Versorgung der nebenstehenden Personen mit Lebensmittelkarten **und** Bezugsrechten für gewerbliche Erzeugnisse ist einzustellen. Die Personalkarten bzw. die Haushaltskarte sind zu sperren.

— 1 —

Stammabschnitt

FI Abreisebescheinigung

für behördlich angeordnete - genehmigte* - Umquartierung

1) ____________________, geb. am ____________
(Name und Vorname)

____________________ ____________________
(Wohnort) (Straße und Hausnummer)

ist nach seinen Angaben / amtlichen Feststellungen total-, schwer-, mittel-, leichtgeschädigt,
— vorsorglich umzuquartieren*) nach ____________________
Aufnahmegau

Außerdem gilt diese Bescheinigung für folgende Personen:

Nichtbenutzte Felder durchkreuzen

Nr.	Name	Vorname	geboren am
2			
3			
4			
5			
6			
7			
8			

*) Nichtzutreffendes ist zu streichen.

An Vorauszahlungen sind geleistet: auf Unterhalt ____________ RM
auf Entschädigung ____________ RM

____________, den ____________

Der Oberbürgermeister
Im Auftrage:

Dienstsiegel

— 2 —

Abb. 132 (o.l.): Das zerstörte Empfangsgebäude des Hauptbahnhofs in Mönchengladbach
Abb. 133 (o.r.): Einwohner von Mönchengladbach betrachten die durch Luftangriffe verursachten Zerstörungen im Bereich des Hauptbahnhofes, ca. 1944.
Abb. 134 (u.r.): Die im November 1943 eingeführte, reichseinheitliche Abreisebescheinigung für behördlich angeordnete oder genehmigte Evakuierungen (»Umquartierungen«) wegen Luftgefährdung oder Fliegerschäden. Sie mußte den Behörden im neuen Aufenthaltsort vorgelegt werden, um dort z. B. Lebensmittelkarten zu erhalten.

Abb. 135: Das gewaltige Ausmaß der Bombenschäden im Bereich der Bahnanlagen in Mönchengladbach zeigt diese nach Kriegsende am 11. Mai 1945 von einem RAF-Aufklärer gemachte Aufnahme. In der rechten unteren Bildecke ist der Hauptbahnhof zu sehen. Sehr deutlich ist die Honigwabenstruktur der ausgebrannten Häuser zu erkennen.

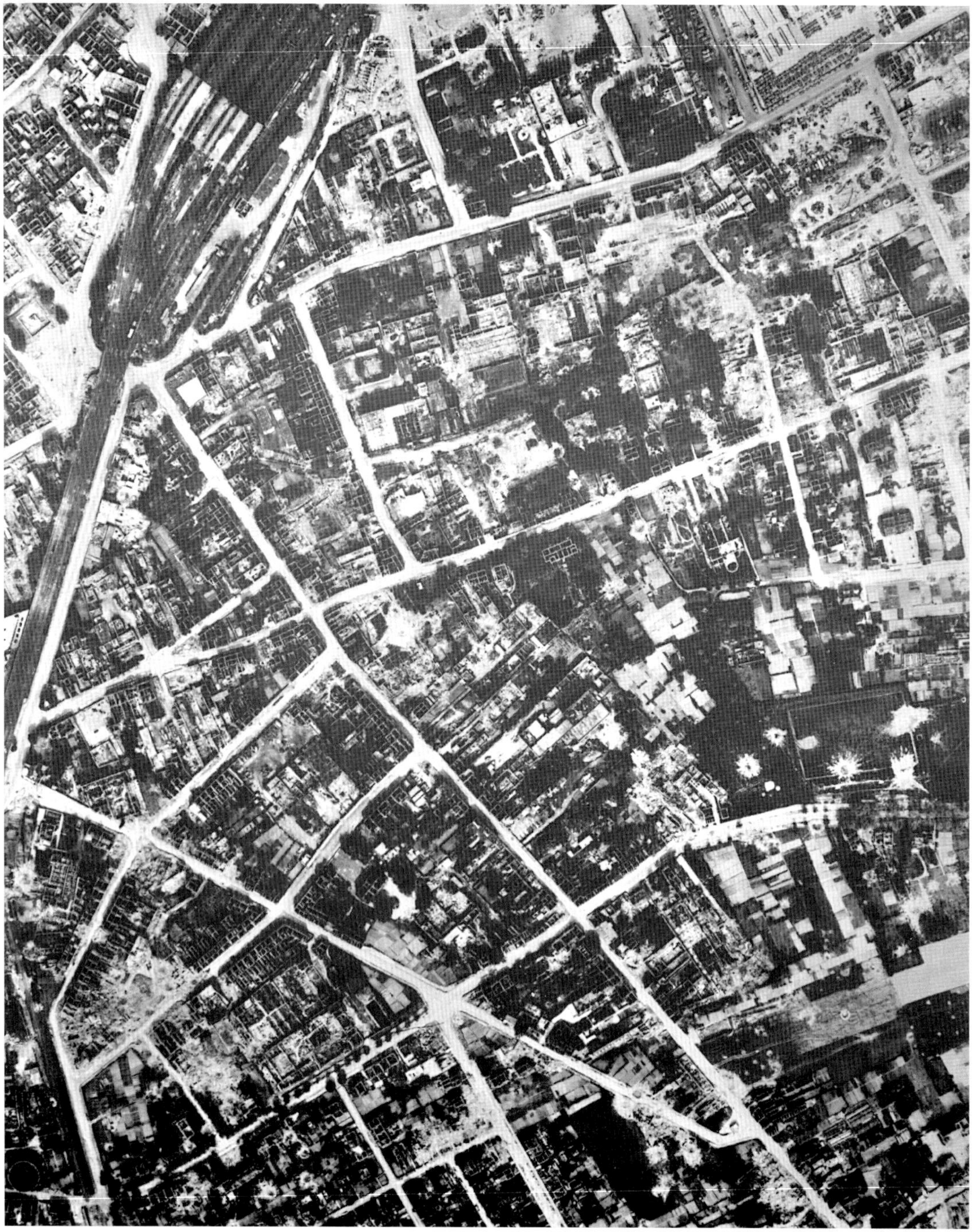

Abb. 136: Die durch die Luftangriffe angerichteten Zerstörungen im Bereich östlich des Hauptbahnhofs und der Bahnlinie in Mönchengladbach-Pesch dokumentiert diese britische Luftaufnahme. Unterhalb des Hauptbahnhofs führt nach rechts unten die Schlageterstraße (heute Erzbergerstraße). Nach links oben geht die Lürriper Straße ab, parallel dazu verläuft unterhalb die Pescher Straße. Die nächste Parallelstraße darunter ist die Volksgartenstraße. In der rechten unteren Bildecke stoßen im spitzen Winkel die Oststraße (links) und die heutige Erzbergerstraße zusammen. Diese Aufnahme entstand nach Kriegsende am 11. Mai 1945.

Abb. 137: Mehrere Großangriffe verwandelten das Stadtzentrum von Mönchengladbach bis Kriegsende in eine Ruinen- und Trümmerlandschaft. Rund 43 % der Wohnungen in der Stadt waren völlig zerstört oder schwer beschädigt. Die Luftaufnahme zeigt im Vordergrund die Friedrichstraße und in der Mitte die Hindenburgstraße. Im Bildhintergrund links ist die Ruine des Finanzamtes, ganz rechts der zerstörte Kaufhof zu erkennen. Am oberen Rand, hier nicht mehr im Bild, stand die weitgehend unzerstört gebliebene Kaiser-Friedrich-Halle.

Die neue Waffe

Mit gleißnerischen Versprechungen versucht der Feind das Deutsche Volk wieder einmal zu betören. Derselbe Gegner, der Tag und Nacht Mord und Brand über deutsche Städte und Dörfer bringt, der den Krieg gegen die wehrlose Zivilbevölkerung führt, will durch verlogene Worte erreichen, was ihm im ehrlichen Waffenkampf versagt blieb. Er spricht vom Frieden und meint unseren Tod. Allein in seinen teuflischen Haßprophezeiungen:

Ausrottung unseres Volkes,
Vernichtung unserer Kultur,
Zerstörung aller Werte

ist er ehrlich. Nur diesen mörderischen Absichten glaubt! Alles andere ist Lüge.

Deutscher Volksgenosse

daran denke und weise alle schwächlichen Anwandlungen ab! Mag vielleicht noch einige Zeit des Abwartens bis zum Einsatz neuer Kampfmittel vergehen, mögen bis dahin noch Leid und Schmerzen zu ertragen sein, die große Stunde für unser Volk

wird kommen!

Dann wendet sich das Blatt des Krieges.

Jetzt mannhaft, zäh und treu kämpfen und arbeiten!

Aus solchen Tugenden erwächst uns

der Sieg.

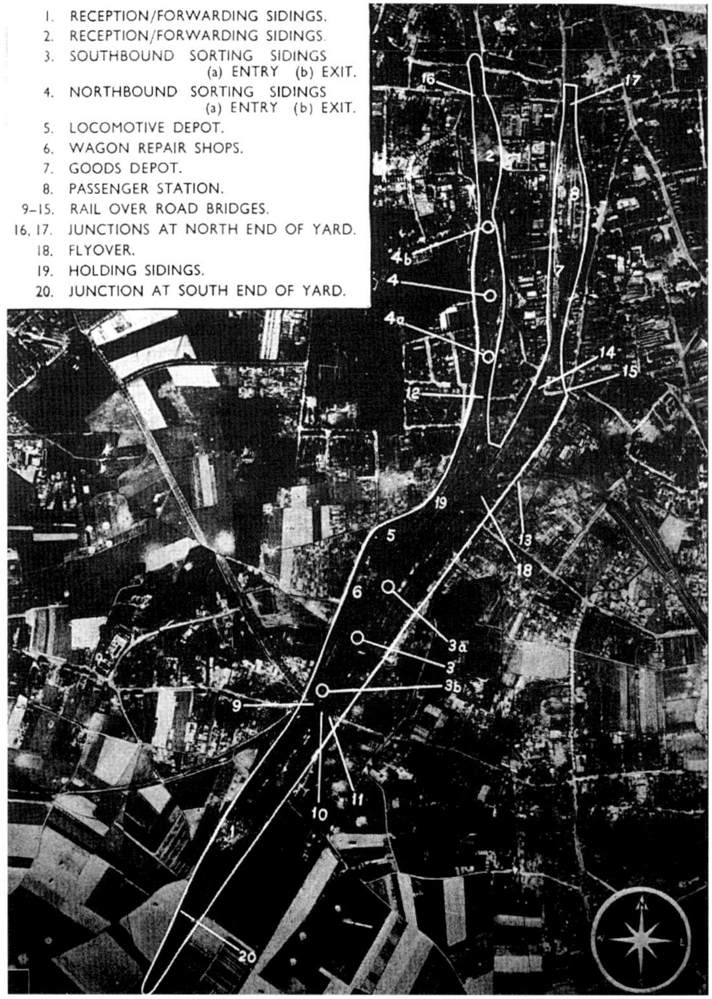

Abb. 138: Deutsches Flugblatt von Anfang 1945 mit Durchhalteparolen und Endsiegpropaganda. Angesichts der immer verheerender werdenden alliierten Flächenbombardierungen deutscher Städte versuchte die deutsche Führung, die Stimmung in der Bevölkerung mit dem Versprechen der kommenden Wunderwaffe hochzuhalten und den Durchhaltewillen der Menschen zu stärken. Doch die gegen Ende des Krieges von der Deutschen Wehrmacht entwickelten und ab Sommer bzw. Herbst 1944 zum Einsatz gelangenden Vergeltungswaffen V 1 (ein unbemannter Flugkörper mit Düsenantrieb) und V 2 (eine Rakete) kamen zu spät und waren auch nicht wirksam genug, um noch einen entscheidenden Einfluß auf das Kriegsgeschehen zugunsten Deutschlands ausüben zu können.

Abb. 139: Im März 1944 vom Britischen Bomberkommando ausgegebene Zielkarte des Verschiebebahnhofs in Rheydt. Die für einen Luftangriff bedeutsamen Ziele sind besonders gekennzeichnet: Die Nummern 1 bis 4 bezeichnen die Rangiergleise, 5 ist der Lokomotivschuppen, 6 das Ausbesserungswerk, 7 der Güterbahnhof, Nr. 8 der Personenbahnhof, 9 bis 15 sind Eisenbahnüberführungen, Nr. 16, 17 und 20 zusammenkommende Gleise, 18 ist eine Überführung und Nr. 19 sind die Abstellgleise.

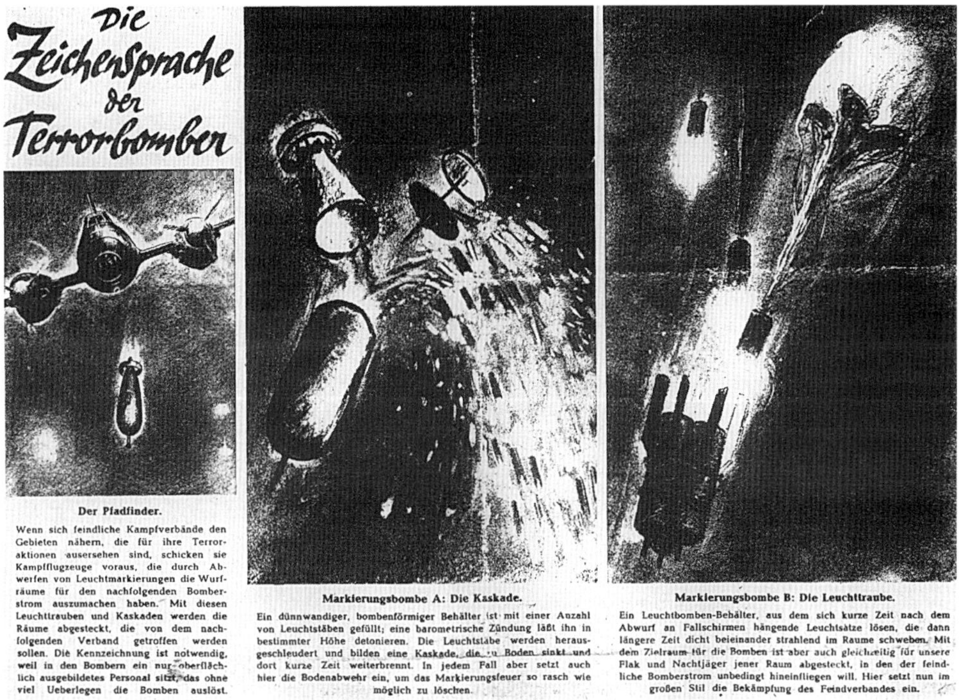

Die Zeichensprache der Terrorbomber

Der Pfadfinder.

Wenn sich feindliche Kampfverbände den Gebieten nähern, die für ihre Terroraktionen ausersehen sind, schicken sie Kampfflugzeuge voraus, die durch Abwerfen von Leuchtmarkierungen die Wurfräume für den nachfolgenden Bomberstrom auszumachen haben. Mit diesen Leuchttrauben und Kaskaden werden die Räume abgesteckt, die von dem nachfolgenden Verband getroffen werden sollen. Die Kennzeichnung ist notwendig, weil in den Bombern ein nur oberflächlich ausgebildetes Personal sitzt, das ohne viel Ueberlegen die Bomben auslöst.

Markierungsbombe A: Die Kaskade.

Ein dünnwandiger, bombenförmiger Behälter ist mit einer Anzahl von Leuchtstäben gefüllt; eine barometrische Zündung läßt ihn in bestimmter Höhe detonieren. Die Leuchtstäbe werden herausgeschleudert und bilden eine Kaskade, die zu Boden sinkt und dort kurze Zeit weiterbrennt. In jedem Fall aber setzt auch hier die Bodenabwehr ein, um das Markierungsfeuer so rasch wie möglich zu löschen.

Markierungsbombe B: Die Leuchttraube.

Ein Leuchtbomben-Behälter, aus dem sich kurze Zeit nach dem Abwurf an Fallschirmen hängende Leuchtsätze lösen, die dann längere Zeit dicht beieinander strahlend im Raume schweben. Mit dem Zielraum für die Bomben ist aber auch gleichzeitig für unsere Flak und Nachtjäger jener Raum abgesteckt, in den der feindliche Bomberstrom unbedingt hineinfliegen will. Hier setzt nun im großen Stil die Bekämpfung des Feindverbandes ein.

Abb. 140: In Nr. 45 (1944) der Kölnischen Illustrierten Zeitung erschienen unter der Überschrift >Die Zeichensprache der Terrorbomber< diese näheren Erläuterungen über die alliierten Methoden der Zielmarkierung mittels Leuchtbomben.

Abb. 141: Zu Beginn des dritten Großangriffs auf Mönchengladbach/Rheydt am Abend des 19. September 1944 zwischen 22.36 und 23.00 Uhr schweben von >Pathfinder<-Flugzeugen des Britischen Bomberkommandos zur Zielidentifikation abgeworfene Markierungsbomben auf den Bereich des Hauptbahnhofs und die Bahnstrecke in Rheydt nieder. Am unteren Bildrand verläuft in einem Bogen nach rechts oben die Güterbahnstrecke in Richtung Rheydt Verschiebebahnhof. Links davon ist die direkt nach oben verlaufende Personenzugstrecke Aachen-Mönchengladbach zu erkennen.

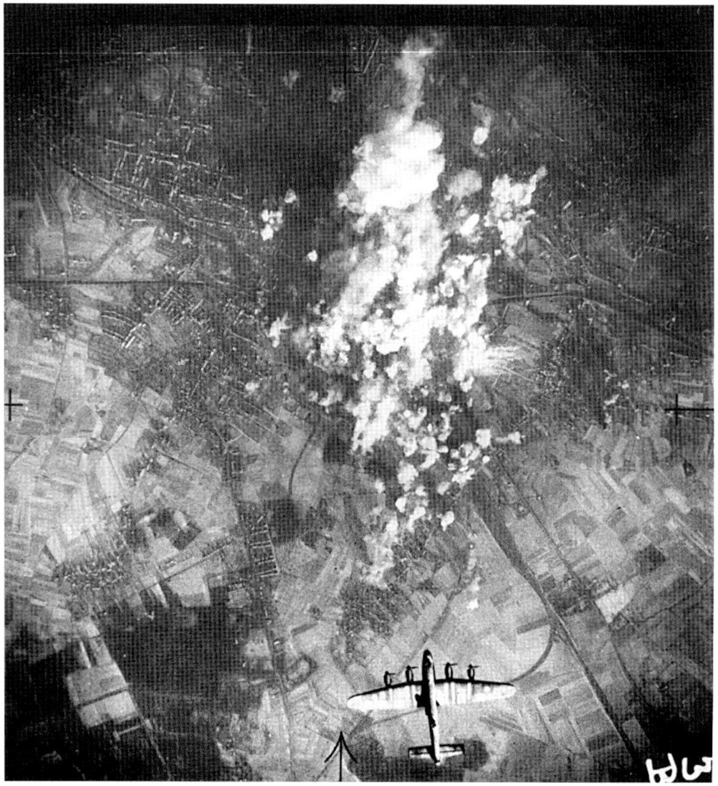

Abb. 142: Vier britische Angriffsfotos von dem schweren Luftangriff am Nachmittag des 27. Dezember 1944 auf die Bahnstrecke Aachen-Mönchengladbach und den Verschiebebahnhof in Rheydt. Der hierfür eingesetzte Bomberverband bestand aus 200 viermotorigen Lancaster-Bombern sowie elf Mosquito-Schnellbombern. Nach Angaben des Britischen Bomberkommandos hatte der Bomberverband rd. 1 000 t Bomben an Bord. 14.59 Uhr, kurz nachdem die ersten Zielmarkierungen auf den Zielpunkt, den Verschiebebahnhof in Rheydt, abgeworfen sind, explodieren am Boden die ersten Bomben. Gleichzeitig gehen weitere Zielmarkierungsbomben (rechts im Bild) nieder. Die Stärke der Bombenexplosionen zeigt der riesige, bis nach Rheydt-Geneicken in der linken oberen Bildhälfte reichende Rauchschatten.

Abb. 143: 15.00 Uhr: Weitere Maschinen des aus südlicher Richtung anfliegenden Bomberverbandes werfen ihre Bomben auf das Zielgebiet ab.
Im unteren Bildrand kommt gerade ein viermotoriger Lancaster-Bomber in das Zielgebiet. Der dunkle Fleck in der unteren linken Bildecke ist der Stadtwald mit der rechts entlang führenden Joseph-Goebbels-Straße (heute Dahlener Straße). In der unteren linken Bildhälfte liegen die Rheydter Ortsteile Hockstein (unten), Schrievers, Pongs und Morr (darüber). Am rechten Bildrand ist in der Mitte ein Teil von Rheydt-Geistenbeck auszumachen. Am oberen Bildrand sind die südlichen Stadtteile der damaligen Stadt Mönchengladbach: Ohler, Engelsholt und Dahl auszumachen.

Abb. 144: 15.01 Uhr: Immer noch gehen Bomben auf das Zielgebiet nieder. Hier fallen gerade vier 1 000-Pfund- (lb) Bomben. Wie die Explosionswolken am Boden jedoch bezeugen, fallen Bomben aber auch in einem beträchtlichen Umkreis vom eigentlichen Ziel, dem Verschiebebahnhof Rheydt am oberen Bildrand (Mitte), entfernt. Unterhalb der drei ersten Bomben befindet sich Günhoven, heute Ortsteil von Mönchengladbach. Am rechten Bildrand ist Wickrather Gebiet auszumachen.

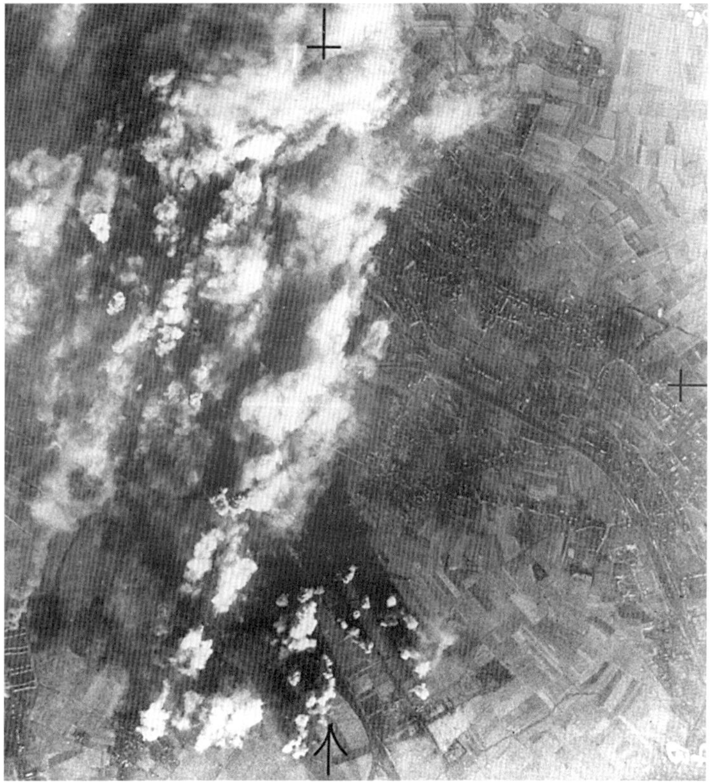

Abb. 145: 15.05 Uhr: Im Zielgebiet sind zahlreiche Brände ausgebrochen. Die bis in 1 ½ km Höhe hinaufreichenden Rauchwolken haben das Ziel völlig verdeckt. Um 15.15 Uhr war der Angriff nach Angaben der örtlichen Luftschutzpolizei beendet. Doch nicht nur im Bereich der Bahnanlage, sondern auch im Stadtgebiet von Rheydt verursachte der Angriff schwere Verwüstungen. 137 Wohnhäuser waren total zerstört und über 1 200 Personen obdachlos geworden, 241 Personen kamen ums Leben.

Abb. 146 (o.l.): Bei einem Fliegeralarm haben Bewohner des Ortsteils Rheydt-Hockstein im dortigen Hochbunker an der Klusenstraße Schutz gesucht, ca. 1944.

Abb. 147 (o.r.): Die 1912 erbaute katholische Pfarrkirche St. Margareta Rheydt-Hockstein vor dem 2. Weltkrieg...

Abb. 148 (u.r.): ...und nach dem schweren Luftangriff auf Rheydt am Abend des 28. Dezember 1944. Bombenvolltreffer haben die Kirche dem Erdboden gleichgemacht; nur noch zwei Mauerreste ragen aus den Trümmern auf. Der Neubau wurde 1948 begonnen und am 17. Juli 1949 eingeweiht.

Abb. 149 (rechte Seite): Diese Aufnahme eines Aufklärers der 8. US-Luftflotte vom 25. Februar 1945 zeigt den von unzähligen Bombentrichtern übersäten Bereich des Bahngeländes in Rheydt. Deutlich sind auch die schweren Zerstörungen in der Rheydter Innenstadt zu erkennen. Die charakteristische V-Form der sich südlich des Hauptbahnhofs trennenden Bahnlinien nach Köln war für die Besatzungen der britischen Bomberflotten bei ihren Angriffen ein wichtiges Orientierungsmerkmal.

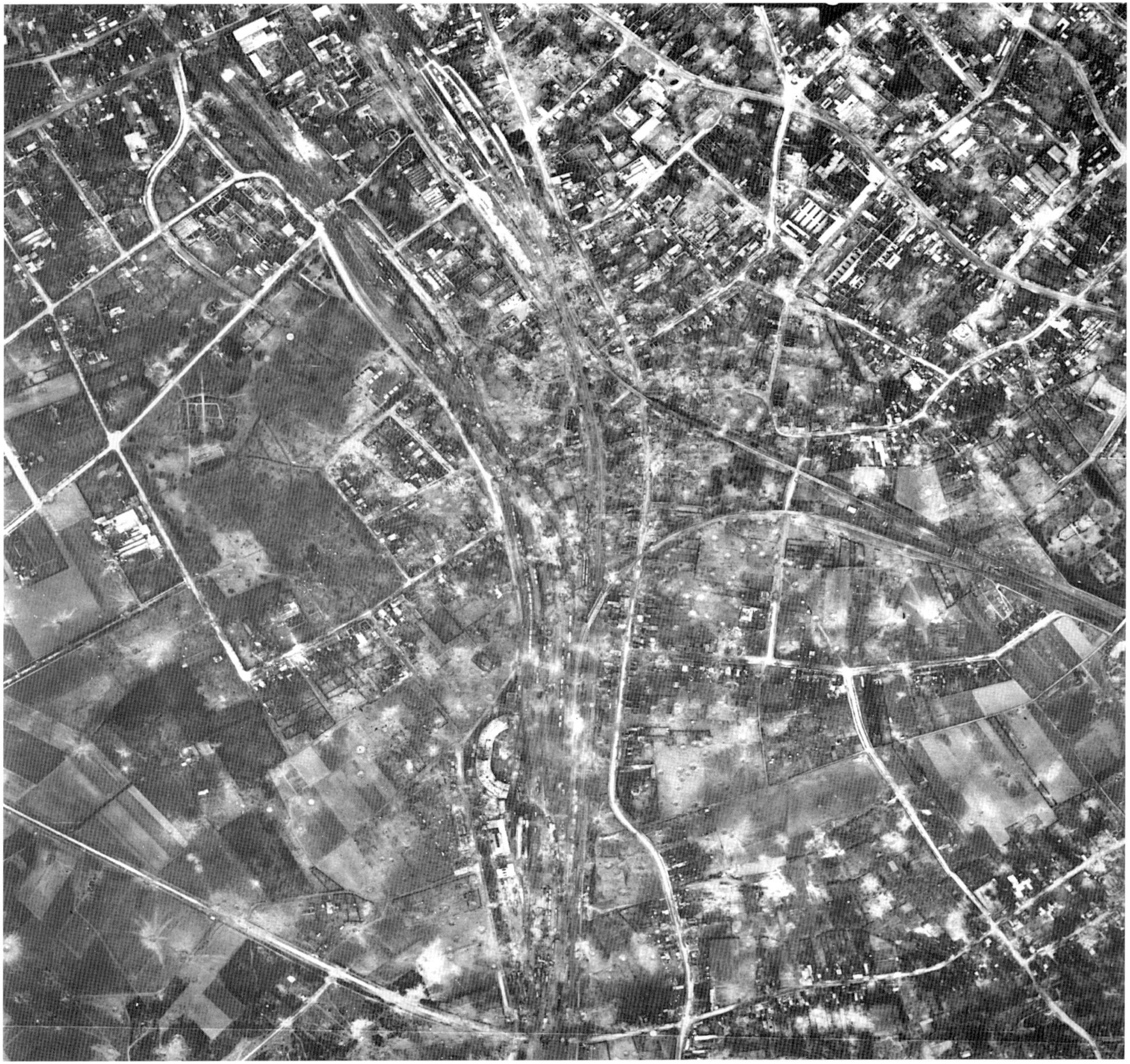

Abb. 151 (o.): Die Marktstraße in Rheydt gegen Kriegsende. Im Hintergrund rechts ist das Rathaus, links die evangelische Hauptkirche am Markt zu sehen.
Abb. 152 (u.): So sah die Marktstraße in Rheydt bei Kriegsende aus. Das Foto wurde von der Horst-Wessel-Straße (heute Friedrich-Ebert-Straße) aus aufgenommen. Die Ruine im Vordergrund rechts ist das Kaufhofgebäude.

Abb. 150: Die obere Hauptstraße in Rheydt bei Kriegsende, vom Marktplatz aus gesehen

Abb. 153: Die Bachstraße in Rheydt von der Horst-Wessel-Straße (heute Friedrich-Ebert-Straße) aus gesehen gegen Kriegsende

Abb. 154: Die Ruine der bei dem Luftangriff am 31. August 1943 zerstörten Oberschule für Jungen in Rheydt (frühere Städtische Oberrealschule/Städtisches Gymnasium) an der Adolf-Hitler-Allee (heute Brucknerallee). Die Aufnahme stammt vom Herbst 1951. Diese Schule besuchte auch Joseph Goebbels ab Ostern 1908 bis zum Abitur im März 1917.

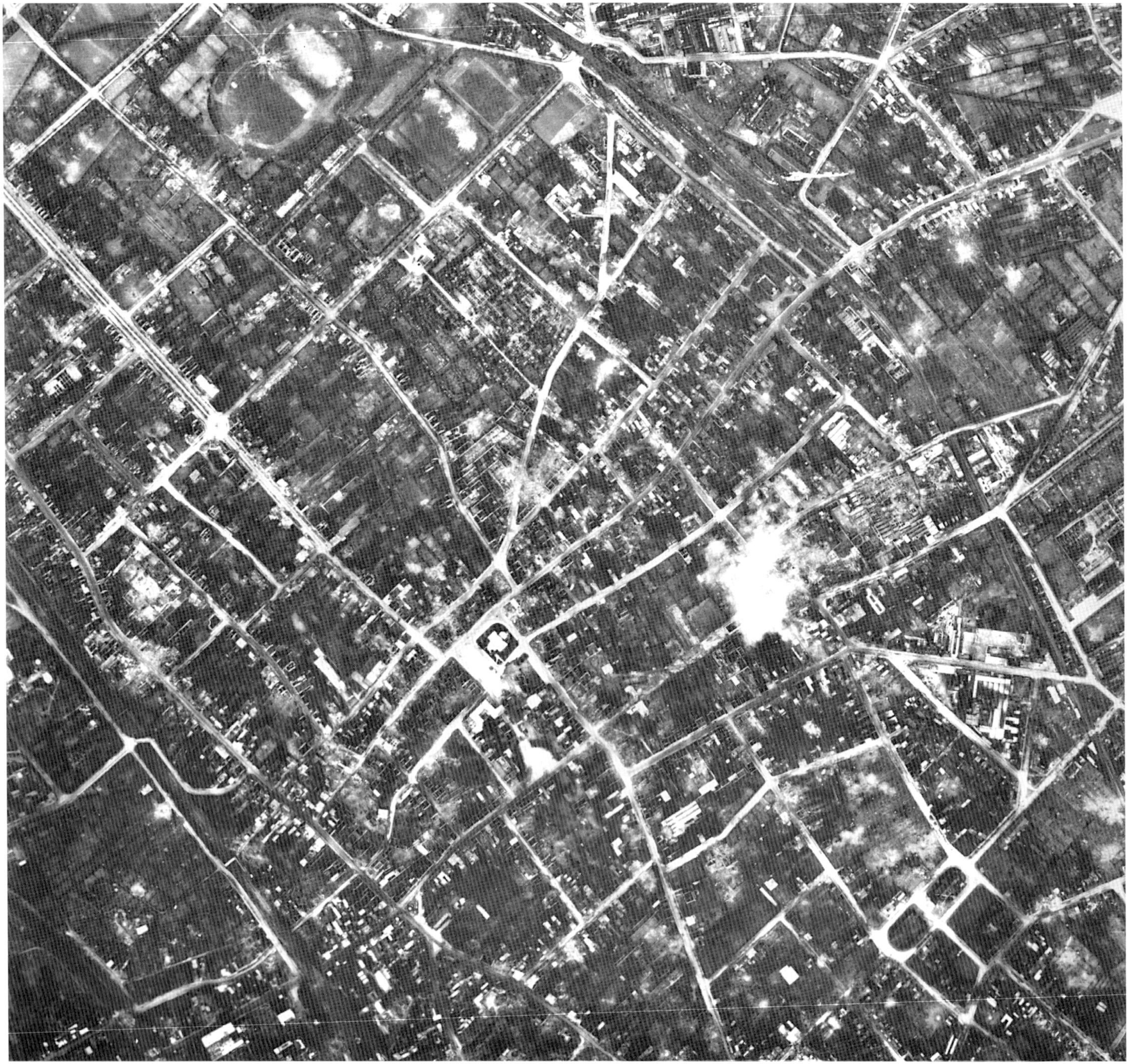

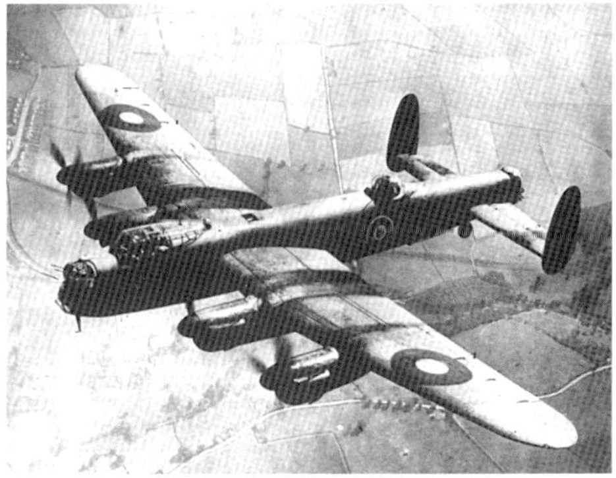

Abb. 155 (linke Seite): Foto eines Aufklärers der 8. US-Luftflotte von der Rheydter Innenstadt vom 25. Februar 1945, vier Tage vor der Einnahme der Stadt durch Einheiten der 9. US-Armee. Rechts oben liegt der Bahnhof Rheydt-Geneicken, rechts unterhalb davon sind die Betriebsanlagen des Kabelwerks Rheydt AG, Bonnenbroicher Straße 2. Der Sportplatz links oben ist das heutige Grenzlandstadion. Ein Stück rechts unterhalb befindet sich der Evangelische Friedhof Nordstraße. Unten links ist ein Teil des Güterbahnhofs, rechts davon der Hauptbahnhof auszumachen. Der Platz in der unteren Bildhälfte links ist der Marktplatz.

Abb. 156 (o.l.): Britische Luftaufnahme des Ortsteils Rheydt-Geneicken vom 14. Februar 1945. Beim Sportplatz in der Mitte handelt es sich um das heutige Grenzlandstadion. Unten rechts befindet sich der teilweise von Wolken bedeckte Bahnhof Rheydt-Geneicken. Die Betriebsanlagen darüber gehören zu dem Kabelwerk Rheydt AG., Bonnenbroicher Straße 2. Weiter oben liegen, ebenfalls teilweise von Wolken bedeckt, die Firma Schorch-Werke, Ludwig-Knickmann-Straße (heute Breitestraße) 131, und Scheidt & Bachmann (heute Breitestraße) 132. Die große, breite Straße am linken Bildrand ist die Adolf-Hitler-Allee (heute Bruckneralllee).

Abb. 157 (o.r.): Britischer Avro Lancaster-Bomber im Einsatz, 1943. Dieser im Frühsommer 1942 in Dienst gestellte schwere Bomber des Britischen Bomberkommandos wurde von vier Rolls Royce Merlin-Motoren angetrieben, hatte eine Besatzung von sieben Mann und konnte eine Bombenlast von bis zu zehn Tonnen transportieren. Bomber dieses Typs waren an allen schweren Luftangriffen auf Mönchengladbach und Rheydt während des 2. Weltkrieges beteiligt. So gehörten zu der Bomberflotte, die in der Nacht zum 31. August 1943 die Städte Mönchengladbach und Rheydt angriff, auch 297 Lancaster-Bomber.

Abb. 158: Luftaufnahme des südlichen Stadtkerns von Mönchengladbach, aufgenommen von einem RAF-Aufklärer am 11. Mai 1945. Die verbreiterte Fläche links oben ist der Alte Markt, von dem nach oben zur linken Bildecke hin die Viersener Straße (hier heißt sie heute Sandradstraße) abgeht. Vom Alten Markt zweigt rechts unten die Hindenburgstraße ab. Beim Baumbestand in der Bildmitte handelt es sich um den Park der Gesellschaft Erholung. Rechts davon verläuft die Stepgesstraße. Am linken Bildrand ist in der unteren Bildhälfte ein Teil des Geroweiers sichtbar. Am oberen Bildrand kann man in der rechten Ecke den Kaiserplatz (heute Adenauerplatz) erkennen.

Abb. 159 (o.): Zu den bis zu Kriegsende nicht mehr fertiggestellten Bunkerbauten in Mönchengladbach gehörte auch der hier abgebildete Hochbunker an der Hindenburgstraße, Aufnahme vom März 1945.

Abb. 160 (u.): NS-Parolen an Häuserruinen der Ludendorffstraße (heute Albertusstraße) in Mönchengladbach, Anfang 1945. – Weitere vom Gaupropagandaamt der NSDAP in Düsseldorf mit Rundschreiben vom 18. Oktober 1944 ausgegebene Parolen für Transparente u. ä. waren z. B.: Führer befiehl – wir folgen! – Kein Opfer ist uns zu groß für den Sieg! – Der Ruf des Führers ist uns heiliger Befehl! – Ein Volk – ein Reich – ein Führer! – Das Volks steht auf, der Sturm bricht los! – Lieber tot als Sklav! (Quelle: HStA Düsseldorf RW 23 Nr. 89)

Abb. 161 (o.): Der bei dem schweren Luftangriff am 25. Februar 1945 gegen 16.30 Uhr stark zerstörte Ortskern von Mönchengladbach-Rheindahlen. Dabei kamen weitere 124 Menschen ums Leben. Zwei Tage später besetzten Truppen der 9. US-Armee den Ort. Diese Aufnahme entstand unmittelbar nach der Besetzung.
Abb. 162 (u.): Das Hotel Pflaum in Rheindahlen, vermutlich 25. Februar 1945

Frontpost

„Der Staat braucht die Wahrheit nicht zu scheuen." Ernst Moritz Arndt

An die Offiziere! Seite 3

März Nr. 2

Nummer 50 — 12 HG

NACHRICHTEN FÜR DEUTSCHE SOLDATEN. HERAUSGEBER: DIE AMERIKANISCHEN TRUPPEN IN WESTEUROPA

Zusammenbruch am Rhein

Amerikaner in Köln

PARIS. — Die deutsche Front westlich des Rheins ist zusammengebrochen. Von Köln bis Xanthen stehen die Alliierten am Rhein. Die Deutschen halten nur noch vereinzelte Brückenköpfe.

München-Gladbach, Krefeld erobert

Nach raschem Vorstoß durch den Westwall hat die amerikanische Neunte Armee München-Gladbach und Krefeld erobert und sich mit den von Cleve und Goch vorstoßenden Truppen der Ersten Kanadischen Armee vereinigt. In dem dadurch gebildeten Kessel wurden die deutsche Erste Fallschirmjäger-Armee, sowie die deutsche Fünfzehnte Armee aufgerieben. Über 60 000 Deutsche streckten die Waffen. Die Deutschen verloren insgesamt mehr als 100 000 Mann.

Brücken gesprengt

Die amerikanische Erste Armee, die den Erft-Kanal überschritten hatte, drang aus dem Westen und Südwesten auf Köln vor. Panzereinheiten und Infantrie sind an zwei Stellen ins Stadtinnere von Köln selbst eingedrungen. Zülpich, Euskirchen und Frechen wurden genommen. Alle Rheinbrücken nördlich von Köln, mit Ausnahme der Brücke bei Wesel, wurden entweder von den Deutschen selber gesprengt oder von den alliierten Luftflotten vernichtet.

Trier erobert

Weiter südlich hat die Dritte amerikanische Armee Trier erobert und stößt weiter vor. Die Siebente Armee hat Forbach befreit und steht $3^1/_2$ km westlich von Saarbrücken im Vorstoß auf das Innere des Saargebiets.

In Köln, der drittgrößten Stadt Deutschlands, sind wichtige Fabriken für die Herstellung von Kabeln, Panzer-, Flugzeug- und U-Boot-Motoren, Waggon- und Lokomotivwerke. Die vier Rheinhäfen von Köln waren bei der Treibstoffknappheit von größter Bedeutung, ebenso wie der Hafen von Duisburg-Ruhrort, der jetzt gleichfalls ausgeschaltet ist. Die großen Hochöfen der Ruhr liegen im Feuerbereich alliierter Artillerie.

12. H.G. KARTE

Russen in Stargard

MOSKAU. — In raschem Vormarsch durch Pommern haben Truppen der Heeresgruppen Rokossowsky und Zhukov die Ostsee bei Kolberg und Köslin erreicht. Die Deutschen im Raum Danzig sind eingekesselt.

Rote Armee im Vorstoß auf Stettin

Nach Westen vorstoßend haben die Russen Stargard und Naugard genommen und bedrohen Stettin. Östlich der Oder beherrschen die Russen ganz Deutschland, von der Ostsee bis nach Mähren. Abgeschnittene deutsche Einheiten halten sich nur noch in den Räumen Libau, Königsberg und Danzig.

Königsberg wird abgeschnürt

Trotz verzweifelter Ausbruchsversuche aus dem Kessel von Königsberg wird der Ring um die Stadt immer enger gezogen. Der Kessel um [illegible] nachdem die Russen die Haupteisenbahnstrecke Danzig — Stettin durchschnitten hatten und bei Schlawe zur Ostsee durchgebrochen waren. Die befestigten Stützpunkte Köslin und Kolberg, sowie Pyritz und Pollnow wurden erobert.

Durch diesen Vorstoß wurde der russische Frontbogen, der bei Frankfurt an der Oder am weitesten in westlicher Richtung vorgetrieben war, ausgerichtet. Der rechte Flügel der Sowjets entwickelt sich in Richtung Stettin. Stettin selbst ist durch den Fall von Stargard unmittelbar bedroht.

Im Stadtinnern von Breslau

Im eingekesselten Breslau machen die Russen weitere Fortschritte. Über die Hälfte der Stadt ist bereits in russischer Hand.

Tausend russische Fremdarbeiter in Dresden überwältigten nach dem schweren Luftangriff der Alliierten die Wachmannschaft der Fabrik, in der sie arbeiteten, verschafften sich Waffen, sprengten ein Munitionslager, sowie eine Brücke bei Cottbus und schlugen sich schließlich zu den russischen Linien durch.

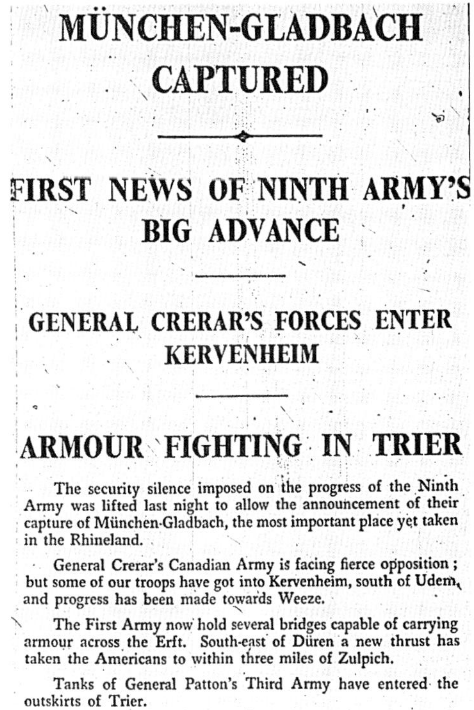

MÜNCHEN-GLADBACH CAPTURED

FIRST NEWS OF NINTH ARMY'S BIG ADVANCE

GENERAL CRERAR'S FORCES ENTER KERVENHEIM

ARMOUR FIGHTING IN TRIER

The security silence imposed on the progress of the Ninth Army was lifted last night to allow the announcement of their capture of München-Gladbach, the most important place yet taken in the Rhineland.

General Crerar's Canadian Army is facing fierce opposition; but some of our troops have got into Kervenheim, south of Udem, and progress has been made towards Weeze.

The First Army now hold several bridges capable of carrying armour across the Erft. South-east of Düren a new thrust has taken the Americans to within three miles of Zulpich.

Tanks of General Patton's Third Army have entered the outskirts of Trier.

Abb. 163 (l.): 2. März-Ausgabe 1945 der >Frontpost<, ein von den US-Truppen in Westeuropa für deutsche Soldaten herausgebrachtes Nachrichtenblatt, mit der Meldung u. a. von der Eroberung von Mönchengladbach auf der Titelseite

Abb. 164 (r.): Als Hauptüberschrift und an erster Stelle brachte die Londoner >Times< in ihrer Ausgabe vom 2. März 1945 die am Vortag erfolgte Einnahme von Mönchengladbach (einschließlich der Stadt Rheydt), der »bedeutendsten bisher im Rheinland eroberten Stadt«, wie es in der Meldung heißt.